とっさの言いまわし
日常英会話辞典

ビミョーなニュアンスがよくわかる

井口紀子 [著]

はじめに

「外国人と英語で話したいと思っているのだけど、実際の会話になると言いたいことが英語にならない」というのは、英語を身につけようとする日本人なら誰もが感じることでしょう。本書は、暮らしの中の様々な場面を設定し、「こんなとき、英語では何と言うの？」という疑問にズバリと答えるものです。日常会話で使われている、生き生きとした英語表現をたくさん集めました。

ハンディーサイズで内容がぎっしり詰まった本書は、読みやすさと実用性、豊富な情報量がポイント。前から順番に読んで、役に立ちそうなフレーズを覚えていくのも、タイトルを見て、興味や必要性を感じるページから読み始めるのもいいでしょう。使えそうな表現を見つけたら、声に出して何度も言ってみてください。外国人と実際に会話をするときに、必ず役に立ちます。

本書を読んで、今まで知らなかった、英語らしい表現をたくさんマスターしてください。会話がスムーズになり、話題が大きく広がっていくことでしょう。

目 次

第1章 気持ちを伝える

I 「イエス」と「ノー」／お礼とおわび
「イエス」の気持ちを伝える 14
「ノー」の気持ちを伝える 16
お礼を言う 18
お礼に応える 20
おわびを言う 22
おわびに応える 24
〈キーワード〉 25

II 気持ちを表す
うれしい・楽しい 26
悲しい・つまらない 28
腹を立てる 30
うんざりする・がっかりする 32
驚く 34
感動する 36
〈キーワード〉 37

III 意思表示をする
賛成する 38
反対する 40
意見を言う・意見を求める 42
あいまいに答える 44
保留する 46
〈キーワード〉 47

コラム：英語にしにくい日本語のあいさつ 48

目次

第2章 人と出会う・自分を語る

I あいさつをする
出会ったときのあいさつ 50
初対面の人と 52
久しぶりに会う人と 54
他の人を紹介する 56
別れるときのあいさつ 58
しばらく会えなくなる人と 60
〈キーワード〉 61

II 自分について話す
家族について 62
出身地について 64
住まいについて 66
仕事について 68
学校について 70
身体の特徴・容貌について 72
性格について 74
近況 76
〈キーワード〉 77

III 趣味・娯楽
趣味について 78
スポーツ 80
スポーツ観戦 82
音楽・映画 84
新聞・読書 86
テレビ 88
おしゃれ 90
車の運転 92
習い事 94
〈キーワード〉 95

コラム：英語でゴルフ! 96

目次

第3章 英語で暮らす

I 毎日の生活
起きる 98
出かける 100
家事 102
帰宅する 104
夕食 106
くつろぐ 108
休日 110
寝る 112
〈キーワード〉 113

II 意志を伝える・感情を表す
依頼する 114
引き受ける 116
断る 118
許可を求める 120
希望する 122
文句を言う 124
困ったとき 126
恥ずかしいとき 128
〈キーワード〉 129

III 会話を楽しむ
話しかける 130
あいづちをうつ 132
聞き返す 134
確認する 136
考えながら話す 138
話題を変える 140
話をうながす 142
〈キーワード〉 143

コラム：床屋・美容院へ行く 144

目次

第4章 人と付き合う

I 人に会う
誘う 146
誘いに応じる・誘いを断る 148
スケジュールを調整する 150
待ち合わせをする 152
人との関係 154
人の消息 156
〈キーワード〉 157

II 社交
日本を訪れている外国人と 158
日本での観光 160
観光案内をする 162
家に招待する・招待を受ける 164
訪問する／来客を迎える 166
来客をもてなす 168
パーティー 170
辞去する 172
〈キーワード〉 173

III 親しい人と話す
相談する 174
助言する 176
注意する 178
なぐさめる 180
励ます 182
ほめる 184
約束する 186
秘密の話 188
お祝い・お悔やみを言う 190
〈キーワード〉 191

コラム：英語でカラオケ! 192

目次

第5章 こんなとき何と言う

I 電話で話す
電話をかける 194
電話に出る 196
電話を取り次ぐ 198
本人が電話に出られない 200
メッセージを残す・受ける 202
メッセージを伝える 204
話を切り出す・電話を切る 206
間違い電話・電話のトラブル 208
〈キーワード〉 209

II 覚えて便利な英語表現
年月日 210
時間 212
天気 214
気候 216
いい性格 218
悪い性格 220
口げんか 222
言い訳 224
〈キーワード〉 225

III トラブルを切り抜ける
言葉が通じない 226
注意をうながす 228
助けを求める 230
盗難にあったら 232
忘れ物・紛失をしたら 234
住まいのトラブル 236
服のトラブル 238
〈キーワード〉 239

コラム：トイレに行きたい! 240

目次

第6章 いろいろな場面で

I 食べる・飲む
食べ物の話 242
食事・料理の話 244
飲みに行く 246
レストランを選ぶ 248
レストランへ行く 250
注文する 252
食事をしながら 254
支払い 256
〈キーワード〉 257

II ショッピング
店を探す 258
品物を選ぶ 260
試着する 262
支払い 264
プレゼントを買う 266
食料品の買い物 268
返品・交換 270
〈キーワード〉 271

III 病気・ケガ
健康の話 272
体調を気づかう 274
風邪をひいたとき 276
病院へ行く 278
症状を説明する 280
診察を受ける 282
ケガをしたとき 284
薬局で 286
〈キーワード〉 287

コラム：外国人と寿司屋に行く 288

目次

第7章 英語でビジネス

I 職場でのコミュニケーション
スケジュールの確認 290
仕事の進行状況 292
手助けを求める 294
会議 296
出社・退社・休暇 298
同僚との会話 300
コンピューターの操作 302
eメール・インターネット 304
〈キーワード〉 305

II 取引先とのコミュニケーション
取引先を訪問する 306
会社・製品の紹介 308
製品を勧める 310
売り込みへの対応 312
価格・条件の交渉 314
契約 316
問い合わせ・クレーム 318
クレーム処理 320
〈キーワード〉 321

III 人事・就職
職場での評価 322
仕事に取り組む 324
異動・昇進・退職 326
求人に応募する 328
面接を受ける 330
応募者を面接する 332
条件の説明 334
〈キーワード〉 335

コラム：留守番電話の英語 336

目次

第8章 気軽に海外旅行

I 移動する

旅行の手配・空港で 338
機内で 340
入国・乗り換え 342
タクシーに乗る 344
電車に乗る 346
地下鉄・バスに乗る 348
レンタカーを利用する 350
ドライブをする 352
〈キーワード〉............................. 353

II 泊まる

ホテルを探す 354
チェックイン 356
サービスを利用する 358
ホテルでのトラブル 360
チェックアウト 362
家庭に滞在する 364
〈キーワード〉............................. 365

III 街を歩く

道をたずねる 366
観光案内所で 368
観光ツアー 370
美術館・博物館で 372
観光地で 374
写真を撮る 376
エンターテイメントを楽しむ 378
スポーツ観戦 380
帰国する 382
〈キーワード〉............................. 383

11

本書の特長と使い方

本書では、全体を8章、24のテーマに分け、2ページごとにひとつの状況を設定しています。

日常生活からビジネス、海外旅行まで、幅広い場面をカバーした、自然で生き生きした英語表現が紹介されています。全体を通して読むことにより、「通じる英会話の感覚」を磨くことができますが、「あいさつ」、「電話」など、必要な場面を選んで、それぞれの状況にぴったりの表現を見つけることもできるようになっています。各テーマの終わりには、関連するキーワードがまとめてあります。

本文は、次のように構成されています。

日本語見出し文 　　　　　英語見出し文

感謝します。　　**I appreciate it.**

→ appreciateは「(人の好意などを)ありがたく思う、感謝する」の意味。丁寧にお礼を言うときに使う。

🗨 I'll help you at any time.
（いつでもお手伝いしますよ）

🗨 Thank you very much. I appreciate it.
（どうもありがとう。感謝します）

➡	: 見出し文や語句の意味、使い方の解説
🗨	: 見出し文を使った会話例
🗨	: 見出し文とほぼ同じ意味を表す同意文
=	
*	: 解説した語句を使った応用文
⇔	: 見出し文と逆の意味を表す反意文

第1章
気持ちを伝える

I 「イエス」と「ノー」／お礼とおわび
II 気持ちを表す
III 意志表示をする

I

「イエス」と「ノー」／お礼とおわび

「イエス」の気持ちを伝える

はい、そうです。	**Yes, I am.**
	➡ 「はい、そうです」と言うには、"Yes." だけでも通じるが、質問に応じてひとこと付け加えると、自然な話し方になる。"Yes, I am." は、Are you...? という質問に対して「そうです」と答えるときの表現。
	❓ Are you a doctor? （あなたはお医者さんですか？）
	💬 Yes, I am.　（はい、そうです）

うん。	**Yeah.**
	➡ "Yes." のカジュアルな言い方。

そうです。	**Right.**
	➡ 相手の言っていることが「正しい」、と肯定するときに使う。
	= You're right.　= That's right.　= Correct.
	❓ You live in Tokyo, don't you? （あなたは東京にお住まいですよね？）
	💬 Right.　（そうです）

私もそうです。	**Me, too.**
	➡ 相手の言葉に同調するときに言う。
	❓ I'm very tired.　（すごく疲れました）
	💬 Me, too.　（私もそうです）

わかりました。	**Certainly.**
	➡ 人に何かを頼まれて、引き受けるときの返事。
	❓ Please call a taxi.（タクシーを呼んでください）
	💬 Certainly.　（わかりました）

第1章 気持ちを伝える

「イエス」と「ノー」/お礼とおわび

もちろん。	**Sure.**
	➡「もちろん~する」という意思を表す。 = Of course. = Why not? = You bet! 😃 Are you coming with us? （私たちと一緒に来る？） 😊 Sure. （もちろん）

まったくそのとおりです。	**Absolutely.**
	➡ 相手の言うことを強く肯定するときに使う。 😃 Did you enjoy the trip? （旅行は楽しかったですか？） 😊 Absolutely. （まったくそのとおりです）

それだよ！	**That's it!**
	➡ 相手の答えが自分の求めていたものであったときに言う。 😃 Are you looking for this book? （この本を探しているの？） 😊 That's it! Where did you find it? （それだよ！どこで見つけたんだい？）

きっとそうだよ。	**I bet.**
	😃 This diamond, is it real? （このダイアモンド、本物かな？） 😊 I bet. （きっとそうだよ）

そう思います。	**I think so.**
	= I believe so. 😃 Can you finish the work by tomorrow? （その仕事、明日までにできる？） 😊 Yes, I think so. （はい、そう思います）

保証するよ。	**I guarantee it.**
	= I assure you. 😃 Does this medicine really work? （この薬、本当に効くの？） 😊 Yes. I guarantee it. （うん。保証するよ）

当たり！	**Bingo!**
	➡ ビンゴゲームから派生した言葉で、相手の言ったことが的を得ていたときに言う。

第1章 気持ちを伝える

「ノー」の気持ちを伝える

いいえ、違います。
No, I'm not.
- Are you ...?という質問に対して「違います」と答えるときの表現。
- Are you Mr. Suzuki? (鈴木さんですか?)
- No, I'm not. (いいえ、違います)

違います。
Wrong.
- 相手の言ったことを強く否定する表現。
- ⇔ Right. (そうです)
- You speak French, don't you?
  (君はフランス語を話せるんだよね?)
- Wrong. I don't speak it at all.
  (違います。まったく話せません)

そうではありません。
That's not right.
= That's not correct.
- Mr. Mills is a lawyer, isn't he?
  (ミルズさんは弁護士ですよね?)
- That's not right. He's a teacher.
  (そうではありません。先生ですよ)

絶対に違うよ!
Never!
- Did you ask Jane out?
  (ジェーンをデートに誘ったの?)
- Never! (絶対に違うよ!)

とんでもない!
No way!
- 相手の依頼や提案を強く退けるときに言う。
- Let's go to karaoke. (カラオケに行こうよ)
- No way! I have to finish this work today. (とんでもない!今日中にこの仕事を終わらせなければならないんだ)

私もそうではありません。
Me, neither.
- 相手が「〜ではない」と言ったことに同調するときの表現。
- I don't like noisy music.
  (騒々しい音楽は好きじゃないんです)
- Me, neither. (私も好きではありません)

第1章 気持ちを伝える

I 「イエス」と「ノー」/お礼とおわび

僕じゃないよ。	**Not me.**
	➡ 「自分がしたのではない」と否定するときに言う。
	❓ Who ate up the cake? （ケーキを全部食べてしまったのは誰なの？）
	💬 Not me.（僕じゃないよ）

もちろん違うよ。	**Of course not.**
	= Definitely not.
	❓ Did you use me?（私のことを利用したの？）
	💬 No, of course not.（いや、もちろん違うよ）

いいえ、一度もありません。	**No, never.**
	➡ 「〜したことがありますか？」と質問されたときの答え方。
	❓ Have you been to Africa? （アフリカに行ったことはありますか？）
	💬 No, never.（いいえ、一度もありません）

いつもというわけじゃないよ。	**Not always.**
	❓ Do you have lunch here everyday? （毎日ここで昼食をとるの？）
	💬 Not always.（いつもというわけじゃないよ）

もうそうじゃないよ。	**Not anymore.**
	➡ 相手の言ったことが以前は事実だったが、現在は違う、というときに言う。
	❓ Do you still smoke?（まだタバコを吸っているの？）
	💬 Not anymore. I quit. （もうそうじゃないよ。やめたんだ）

何でもないよ。	**Nothing.**
	❓ What's the matter?（どうしたの？）
	💬 Nothing.（何でもないよ）

いいえ、結構です。	**No, thank you.**
	➡ 相手に勧められたもの（こと）を断るときに使う。
	❓ Would you like some more coffee? （コーヒーをもう少しいかがですか？）
	💬 No, thank you.（いいえ、結構です）

第1章 気持ちを伝える

お礼を言う

ありがとう。	**Thank you.** ➡ 最もシンプルでよく使われるお礼の表現。 🅒 This is a gift for you. （これはあなたへのプレゼントです） 🅑 Thank you. （ありがとう）
どうも。	**Thanks.** ➡ "Thank you." よりカジュアルなお礼の言い方。友人との会話でよく使われる。
どうもありがとう。	**Thank you very much.** = Thank you so much. = Thanks a lot. = Thanks a million.
いろいろありがとう。	**Thank you for everything.** ➡ Thank you for ... で「〜をありがとう」の意味。 ＊ Thank you for your letter. （お手紙をありがとう）
ご親切にありがとう。	**Thank you for your kindness.** = Thank you. It's very kind of you. = Thank you. It's very nice of you.
待っていてくれてありがとう。	**Thank you for waiting.** ➡「〜してくれてありがとう」と言うときは、Thank you for ...ing。
手伝ってくれてありがとう。	**Thank you for your help.** = Thank you for helping me.
ほめてくれてありがとう。	**Thank you for your compliment.** ➡ compliment は「ほめ言葉」。 🅒 Your new haircut is very nice. （あなたの新しい髪型、とてもいいわね） 🅑 Thank you for your compliment. （ほめてくれてありがとう）

心配してくれてありがとう。	**Thank you for your concern.**	
	➡ concernは「関心、心配」の意味。	
ご面倒をおかけしました。	**Thank you for all the trouble you've gone to for me.**	
感謝します。	**I appreciate it.**	
	➡ appreciateは「(人の好意などを)ありがたく思う、感謝する」の意味。丁寧にお礼を言うときに使う。	
	🅐 I'll help you at any time. （いつでもお手伝いしますよ）	
	🅑 Thank you very much. I appreciate it. （どうもありがとう。感謝します）	
あなたにはとても感謝しています。	**I'm very grateful to you.**	
	➡ be grateful to ...は「～に感謝する」の意味で、フォーマルなお礼の表現。	
とても助かります。	**You've been very helpful.**	
	= Thank you for being so helpful.	
とにかくありがとう。	**Thank you anyway.**	
	➡ 相手の好意にもかかわらず、結局は期待どおりにならなかった、というときのお礼の言葉。	
	🅐 Sorry, I can't help you today. （悪いけれど、今日は手伝えないんだ）	
	🅑 That's okay. Thank you anyway. （いいんだ。とにかくありがとう）	
何とお礼を言ったらいいものか。	**I can't thank you enough.**	
	= I can't tell you how much I appreciate it.	
お礼の言葉もありません。	**I have no words to thank you.**	
そこまでしてくださらなくてもよかったのに。	**You didn't have to do that.**	
	🅐 I've put all your luggage into the car. （あなたの荷物は全部車の中に入れておきましたよ）	
	🅑 Thank you, but you didn't have to do that. （ありがとう、でもそこまでしてくださらなくてもよかったのに）	

第1章 気持ちを伝える

I 「イエス」と「ノー」／お礼とおわび

第1章 気持ちを伝える

お礼に応える

どういたしまして。	**You're welcome.** ➡ お礼を言われたときの返答として、最もよく使われる表現。 = You're very welcome. = You're quite welcome. = Not at all.　= No problem. 🅒 Thank you.　（ありがとう） 🅡 You're welcome.　（どういたしまして）
お礼には及びませんよ。	**Don't mention it.**
お安いご用です。	**It's nothing.** = No trouble at all. 🅒 Thank you for your time. 　（お時間をいただき、ありがとうございます） 🅡 It's nothing.　（お安いご用です）
大したことじゃないよ。	**It's not big deal.** ➡ big dealは「大したもの、一大事」の意味。 🅒 Thank you for all this trouble. 　（いろいろとやってくれてありがとう） 🅡 No, it's no big deal. 　（いや、大したことじゃないよ）
お役に立ててうれしいです。	**My pleasure.** = It's my pleasure.　= Glad to help. = I'm glad I could help. = I'm glad to be of help. 🅒 I appreciate your kindness. 　（親切にしていただき、ありがとうございます） 🅡 My pleasure. 　（お役に立ててうれしいです）
またいつでもどうぞ。	**Any time.** 🅒 Thank you for your instruction. 　（教えてくれてありがとう） 🅡 Any time. 　（またいつでもどうぞ）

第1章 気持ちを伝える

I 「イエス」と「ノー」／お礼とおわび

いつでも喜んでお手伝いしますよ。	I'll be glad to help you at any time.
手伝いが必要なときは、遠慮なく言ってね。	**Don't hesitate to ask me whenever you need help.** ▶ hesitateは「ためらう」の意味。 = Feel free to ask me whenever you need help. ☺ Thank you. You helped me a lot. （ありがとう。とても助かったよ） ☻ Don't hesitate to ask me whenever you need help. （手伝いが必要なときは、遠慮なく言ってね）
いつだって私のことを頼りにしていいわよ。	**You can always count on me.** ☺ Thank you for your support. （力になってくれてありがとう） ☻ No problem. You can always count on me. （どういたしまして。いつだって私のことを頼りにしていいわよ）
こちらこそ。	**The pleasure is mine.** ☺ Thank you for inviting me. （ご招待いただき、ありがとう） ☻ The pleasure is mine. I'm glad you could come. （こちらこそ。来てくれてうれしいわ）
気に入ってもらえてうれしいよ。	**I'm glad you like it.** ▶ プレゼントを渡してお礼を言われたときの返答。 ☺ What a beautiful Scarf! Thank you. （きれいなスカーフ！ありがとう） ☻ I'm glad you like it. （気に入ってもらえてうれしいよ）
私も楽しかったです。	**I also had a good time.** = I also enjoyed myself. ☺ Thank you for everything the other day. （先日はいろいろありがとう） ☻ You're very welcome. I also had a good time. （どういたしまして。私も楽しかったです）
仕事のうちですから。	It's part of my job.

第1章 気持ちを伝える

おわびを言う

すみません。	**I'm sorry.** ➡ 最もよく使われるおわびの表現。 😊 You're late again. （また遅刻だね） 😟 I'm sorry. I overslept. （すみません。寝過ごしてしまって）
ごめんね。	**Sorry.** ➡ "I'm sorry." よりカジュアルな言い方で、日常生活でよく使われる。
本当にすみません。	**I'm very sorry.** = I'm so sorry. = I'm really sorry.
ごめんなさい。	**Excuse me.** ➡ 人にぶつかってしまったときなど、とっさに言うおわびの表現。 = Pardon me?
遅れてごめんなさい。	**I'm sorry I'm late.** = I'm sorry to be late.
ごめんなさい、忘れていたわ。	**I'm sorry, I forgot.**
それはどうもすみませんでした。	**I'm sorry about that.** 😊 This is not what I ordered. （これは私が注文したものとは違います） 😟 I'm sorry about that. （それはどうもすみませんでした）
間違えてしまってすみません。	**I'm sorry for the mistake.** ➡ "I'm sorry for ＋ [名詞]" で「〜をすまないと思う」の意味。 ＊ I'm sorry for the delay. （遅れてすみません）
もっと注意するべきでした。	**I should have been more careful.**

第1章 気持ちを伝える

「イエス」と「ノー」／お礼とおわび

お待たせしてすみません。	**I'm sorry to keep you waiting.** ▶ "I'm sorry to + [動詞]"で「〜してすみません」の意味。 = I'm sorry to have kept you waiting.
ご面倒をおかけしてすみません。	**I'm sorry to trouble you.** = I'm sorry for troubling you.
私が悪かったんです。	**It was my fault.** ▶ 自分に非があったことを認めるときに言う。 = That's my fault.
おわびします。	**I apologize.** ▶ apologizeは「わびる、謝罪する」。sorryよりフォーマルな表現になる。
謝らなければならないんだけど。	**I have to apologize.** = I must apologize. = I have something to apologize for.
そのことはすまないと思っているよ。	**I feel bad about it.** = I feel sorry about it. = I regret it.
そんなつもりじゃなかったんだ。	**I didn't mean it.** ▶ meanは「〜のつもりで言う」。失言してしまったことを謝るときの表現。
気を悪くしたならごめんなさい。	**I apologize if I hurt your feelings.**
冗談のつもりだったんだ。	**I was trying to be funny.** ▶ be funnyは「面白いことを言う」の意味。 😠 That's rude. （それって失礼よ） 🙂 I'm sorry. I was trying to be funny. 　（ごめんね。冗談のつもりだったんだ）
二度と同じ間違いはしません。	**It won't happen again.** = I'll make sure it won't happen again. = I won't do it again.

第1章 気持ちを伝える

おわびに応える

いいんですよ。	**That's all right.** = That's okay. 🗣 I'm sorry I forgot. （ごめんなさい、忘れていました） 🗨 That's all right. （いいんですよ）
気にしないで。	**Don't worry about it.** = Don't feel bad about it. = Never mind.
何でもないですよ。	**It's nothing.** = It doesn't matter. = No trouble at all.
謝っていただく必要はありません。	**There's no need to apologize.** = You don't have to apologize.
あなたのせいではないわ。	**It's not your fault.** 🗣 I have to apologize. （謝らなければならないんだけど） 🗨 No, it's not your fault. （いいえ、あなたのせいではないわ）
誰にだって間違いはあるよ。	**Anyone can make a mistake.** 🗣 I'm sorry that I did a stupid thing. （ばかなことをしてしまってごめんね） 🗨 That's okay. Anyone can make a mistake. （いいんだ。誰にだって間違いはあるよ）
しかたがないよ。	**It can't be helped.** 🗣 I'm sorry I am late. The train was delayed. （遅れてすみません。電車が遅れたんです） 🗨 That's all right. It can't be helped. （いいんだ。しかたがないよ）
今度から気をつけてね。	**Please be more careful next time.**

第1章 気持ちを伝える

キーワード

「イエス」の気持ち

正しい	right/correct
本当の	true
確かな	sure
確かに	certainly/definitely
絶対に	absolutely
疑いのない	positive
認める	admit

「ノー」の気持ち

間違っている	wrong/incorrect
本当ではない	untrue
否定的な	negative
否定する	deny
決して〜ない	never

お礼

感謝する	thank/appreciate
ありがたく思う	thankful/grateful
感謝	thanks/appreciation
謝意	gratitude
喜び	pleasure

おわび

すまないと思う	sorry
謝罪	apology
謝る	apologize
後悔する	regret
落ち度	fault
間違い	mistake
許す	excuse/forgive

II

気持ちを表す

うれしい・楽しい

幸せだなぁ。	**I'm happy.**
とっても幸せ。	**I'm so happy.** = I'm really happy. = I feel so happy.
うれしいな。	**I'm glad.** = I'm pleased. = I'm delighted.
わくわくするよ。	**I'm thrilled.** = I'm very excited.
いい気分だ。	**I feel great.** = I feel wonderful.
最高の気分だわ！	**What a great feeling!** = I can't be happier. = I've never been this happy.
こんなにうれしいことってないわ。	**Nothing could be more wonderful.** = Nothing can beat this feeling.
それを聞いてうれしいよ。	**I'm glad to hear that.** ⏵ I'm glad to ...は「〜してうれしい」。 = I'm happy to hear that. = It's good to hear.
ツイてるぞ！	**How lucky!** = I got lucky!

第1章 気持ちを伝える

II 気持ちを表す

よかったぁ！	**Thank goodness!**
	= Thank heavens!
	😊 You passed the exam. （君、試験に受かったよ）
	😄 Thank goodness! I'm so happy. （よかったぁ！すごくうれしいよ）

われながら よくやったよ。	**I'm proud of myself.**
	😊 Congratulations on your success. （成功おめでとう）
	😄 Thank you. I'm proud of myself. （ありがとう。われながらよくやったよ）

うれしそう だね。	**You look happy.**
	😊 You look happy. （うれしそうだね）
	😄 Yeah. Richard asked me out. （ええ。リチャードにデートに誘われたの）

とても楽し かったです。	**I had a very good time.**
	= I had a great time.
	= I enjoyed myself.
	= I had a lot of fun.

楽しんで きてね。	**Have fun!**
	▶ これから遊びに出かける人にかける言葉。
	= Have a good time.
	= Enjoy yourself.

楽しみにして いるよ。	**I'm looking forward to it.**
	▶ look forward to ...は「〜を楽しみにして待つ」。
	😊 Will you come to our party tomorrow? （明日、僕たちのパーティーに来るかい？）
	😄 Sure. I'm looking forward to it. （もちろん。楽しみにしているよ）

待ちきれない よ！	**I can't wait!**
	= I can hardly wait!
	😊 Let's go skiing next weekend. （今度の週末、スキーに行こうよ）
	😄 Great. I can't wait! （いいね。待ちきれないよ！）

第1章 気持ちを伝える

悲しい・つまらない

悲しいなぁ。	**I'm sad.**
	= I feel sad.
	= I'm unhappy.

むなしいよ。	**I feel empty.**
	➡ emptyは「空虚な」。

私、落ち込んでいるの。	**I'm depressed.**

憂うつだなぁ。	**I feel blue.**
	➡ blueは「憂うつな、悲観した」。gloomyも同じ意味。
	= I feel low.

それは悲しいね。	**That's sad.**
	= How sad.

悲しそうな顔をしているね。	**You look sad.**
	= You look blue.

胸が張り裂けそうだ。	**My heart broke.**
	= I feel heartbroken.
	= I have a broken heart.

本当に傷ついたわ。	**It really hurt me.**
	😊 Did you really break up with Mark? (あなた、本当にマークと別れたの？)
	😢 Yeah. It really hurt me. (ええ、本当に傷ついたわ)

もう泣きたいよ。	**I feel like crying.**
	😊 You look depressed. What's wrong? (元気がないね。どうしたの？)
	😢 I lost my wallet. I feel like crying. (財布をなくしたんだ。もう泣きたいよ)

何とかして元気を出さなくちゃ。	**I need something to cheer me up.**
	➡ cheer upは「励ます、元気づける」。
	= I need to cheer myself up.

第1章 気持ちを伝える

II 気持ちを表す

あなたには私の気持ちがわからないのよ。	**You don't understand how I feel.** ☹ Don't be so depressed. It's no big deal. （そんなに落ち込むなよ。大したことじゃないさ） ☺ You don't understand how I feel. （あなたには私の気持ちがわからないのよ）
寂しいなぁ。	**I feel lonely.**
ひとりぼっちになった気分だ。	**I feel isolated.** ▶ isolatedは「孤立した、隔離された」。
君がいなくて寂しかったよ。	**I missed you.** ▶ missは「〜がいなくて寂しく思う」。
みじめだなぁ。	**I feel miserable.** = I feel helpless.
絶望的な気分だよ。	**I feel hopeless.**
ひどいなぁ。	**That's terrible.** = That's awful.
つまらなかったわ。	**It was boring.** ▶ boringは「退屈な」。 = I was bored. ☹ How was the party last night? （ゆうべのパーティーはどうだった？） ☺ It was boring. （つまらなかったわ）
退屈で死にそう！	**I'm bored to death!**
居心地が悪いなぁ。	**I don't feel comfortable.** = I feel uncomfortable.
まったく興味ないよ。	**I'm not interested at all.** = I have no interest. ☹ Do you want to know more about this? （この話、もっと詳しく聞きたい？） ☺ No, I'm not interested at all. （いや、まったく興味ないよ）
何もする気になれないんだ。	**I don't feel like doing anything.**

第1章 気持ちを伝える

腹を立てる

ちぇっ!	**Damn it!** ➡ 物事が思い通りにいかなかったときの言葉。 = Shoot!
頭にきた!	**I'm mad!** ➡ madは「怒った、頭にきた」。
あなたに腹を立てているのよ!	**I'm mad at you!** 😮 What's the matter with you? (どうかしたの?) 😠 I'm mad at you! (あなたに腹を立てているのよ!)
彼女って本当に頭にくるよ。	**She really makes me mad.**
私、すごく怒っているの。	**I'm very angry.** = I'm pissed off.
あなたには我慢できないわ。	**I can't stand you.** ➡ ここでは、standは「我慢する、耐える」の意味。
もう我慢できない。	**I can't stand it any more.** = I can't take it any more. = I'm out of patience. 😮 Why do I have to do this job? (なぜ僕がこの仕事をしなければならないんだ?) 😠 Stop complaining! I can't stand it any more. (文句を言うのはやめろ!もう我慢できないよ)
言っただろ!	**I told you!** 😠 I told you! Don't trust people so easily. (言っただろ!そんなに簡単に人を信じちゃダメだよ) 😮 That's right. It was a mistake. (そうだったわね。失敗だったわ)

第1章 気持ちを伝える

II 気持ちを表す

何度言ったらわかるの？	**How many times do I have to tell you?**
やめろよ！	**Stop it!** = Cut it out!
もうたくさんだ！	**That's enough!** ⓒ And I have some more complaints. （文句を言いたいことはまだあるんだ） ⓑ Stop it! That's enough. （やめてくれ！もうたくさんだ）
最低！	**That's disgusting!** ⓒ He ignored me. （彼ったら、私のことを無視したのよ） ⓑ That's disgusting! （最低ね！）
君にはいらいらするよ。	**You're getting on my nerves.** ▶ get on one's nervesは「～の神経にさわる、～をいらいらさせる」の意味。 = You're irritating me.
図々しい奴だ。	**You've got some nerve.** = What a nerve!
からかうなよ！	**Don't make fun of me!** ▶ make fun of ...は「～をからかう」。teaseにも「からかう」の意味がある。 = Don't tease me!
イヤな奴だな。	**You're obnoxious.** ▶ obnoxiousは「気にさわる、嫌な」。
よけいなお世話だ！	**It's none of your business!** = Mind your own business! ⓒ I think you should make up with Kate. （ケイトと仲直りするべきだと思うよ） ⓑ It's none of your business! （よけいなお世話だ！）
黙れ！	**Shut up!** = Shut your mouth!
何様のつもりなんだ？	**Who do you think you are?**

第1章 気持ちを伝える

うんざりする・がっかりする

もううんざりだ。	**I'm sick of it.** = I'm tired of it = I'm fed up with it. = I've had enough.
いいかげんにしてくれよ！	**Give me a break!** = Stop it! 😊 Now, I'm going to sing one more song. (さて、もう一曲歌います) 😠 Give me a break! He's a terrible singer. (いいかげんにしてくれよ！あいつは音痴なんだから)
また？	**Again?** 😊 The washing machine broke down. (洗濯機が壊れちゃったわ) 😠 Again? (また？)
ほっといてくれ！	**Leave me alone!** = Don't bother me!
聞きたくないよ。	**I don't want to hear it.**
また始まった。	**There you go again.** 😊 I'm tired of this job. (この仕事にはもううんざりだ) 😠 There you go again. (また始まった)
頭がおかしくなりそうだよ。	**It's driving me crazy.** = It's driving me nuts.
何で私なの？	**Why me?** ➡ 自分が指名されたことに対して文句を言うときの表現。 😊 Would you organize the Christmas party? (クリスマスパーティーの幹事をしてくれる？) 😠 Why me? (何で私なの？)

32

第1章 気持ちを伝える

II 気持ちを表す

よく言うよ。	**How can you say that?** ➡ How can you ...?は、相手の言動に対して「よく〜できるものだ」とあきれるときの表現。 ＊ How can you do such a thing? （よくそんなことができるものだ）
がっかりだよ。	**I'm disappointed.** ➡ disappointは「失望させる」の意味。
君にはがっかりだ。	**You let me down.** ➡ let ... downは「〜の期待にそむく、〜をがっかりさせる」。 = I'm disappointed in you.
それはがっかりだね。	**That's disappointing.** 😊 Richard can't come to the party. （リチャードはパーティーに来られないんだ） 😟 That's disappointing. （それはがっかりだね）
努力がすべて無駄になったよ。	**All my efforts were wasted.** = It was a total waste of effort.
なんて無駄なことをしたのだろう！	**What a waste!**
時間の無駄だったよ。	**It was a waste of time.** 😊 How was the movie? （映画はどうだった？） 😟 I didn't like it. It was a waste of time. （よくなかったね。時間の無駄だったよ）
へまをしちゃったよ。	**I screwed up.** ➡ screw upは「へまをしてだいなしにする」。mess upも同じ意味。 = I messed up.
ツイてないや。	**What hard luck!** = That's a bad break.
今日はツイてないなぁ。	**It's not my day.**

33

第1章 気持ちを伝える

驚く

びっくりした!	**I'm surprised!**
	= What a surprise!
ショック!	**I'm shocked!**
	= What a shock!
えーっ!	**Oh my gosh!**
	= My goodness!
	= Wow!
おやおや!	**Oh, boy!**
	= Well, well!
信じられない!	**I can't believe it!**
	= Unbelievable!
	= Incredible!
まさか!	**You're kidding!**
	= No kidding!
	◎ Henry and Julia are getting married. （ヘンリーとジュリアが結婚するんだよ）
	◎ You're kidding! （まさか！）
そんなばかな!	**It can't be true!**
	= That's impossible!
	= No way!
	◎ I heard that Mr. Harris was fired. （ハリスさんがクビになったんだって）
	◎ It can't be true! （そんなばかな！）
本気なの?	**Are you serious?**
	◎ I'll ask Elaine to marry me. （僕、エレインにプロポーズするよ）
	◎ Are you serious?（本気なの？）
びっくりする じゃないか。	**You scared me.**
	➡ 相手の言動に驚いたときに言う。
	= You startled me.

34

第1章 気持ちを伝える

気持ちを表す

驚いて言葉も出ないよ。	**I'm speechless.** = I don't know what to say.
あっけにとられちゃったよ。	**I was taken aback.** ➡ be taken abackは「面くらう、ぎょっとする」。 = I was devastated.
まったく意外だったよ。	**It was totally unexpected.** = I never expected it. 😊 I heard that your plan was selected. （君の企画が採用されたんだってね） 😊 Yeah, it was totally unexpected. （うん、まったく意外だったよ）
考えてもみなかったね。	**I'd never have thought it.** 😊 Jack and Lora are getting married. （ジャックとローラが結婚するんだよね） 😊 Really? I've never have thought it. （本当？考えてもみなかったね）
うれしい驚きだ！	**What a nice surprise!** 😊 You won the first prize! （あなたに1等賞が当たりました！） 😊 Oh, what a nice surprise! （わぁ、うれしい驚きだ！）
それは初耳だ。	**That's news to me.** 😊 Lucy is pregnant. （ルーシーは妊娠しているのよ） 😊 Really? That's news to me. （本当？それは初耳だ）
耳を疑ったよ。	**I could hardly believe my ears.** = I couldn't believe my ears. * I couldn't believe my eyes. （目を疑ったよ）
君がそんなことをするなんて、まったく意外だね。	**You're the last person to do that.** 😊 I argued with my boss. （上司と言い争いをしちゃったよ） 😊 You're the last person to do that. （君がそんなことをするなんて、まったく意外だね）

第1章 気持ちを伝える

感動する

すばらしい!	**Great!** = Wonderful! = Fantastic! = Fabulous!
きれい!	**Beautiful!** = Gorgeous! = Lovely!
ステキ!	**How nice!** = How neat!
かっこいい!	**That's cool!**
とても感動したよ。	**It really got to me.** ▶ get to ...は「〜に感銘を与える」の意味。 = It really touched me. = It really moved me. = I'm very impressed.
それは大したものだ。	**That's really something.** ☺ Greg founded his own company. （グレッグは自分の会社を立ち上げたんだよ） ☻ That's really something. （それは大したものだ）
やったあ!	**I did it!** ▶ 自分の成功や達成を喜ぶときの表現。 = I made it! ☺ Jack, you won the competition! （ジャック、君がコンテストに優勝したんだよ！） ☻ I did it!（やったあ！）
すごいわ!	**That's amazing!**
夢みたいだ。	**It's just too good to be true.** ☺ You've won the scholarship. （君に奨学金がでることになったよ） ☻ Really? That's too good to be true. （本当？夢みたいだ）

第1章 気持ちを伝える

キーワード

II 気持ちを表す

喜怒哀楽

幸せな	happy
うれしい	glad/delighted
満足した	satisfied
楽しい	enjoyable/joyful
退屈した	bored
退屈な	boring
悲しい	sad
悲しみ	sadness/sorrow
意気消沈した	depressed
みじめな	miserable
怒った	angry/mad
怒り	anger
うんざりするような	disgusting
いやな	obnoxious

驚き・落胆・感動

驚いた	surprised
驚き	surprise
ショックを受けた	shocked
信じられない	unbelievable/incredible
予想外の	unexpected
びっくりさせる	scare/frighten
がっかりした	disappointed
失望	disappointment
感動した	impressed/touched
すばらしい	great/wonderful
すてきな	neat
かっこいい	cool

III

意思表示をする

賛成する

賛成です。	**I agree.** ➡ 「賛成する」は、agree。agree with ...で「〜に賛成する」の意味になる。 = I agree with you. （あなたに賛成です） = I agree with your idea. 　（あなたの考えに賛成です）
まったく同感です。	**I totally agree.** = I completely agree. = You can say that again.
その点については賛成だ。	**I agree with you on that point.** = I'm with you there.
私もそう思う。	**I think so, too.** 😊 I think Mark is a nice person. 　（マークはいい人だと思うわ） 😊 I think so, too. （私もそう思う）
君の言うとおりだ。	**You're right.** = Exactly. 😊 You should quit smoking now. 　（君は今すぐタバコをやめるべきだ） 😊 You're right. （君の言うとおりだ）
いい考えだね！	**That's a good idea!** = That sounds great!
君の意見に賛成だよ。	**I'm for your opinion.** ➡ ここでは、forは「〜に賛成して」の意味。 = I'm with you. = Anything you say.

第1章 気持ちを伝える

III 意志表示をする

それは もっともだね。	**That's reasonable.**
	▶ reasonableは「筋の通った、もっともな」。make senseも同じ意味。
	= That makes sense.
	🗨 I think we should save more. （もっと節約するべきだと思うんだ）
	🗨 That's reasonable. （それはもっともだね）

君の言うことはもっともだ。	**You have a point.**
	= I take your point.

いいよ。	**Fine.**
	▶ 相手の提案などをそのまま受け入れるときの表現。
	= Okay.
	🗨 Let's have lunch at Corner Café. （コーナー・カフェでお昼を食べましょう）
	🗨 Fine. （いいよ）

それでけっこうです。	**Fair enough.**
	= That's fair.

僕はそれでいいよ。	**That's fine with me.**
	🗨 May I invite Sally? （サリーを誘ってもいい？）
	🗨 That's fine with me. （僕はそれでいいよ）

確かにそうだね。	**That's true.**
	= That's for sure.

私もちょうどそう思っていたのよ。	**I was just thinking the same thing.**
	= That's just what I was thinking.
	🗨 We should celebrate Lisa's birthday. （リサの誕生日のお祝いをしなければ）
	🗨 I was just thinking the same thing. （私もちょうどそう思っていたのよ）

異議はありません。	**I have no objection to it.**
	= Sounds all right to me.
	🗨 What do you think of the new rule? （新しい規則についてどう思いますか？）
	🗨 I have no objection to it. （異議はありません）

第1章 気持ちを伝える

反対する

反対です。	**I don't agree.**
あなたの意見には反対です。	**I don't agree with you.** = I don't agree with your idea.
それには反対だ。	**I'm against it.** ▶ ここでは、againstは「～に反対して」の意味。 😊 Are you for or against this plan? （あなたはこの計画に賛成、それとも反対？） 😊 I'm against it. （それには反対だ）
君の意見には大反対だ。	**I am strongly opposed to your idea.** ▶ be opposed to ...は、「～に反対する」。
私はそうは思わない。	**I don't think so.** = I doubt it.
そうは思えないよ。	**I don't see it that way.** = That's not how I see it.
僕は違う意見だ。	**I have a different opinion.**
いい考えだとは思えないね。	**That's not a good idea.** = Bad idea.
君は間違っているよ。	**You're wrong.** 😊 I think raising children is easy. （子育てなんて簡単だと思うわ） 😊 You're wrong. （君は間違っているよ）
それは無理だよ。	**That's impossible.** 😊 We should move to a larger house. （もっと大きな家に引っ越しましょうよ） 😊 That's impossible. （それは無理だよ）

第1章 気持ちを伝える

それは勧められないな。	**I don't recommend it.**
	😊 I think I'm going to quit my job. （仕事を辞めようと思うんだ） 🙂 I don't recommend it. （それは勧められないな）
そんなに無理なことを言わないでよ。	**Don't be so unreasonable.** ➡ unreasonableは「無分別な、筋の通らない」。
それは問題外だ。	**That's out of the question.** ➡ out of the questionは「問題にならない、まったく不可能で」。
そんなこと、ばかげているよ。	**That's nonsense.**
ばかなことを言わないでよ！	**Don't be ridiculous!** ➡ ridiculousは「ばかげた、途方もない」。 😊 I want to quit my job and move to Hawaii. （仕事を辞めてハワイに引越したいんだ） 🙂 Don't be ridiculous! （ばかなことを言わないでよ！）
絶対にダメ！	**Over my dead body!** ➡ 直訳すると「私の死体を乗り越えてやれ」で、強い拒絶の意思を表す。 😊 I want to try skydiving. （スカイダイビングをやりたいのだけど） 🙂 Over my dead body! （絶対にダメ！）
うまくいかないと思うよ。	**I don't think it will work.** 😊 How about starting our own business? （僕たち、独立して事業を始めてはどうかな？） 🙂 I don't think it will work. （うまくいかないと思うよ）
もっと現実的に考えろよ。	**You need to be more realistic.**
君は楽観的すぎるよ。	**You're too optimistic.** ⇔ You're too pessimistic. （君は悲観的すぎるよ）

III 意志表示をする

第1章 気持ちを伝える

意見を言う・意見を求める

考えがあるんだ。	**I have an idea.**
いい考えがあるよ。	**I have a good idea.**
提案したいことがあります。	**I have a suggestion.** = I want to make a suggestion.
こうしたらどうかな？	**How about this?** ▶ How about ...は「〜はどうですか？」という提案や誘いの表現。 ◎ How about this? We'll talk to Mr. Thomas. （こうしたらどうかな？トーマスさんに話してみるんだ） ◎ Oh, that's a good idea. （ああ、それはいい考えだね）
僕の意見としては、やってみるべきだと思うよ。	**In my opinion, we should try that.** ▶ in ...'s opinionは、「〜の意見としては」。 = In my view, we should try that. ◎ What we should do? （どうしたらいいかしら？） ◎ In my opinion, we should try that. （僕の意見としては、やってみるべきだと思うよ）
私としては賛成できないわ。	**Personally, I don't like that idea.** ▶ personallyは「自分としては」の意味で、個人的な意見を言うときに使う。 ◎ What do you think? （あなたはどう思う？） ◎ Personally, I don't like that idea. （私としては賛成できないわ）
ひとこと言わせてください。	**I'd like to say something.** = I have something to say. = Let me say what I think.
最後まで言わせてよ。	**Let me finish.** ▶ 話を終える前に相手が口をはさんできた場合に言う。

第1章 気持ちを伝える

III 意志表示をする

はっきり言っておこう。	**Let's get this straight.** ➡ 自分の言いたいことを強調するための前置き。 🗨 Don't tell me what I should do! （いちいち指図しないでよ！） 🗨 Let's get this straight. I'm your father. （はっきり言っておこう。私は父親なんだ）
あなたは？	**How about you?** ➡ 自分の意見などを言った後で、相手の発言をうながす表現。 = What about you? 🗨 I'll have chicken sandwich. How about you? （私はチキンサンドイッチをいただきます。あなたは？） 🗨 I'll have hamburger. （私はハンバーガーにします）
あなたはどう思う？	**What do you think?** 🗨 We need to buy a new car. What do you think? （車を買い替える必要があるわ。あなたはどう思う？） 🗨 I agree. （賛成だよ）
君の意見を聞かせてよ。	**Tell me what you think.** = Let me hear what you think.
思っていることを聞かせて。	**Tell me what you have on your mind.** ➡ on ...'s mindは「気にかかって、考えて」。
ほかに何かある？	**Anything else?** = Is that everything?
どういう意味？	**What do you mean?**
そう思わない？	**Don't you think so?** ➡ 相手に同意を求めるときに言う。 🗨 This is ridiculous. Don't you think so? （こんなこと、ばかばかしいわ。そう思わない？） 🗨 You're right. （そのとおりだね）

第1章 気持ちを伝える

あいまいに答える

たぶんね。	**Maybe.** ➡ 「たぶん」を表す単語にはmaybeのほかにperhaps、probablyなどがあるが、probablyはmaybeやperhapsに比べて可能性が高いときに使う。 = Perhaps.　= Probably.
たぶんそれはないよ。	**Maybe not.** = Probably not. ⓒ Is Paul coming?（ポールは来るの？） ⓡ Maybe not.（たぶんそれはないよ）
そうだろうね。	**I guess so.** ➡ "I think so."に比べて、推測の意味合いが強い。 = I guess.　= I suppose so.
そうかもしれないね。	**That may be true.** = That's possible.
あなたの言うとおりかもね。	**You may be right.** = Maybe you're right.
はっきりわからないよ。	**I'm not sure.** = I don't know for sure. ⓒ What time will you come home?（何時に家に帰るの？） ⓡ I'm not sure.（はっきりわからないよ）
まあそうだね。	**Sort of.** = Kind of. ⓒ Do you like your new job?（新しい仕事は気に入った？） ⓡ Sort of.（まあそうだね）
多少ね。	**More or less.** ⓒ Are you drunk?（酔っ払っているの？） ⓡ Well, more or less.（う〜ん、多少ね）

第1章 気持ちを伝える

III 意志表示をする

場合によるよ。	**It depends.**
	☺ Can you attend the meeting next week? （来週の会議には出られる？） ☻ It depends. （場合によるよ）

そうだといいけれどね。	**I hope so.**
	= Hopefully. ☺ You can do it!（君ならできるよ！） ☻ I hope so. （そうだといいけれどね）

どちらとも言いきれないよ。	**Yes and no.**
	➡ ある点ではイエスだが、別の点ではノーだ、というときに使う。 ☺ Are you an outgoing person? （あなたは社交的なタイプですか？） ☻ Well, yes and no. （そうだな、どちらとも言いきれないよ）

何とも言えないね。	**It's hard to say.**
	= It's difficult to say. ☺ Do you think we'll win? （私たちが勝つと思う？） ☻ It's hard to say. （何とも言えないね）

君の好きなものでいいよ。	**Whatever you like.**
	☺ What are we going to have for dinner? （夕食は何にする？） ☻ Whatever you like. （君の好きなものでいいよ）

君がそう言うのなら、それでいいよ。	**Okay, if you say so.**
	☺ Let's eat out tonight. （今夜は外食しましょう） ☻ Okay, if you say so. （君がそう言うのなら、それでいいよ）

どうでもいいよ。	**I don't care.**
	= It doesn't matter to me. ☺ Should I wear a white shirt or a pink one? （白いシャツを着ようかしら、それともピンク？） ☻ I don't care. （どうでもいいよ）

第1章 気持ちを伝える

保留する

考えておくよ。	**I'll think about it.** = I'll consider it. 🅒 Will you take this job? （この仕事を引き受けてくれないか？） 🅑 I'll think about it. （考えておくよ）
考えさせてよ。	**Let me think about it.**
今すぐには決められないな。	**I can't decide it now.** = I can't make up my mind right away.
ひと晩考えさせてください。	**Let me sleep on it.** 🅒 Would you like to buy this car? （この車を買いませんか？） 🅑 Well, let me sleep on it. （そうですね、ひと晩考えさせてください）
考える時間をください。	**I need some time to think about it.** = Give me some time to think it over. 🅒 I want you to go to New York with me. （僕と一緒にニューヨークへ行ってほしいんだ） 🅑 I need some time to think about it. （考える時間をください）
まだはっきりした返事はできないんです。	**I can't give you a definite answer yet.**
頭を冷やして考え直さなければ。	**I need to calm down and think it over again.** ▶ calm downは「落ち着く」。
どうしたらいいかを検討してみます。	**We'll discuss what we can do.** 🅒 We want you to consider a bigger discount. （一層の値引きを考えていただきたいのですが） 🅑 We'll discuss what we can do. （どうしたらいいかを検討してみます）

46

第1章 気持ちを伝える

キーワード

意思表示

賛成する	agree
同意	agreement
支持する	support
反対の	opposed/oppsite
反対する	object
異議	objection
～に賛成して	for
～に反対して	against
もっともな	reasonable
筋のとおらない	unreasonable
考え	idea
意思	intention
意見	opinion
提案	suggestion
観点	viewpoint/standpoint

あいまいに言う・考える

あいまいな	vague
不確かな	unclear/uncertain
たぶん	maybe/probably/perhaps
ありそうな	likely
ありそうもない	unlikely
可能な・ありえる	possible
不可能な・ありえない	impossible
推測する	guess/suppose
保留する	hold
検討する	consider
話し合う	discuss

III 意志表示をする

> こんなとき何と言う？

英語にしにくい日本語のあいさつ

　「行ってきます」、「いただきます」など、私たちが毎日使っているあいさつの言葉は、英語でどのように言うのでしょうか。

● 行ってきます／行ってらっしゃい

　英語には、「行ってきます」という意味の決まった表現はありません。出かけるときには、
I'm leaving.
I'm going now.
I'm taking off now.
などと言います。
また、「行ってらっしゃい」に当たる言い方もなく、
Bye.　See you.
などと言って送り出します。

● ただいま／お帰りなさい

　家族の顔を見て、"Hi." と言うだけでも「ただいま」のあいさつの代わりになりますが、
I'm home.
I'm back.
という表現もあります。
家族が帰ってきたら、
How was your day?（どんな一日だった？）
How was school?（学校はどうだった？）
などと言います。

● いただきます／ごちそうさま

　これも、英語には決まった表現がありません。
They all look delicious.（どれもおいしそうだね）
Let's eat.（さあ、食べよう）
などと言って食べ始めるといいでしょう。
食べ終わったら、
It was very good.（おいしかったよ）
Thank you for the wonderful dinner.
（おいしい夕食をありがとう）
と言うと、料理してくれた人への感謝の気持ちが伝わります。

第2章
人と出会う・自分を語る

I あいさつをする
II 自分について話す
III 趣味・娯楽

I

あいさつをする

出会ったときのあいさつ

こんにちは。	**Hello.** ➡ いつでも、誰に対しても使えるあいさつの言葉。
やあ!	**Hi!** ➡ "Hello."よりカジュアルな表現で、親しい人に対して使う。
おはよう。	**Good morning.** ➡ カジュアルな会話では、"Morning."も使われる。
こんにちは。 (午後の あいさつ)	**Good afternoon.** = Afternoon.
こんばんは。	**Good evening.** = Evening.
おやすみ。	**Good night.**
元気ですか?	**How are you?** ➡ "Hello."、"Good morning."などのあいさつの後で言う。
元気?	**How're you doing?** ➡ "How are you?"よりカジュアルな言い方。 = How's it going?
調子はどう?	**How're things going?** = How're things with you? = How's everything?

第2章 人と出会う・自分を語る

元気だよ。	**Fine, thank you.**
	= I'm fine, thank you.
	= Pretty good.
	🗨 How are you? （元気ですか？）
	🗨 Fine, thank you. （元気だよ）

まあまあだよ。	**Not too bad.**
	= Okay.
	🗨 How're things going? （調子はどう？）
	🗨 Not too bad. （まあまあだよ）

どうしてる？	**What's up?**
	= What's new?

別に何も。	**Nothing much.**
	= Not much.
	🗨 What's up? （どうしてる？）
	🗨 Nothing much. What's up with you? （別に何も。君は？）

仕事はどう？	**How's business?**
	🗨 How's business? （仕事はどう？）
	🗨 Okay, I suppose. （まあまあだよ）

相変わらずだよ。	**Same as usual.**
	= Same old stuff.

元気そうだね。	**You look very well.**

相変わらず忙しいの？	**Are you as busy as ever?**
	🗨 Are you as busy as ever? （相変わらず忙しいの？）
	🗨 Not as bad as I used to. （前ほどではないよ）

忙しそうだね。	**You sound busy.**
	🗨 I'll go to China for business next week. （来週、仕事で中国に行かなくちゃならないんだ）
	🗨 You sound busy.（忙しそうだね）

Ⅰ あいさつをする

初対面の人と

はじめまして。	**Nice to meet you.**
	= Glad to meet you.
	🗨 Hello, I'm David. （こんにちは、デビッドといいます）
	🗨 Nice to meet you, David. （はじめまして、デビッド）
こちらこそ。	**Nice to meet you, too.**
	🗨 Nice to meet you. （はじめまして）
	🗨 Nice to meet you, too. （こちらこそ）
はじめまして。	**How do you do?**
	▶ "Nice to meet you." よりフォーマルな言い方。
	🗨 How do you do, Mr. Brown? （はじめまして、ブラウンさん）
	🗨 How do you do? （はじめまして）
山本浩之といいます。	**My name is Hiroyuki Yamamoto.**
	= I'm Hiroyuki Yamamoto.
ヒロと呼んでください。	**Please call me Hiro.**
お会いできてうれしいです。	**I'm glad to meet you.**
	= Good to meet you.
	= I'm pleased to meet you.
トーマスさん、お会いできて光栄です。	**I'm honored to meet you, Mr. Thomas.**
	▶ 目上の人や尊敬する人に初めて会ったときのフォーマルなあいさつ。
	= It's an honor for me to meet you, Mr. Thomas.
	= It's a great pleasure to meet you, Mr. Thomas.
お会いすることを楽しみにしていました。	**I've been looking forward to meeting you.**

ずっとお会いしたいと思っていました。	**I've always wanted to meet you.**
お噂はかねがねうかがっています。	**I've heard a lot about you.** = I've heard so much about you. ⓢ I've heard a lot about you. （お噂はかねがねうかがっています） ⓡ Only good things, I hope. （よい噂だけだといいのですが）
妹はいつもあなたのことを話しているんですよ。	**My sister is always talking about you.**
お名前だけは存じていました。	**I knew you just by name.** ⓢ Hello. I'm Paul Graham. （こんにちは。ポール・グラハムです） ⓡ I knew you just by name. It's nice to meet you. （お名前だけは存じていました。お会いできてうれしいです）
以前にお会いしたことがありますか？	**Have we met before?** ⓢ Have we met before? （以前にお会いしたことがありますか？） ⓡ No, I don't think so. （いいえ、ないと思います）
前にお会いしたことがあるように思うのですが。	**You look familiar.**
あなたとは電話でお話ししたことがあります。	**I've spoken with you on the phone.** ⓢ I've spoken with you on the phone. （あなたとは電話でお話ししたことがあります） ⓡ Yes, I remember.（ええ、覚えています）
やっとお会いできてとてもうれしいです。	**It's great to finally meet you.**
自己紹介させてください。	**Let me introduce myself.** = May I introduce myself?

第2章 人と出会う・自分を語る

Ⅰ あいさつをする

第2章 人と出会う・自分を語る

久しぶりに会う人と

お久しぶりです。	**It's been a long time.** = It's been so long.
久しぶりだね。	**Long time no see.** = I haven't seen you for a long time. = I haven't seen you for ages. = We haven't seen each other for a long time. 🅰 Hi, Eric. Long time no see. （やあ、エリック。久しぶりだね） 🅱 Yeah, good to see you. （うん、会えてうれしいよ）
前に会ったのはいつだっけ？	**When did I see you last time?** = When was the last time we saw each other? 🅰 When did I see you last time? （前に会ったのはいつだっけ？） 🅱 A few years ago, I guess. （何年か前だったと思うよ）
君に会うのは10年ぶりだよ。	**I haven't seen you for ten years.**
時間がたつのは早いね。	**Time flies.** ▶ 日本語のことわざ、「光陰矢のごとし」に当たる。
どうしていたの？	**How have you been?** = How have you been doing? 🅰 How have you been?（どうしていたの？） 🅱 I've been fine. What about you? （元気だったよ。君は？）
何やっていたの？	**What have you been doing?** 🅰 What have you been doing? （何やっていたの？） 🅱 I've just been busy with work. （仕事で忙しくしていただけだよ）
どこに行っていたの？	**Where have you been?**

第2章 人と出会う・自分を語る

また会えて うれしいよ。	**Nice to see you again.** ▶ "Nice to meet you.(はじめまして)"のmeetが「初めて会う」という意味であるのに対して、seeは「前にも会ったことがある人に会う」という意味。 = Good to see you again. = I'm glad to see you again.
全然変わっていないね。	**You haven't changed at all.**
ずいぶん 変わったね。	**You've changed a lot.** = You've really changed.
見違えたよ。	**I could hardly recognize you.** ▶ could hardly ...は「ほとんど〜できなかった」の意味。
しばらく 留守にして いたんだ。	**I was out of town for a while.** ❓ Where have you been? （どこに行っていたの？） 💬 I was out of town for a while. （しばらく留守にしていたんだ）
ご家族は お元気ですか？	**How's your family?** ❓ How's your family? （ご家族はお元気ですか？） 💬 They're all fine. （みんな元気ですよ）
長い間連絡を しなくてごめ んなさい。	**Sorry that I haven't contacted you for so long.**
あなたのこと は気になって いたのよ。	**I've been wondering how you're doing.** ❓ It's been a long time, Laura. （ローラ、久しぶりだね） 💬 Chris, I've been wondering how you're doing. （クリス、あなたのことは気になっていたのよ）
君がいなくて みんな寂し がっていたん だよ。	**We've all missed you.**

I あいさつをする

第2章 人と出会う・自分を語る

他の人を紹介する

キャシーを紹介します。	**I'd like you to meet Cathy.** = Let me introduce Cathy to you. = I'd like to introduce Cathy to you.
こちらは妹の由紀子です。	**This is my sister, Yukiko.** ⓒ Bill, this is my sister, Yukiko. （ビル、こちらは妹の由紀子です） ⓑ Hello, Yukiko. Nice to meet you. （こんにちは、由紀子さん。はじめまして）
僕の友達を紹介しよう。	**I'd like you to meet a friend of mine.**
リンダ、こちらは美由紀。美由紀、リンダだよ。	**Linda, this is Miyuki.** **Miyuki, Linda.** ➡ 自分にとって、ともに親しいふたりを引き合わせるときのカジュアルな言い方。
ジェフ、僕の妻だよ。	**Jeff, meet my wife.**
サリーに会ったことはある？	**Have you met Sally?** ⓒ Have you met Sally? （サリーに会ったことはある？） ⓑ No, I don't think I have. （いいえ、ないと思うわ）
マイク、スーザンに会うのは初めてだよね。	**Mike, I don't think you've met Susan.** = Mike, you haven't met Susan, have you?
まだ彼に会う機会がないんだ。	**I haven't had the chance to meet him yet.** ⓒ Have you met John Wells? （ジョン・ウェルズに会ったことはある？） ⓑ No, I haven't had the chance to meet him yet. （いや、まだ彼に会う機会がないんだ）
あなたたち、もうご紹介はすんだ？	**Have you met already?** = Have you already been introduced?

第2章 人と出会う・自分を語る

あなたのことをみんなに紹介します。	**I'll introduce you all around.** ➡ all aroundは「みんなに」の意味。 = Let me introduce you to everybody. = I'd like you to meet everybody.
パーカーさんに紹介してもらえますか？	**Could you introduce me to Mr. Parker?** ➡ introduce A to Bは、「AをBに紹介する」。 = May I ask you to introduce me to Mr. Parker?
あなたのお兄さんを紹介してほしいのだけど。	**I'd like to meet your brother.** 🅐 I'd like to meet your brother. （あなたのお兄さんを紹介してほしいのだけど） 🅑 Sure. He'll come home soon. （いいわよ。もうすぐ家に帰ってくるわ）
リードさんのご紹介でうかがいました。	**I'm here with an introduction from Mr. Reed.** = I'm here on the introduction of Mr. Reed. 🅐 I'm here with an introduction from Mr. Reed. （リードさんのご紹介でうかがいました） 🅑 Yes, he called me about you. （ええ、彼からあなたのことで電話をもらっています）
君たちはいい友達になると思うんだ。	**I think you'll be good friends.** ➡ 「友達になる」はbe (make) friends。 ＊ You'll make good friends with Billy. （あなたとビリーはいい友達になるわ）
あなたたち、気が合うと思うわ。	**I think you'll get along very well.** ➡ get alongは「うまくやっていく、よい関係にある」の意味。
君たちふたりには共通点がたくさんあるんだよ。	**You two have a lot in common.** ➡ in commonは「共通に」。
彼のこと、きっと気に入るよ。	**I'm sure you'll like him.**

I あいさつをする

第2章 人と出会う・自分を語る

別れるときのあいさつ

さようなら。	**Goodbye.** ➡ 誰に対しても使える、もっとも一般的な別れのあいさつ。
バイバイ。	**Bye.** ➡ "Goodbye." よりカジュアルな言い方。 = Bye-bye.
またね。	**See you later.** = See you. = See you around.
また近いうちに。	**See you soon.** = I'll see you again soon.
また明日。	**See you tomorrow.**
じゃあ、行くね。	**I'm off now.** ➡ 出かけたり、立ち去ったりするときに言う。 = I'm leaving. ⊙ Time to go. I'm off now. 　(出かける時間だ。じゃあ、行くね) ⊙ Goodbye. (さようなら)
もう行かなければ。	**I have to go.** = I'd better be off. = I'd better get moving. = I must say goodbye. ⊙ It's getting late. I have to go. 　(遅くなってきたね。もう行かなければ) ⊙ Okay. See you. 　(わかったわ。またね)
よい一日を。	**Have a nice day.**
よい週末を。	**Have a nice weekend.**
よいご旅行を。	**Have a nice trip.** = Have a good trip.

第2章 人と出会う・自分を語る

休暇を楽しんでね。	**Have a wonderful vacation.**
	= Enjoy your vacation.

頑張ってね！	**Good luck!**
	🅐 I'm going to an important meeting. （これから大切な会議に行くんだ） 🅑 Good luck!（頑張ってね！）

元気でね。	**Don't work too hard.**
	➡ 文字通りの意味は「働きすぎないようにね」だが、別れるときのあいさつとして慣用的に使われる。 = Take care. = Take it easy. 🅐 Bye, Mike.（じゃあね、マイク） 🅑 Bye, Meg. Don't work too hard. （バイバイ、メグ。元気でね）

いつでも立ち寄ってね。	**Drop in any time.**
	➡ drop inは「ちょっと立ち寄る」。 🅐 Drop in any time. （いつでも立ち寄ってね） 🅑 Thank you, I will. （ありがとう、そうさせてもらうわ）

お会いできてうれしかったです。	**Nice meeting you.**
	➡ 初対面の人と別れるときに言う。 = It was nice to meet you. 🅐 I have to go. Nice meeting you. （もう行かなければ。お会いできてうれしかったです） 🅑 Nice meeting you, too. （こちらこそ、お会いできてよかったです）

奥さんによろしく。	**Say hello to your wife for me.**
	➡ 「～によろしく」は、say hello to ...。 🅐 Say hello to your wife for me. （奥さんによろしく） 🅑 I sure will. Thank you. （伝えておくよ。ありがとう）

ハワードさんによろしくお伝えください。	**Please send my best regards to Mr. Howard.**
	➡ say hello to ...よりフォーマルな言い方。

I あいさつをする

第2章 人と出会う・自分を語る

しばらく会えなくなる人と

お別れのあいさつに来たんだ。	**I've come to say goodbye.**
またいつか会おうね。	**Let's get together again sometime.** = I hope I'll see you again sometime.
あなたと知り合えて本当によかったです。	**It was really nice to get to know you.** ▶「〜と知り合いになる」はget to know …。
あなたがいなくなると寂しいです。	**I'll miss you.** = I'll miss you when you're gone.
連絡をとり合おうね。	**Let's keep in touch.** ▶ keep in touchは「連絡を保つ」。 ☺ Be sure to write. （必ず手紙をちょうだいね） ☹ All right. Let's keep in touch. （わかったよ。連絡をとり合おうね）
そのうち電話してね。	**Call me sometime.**
新しい住所を教えてね。	**Let me know your new address.** ☺ Let me know your new address. （新しい住所を教えてね） ☹ I'll write to you as soon as I know it. （わかったらすぐに手紙を書くよ）
きっと戻ってきてね。	**You must come back.**
今度はいつ会えるかな？	**When will we see each other again?** = When will be the next time I see you?
来年会いましょう。	**I'll see you next year.**
幸運を祈っているよ。	**Good luck in everything.**

キーワード

あいさつ

あいさつ	greeting
あいさつする	greet
会話	conversation/talk
こんにちは	hello
やあ	hi
さようなら	goodbye
バイバイ	bye
朝（おはよう）	morning
午後（こんにちは）	afternoon
晩（こんばんは）	evening
夜（おやすみ）	night

出会い・別れ

出会う	meet
出会い	encounter
別れる	part
別れ	farewell
去る	leave
戻る	return/come back
再会する	meet again
いつか	someday
そのうち	sometime
紹介する	introduce
紹介	introduction
自己紹介する	introduce oneself
親友	one's best friend
知り合い	acquaintance
知らない人	stranger

II 自分について話す

家族について

私は結婚しています。	**I'm married.** ▶ marriedは「結婚している、既婚の」。
独身です。	**I'm single.** ⊙ Are you married? （あなたは結婚していますか？） ↳ No, I'm single. （いいえ、独身です）
婚約中です。	**I'm engaged.**
お子さんはいますか？	**Do you have any children?** ▶ 子供がいるかどうかをたずねるときは、単数形のchildではなく、複数形のchildrenを使う。 ⊙ Do you have any children? （お子さんはいますか？） ↳ Yes, we have three. （はい、3人います）
息子がひとり、娘がふたりいます。	**We have a son and two daughters.**
子供はいません。	**We don't have any children.** = We have no children.
ご家族は何人ですか？	**How many people are there in your family?** ⊙ How many people are there in your family?（ご家族は何人ですか？） ↳ Four people. （4人です）
両親と弟、それに私です。	**My parents, my brother and myself.**

第2章 人と出会う・自分を語る

II 自分について話す

うちは大家族なんですよ。	**I have a large family.**
ご兄弟(姉妹)はいますか？	**Do you have any brothers or sisters?** 🔵 Do you have any brothers or sisters? （ご兄弟(姉妹)はいますか？） 🔷 Yes, I have a sister. （はい、姉がひとりいます）
兄と妹がいます。	**I have a brother and a sister.** ➡ 英語では家族について話すとき、兄／弟、姉／妹の区別をしないのが一般的。これを明確にしたい場合は、older (younger) brother、older (younger) sisterと言う。 ✱ I have two older sisters. （姉がふたりいます）
私はひとりっ子です。	**I'm an only child.** ➡ 「ひとりっ子」はan only child。
母と私は、まるで友達みたいなんですよ。	**My mother and I are just like friends.**
息子さんはおいくつですか？	**How old is your son?** 🔵 How old is your son? （息子さんはおいくつですか？） 🔷 He's seven. （7歳です）
息子は小学生です。	**My son is in elementary school.** ➡ elementary schoolは「小学校」。「中学校」はjunior high school、「高校」はhigh school。
もうすぐ子供が生まれるんです。	**We're expecting a baby.**
4月に生まれる予定です。	**The baby is due in April.** = The baby will arrive in April.
結婚して3年になります。	**We've been married for three years.**

第2章 人と出会う・自分を語る

出身地について

どちらのご出身ですか？	**Where are you from?** ➡ ここでは、fromは出身地を表す。
大阪出身です。	**I'm from Osaka.** 🅠 Where are you from? （どちらのご出身ですか？） 🅐 I'm from Osaka. （大阪出身です）
生まれは北海道です。	**I was born in Hokkaido.** ➡ 「生まれる」はbe born。
名古屋で生まれ育ちました。	**I was born and raised in Nagoya.** ➡ 「育つ」はgrow up。 🅠 Are you from Tokyo? （ご出身は東京ですか？） 🅐 No, I was born and raised in Nagoya. （いいえ、名古屋で生まれ育ちました）
子供のときに家族で東京に引っ越しました。	**My family moved to Tokyo when I was a child.** ➡ ここでは、moveは「引っ越す」の意味。
高校までは京都に住んでいました。	**I lived in Kyoto until I was in high school.** 🅠 Did you grow up in Tokyo? （東京で育ったのですか？） 🅐 No, I lived in Kyoto until I was in high school. （いいえ、高校までは京都に住んでいました）
いまでも関西なまりがあるんです。	**I still have a Kansai accent.** ➡ 「(言葉の)なまり」はaccent。 ＊ She speaks English with a French accent. （彼女はフランス語なまりの英語を話します）
両親は今もそこに住んでいます。	**My parents still live there.**

第2章 人と出会う・自分を語る

毎年、正月休みには帰省します。	**I go home every year during the New Year's holiday.**

➡ 「帰省する」はgo home。「親に会いに行く」という意味でvisit one's parentsを使うこともできる。
= I visit my parents every year during the New Year's holiday.

そこには今も友達が大勢いるんですよ。	**I still have many friends there.**

ときどき故郷に墓参りに行きます。	**I sometimes visit my ancestors' grave in my hometown.**

➡ visit one's ancestors' graveは「先祖の墓を訪れる＝墓参りをする」。

生まれてからずっと東京に住んでいます。	**I've lived in Tokyo since I was born.**

= I've lived in Tokyo my whole life.
❓ How long have you been in Tokyo?
（東京にはどれぐらいお住まいなのですか？）
💬 I've lived in Tokyo since I was born.
（生まれてからずっと東京に住んでいます）

うちはもともと九州出身なんです。	**My family is originally from Kyushu.**

➡ ここでは、familyは「家族」より広い「一族」を意味している。

親戚はほとんどが九州にいます。	**Most of our relatives are in Kyushu.**

➡ 「親戚」はrelative。

妻と私は同郷なんです。	**My wife and I are from the same prefecture.**

➡ prefectureは「県」なので、from the same prefectureで「同じ県出身の＝同郷の」となる。

引退後は故郷に戻りたいですね。	**I want to return to my hometown after I retire.**

= I want to return to my hometown after my retirement.

II 自分について話す

65

第2章 人と出会う・自分を語る

住まいについて

どちらにお住まいですか？	**Where do you live?** ⓒ Where do you live? （どちらにお住まいですか？） 🅑 I live in Tokyo. （東京に住んでいます）
去年、大阪から引っ越してきました。	**I moved from Osaka last year.**
ひとり暮らしです。	**I live alone.** = I live by myself. ⓒ Do you live with your family? （ご家族と住んでいるのですか？） 🅑 No, I live alone. （いいえ、ひとり暮らしです）
アパートに住んでいます。	**I live in an apartment.**
マンション住まいです。	**I live in a condominium.** ➡「マンション」はcondominium。mansionは「大邸宅」のことで、日本語の「マンション」とは意味が異なるので注意。
一軒家を持っています。	**We own a house.** ➡ ownは「所有する」。own a houseは一軒家を持っていることを意味する。
社宅に住んでいます。	**We live in a company residence.** ➡「社宅」は、a company residence。
郊外に住んでいます。	**We live in a suburb.** ➡「郊外」は、suburb(the suburbs)。 ＊ We live in the suburbs of Tokyo. （東京の郊外に住んでいます）
街の中心部に住んでいます。	**We live in the downtown area.**
田舎住まいです。	**We live in the countryside.**

ここに住んで5年になります。	I've lived here for five years.
この辺りが気に入っているんです。	I like this neighborhood. ➡ neighborhoodは「近所、地域」。
静かな住宅街なんですよ。	It's a quiet residential area.
私の家は、駅から歩いて10分ぐらいです。	My place is about ten minutes on foot from the station. ➡ on footは「徒歩で」。 ＊ My place is about ten minutes by bicycle from the station. （私の家は、駅から自転車で10分ぐらいです）
最寄りの駅は吉祥寺駅です。	The nearest station from my place is Kichijoji Station. ➡ the nearest stationは「最も近い駅＝最寄りの駅」の意味。
私のアパートではペットを飼うことはできません。	I'm not allowed to keep a pet in my apartment. ➡「ペットを飼う」はkeep a pet。
うちでは犬を2匹飼っています。	We have two dogs.
木造の日本家屋に住んでいます。	We live in a wooden Japanese-style house.
家は築30年です。	Our house is 30 years old. ➡ ... years oldは、年齢だけでなく、ものの古さを表すときにも使う。 ＊ This car is 8 years old. （この車は8年前のものだ）
家の建て直しを考えています。	We're thinking about rebuilding our house.
どこかほかの場所に引っ越したいんです。	I want to move somewhere else.

第2章 人と出会う・自分を語る

II 自分について話す

第2章 人と出会う・自分を語る

仕事について

お仕事は何ですか？	**What's your job?** = What's your occupation? = What do you do for a living? 👂 What's your job? （お仕事は何ですか？） 🗨 I'm a school teacher. （学校の教師です）
ABC社に勤めています。	**I work for ABC Company.** ▶「〜に勤める」は、work for ...。 * I work for an insurance company. （保険会社に勤めています）
銀行員です。	**I'm a banker.**
コンピューター技術者です。	**I'm a computer engineer.**
公務員です。	**I'm a government employee.**
コンピューター関係の仕事をしています。	**I'm in the computer business.** 👂 What kind of business are you in? （どんな種類のお仕事ですか？） 🗨 I'm in the computer business. （コンピューター関係の仕事をしています）
営業をしています。	**I'm a sales representative.**
パートタイムで働いています。	**I'm working part-time.** ▶ work part-timeは「パートタイムで働く」。 * I work full-time. （フルタイムで働いています）
今は働いていません。	**I'm not working now.** = I don't have a job now.
仕事を探しています。	**I'm looking for a job.** = I'm job hunting now.

第2章 人と出会う・自分を語る

今、失業中です。	**I'm out of work now.** = I'm unemployed now.
転職を考えています。	**I'm thinking about changing jobs.**
ファッション業界で仕事がしたいんです。	**I want to work in the fashion industry.**
外国で働きたいんです。	**I want to work abroad.**
会社はどこにあるのですか？	**Where's your office?** = Where's your office located?
会社は東京駅の近くです。	**My office is near Tokyo Station.** = My office is close to Tokyo Station.
通勤にはどれぐらいかかりますか？	**How long does it take to commute?** ▶ commuteは「通勤する」。 ◎ How long does it take to commute? （通勤にはどれぐらいかかりますか？） 🗨 About an hour. （1時間ぐらいです）
その仕事に就いてどれぐらいですか？	**How long have you been doing that job?**
まだ新人で、覚えることがたくさんあります。	**I'm still new and have a lot of things to learn.**
今の仕事は気に入っています。	**I like my job.** ⇔ I don't like my job. （今の仕事は気に入っていないんです）
よく残業をします。	**I often work overtime.** ▶「残業する」はwork overtime。
あと数年で定年です。	**I'll retire in a few years.** ▶ ここでは、retireは「定年で退職する」の意味。

II 自分について話す

学校について

私は学生です。	**I'm a student.**
大学生です。	**I'm a college student.** ＊ I'm a high school student. （高校生です）
法学部です。	**I'm in the Law School.** = I'm in the Department of Law. ➡ 大学の学部はdepartment of ...で表すが、医学部はmedical school、法学部はlaw schoolとも言う。
歴史を専攻しています。	**I'm majoring in history.** ➡ 「〜を専攻する」はmajor in ...。 ❓ What's your major? （専攻は何ですか？） 💬 I'm majoring in history. （歴史を専攻しています）
教員の資格をとるための勉強をしています。	**I'm studying to get a teacher's license.** = I'm studying to get a license for teaching.
専門学校へ通っています。	**I go to a vocational school.** ❓ Are you a college student? （あなたは大学生ですか？） 💬 No, I go to a vocational school. （いいえ、専門学校へ通っています）
経理を勉強しています。	**I study accounting.**
大学の受験勉強中です。	**I'm preparing for the entrance examination for a university.**
学校はどちらですか？	**What school do you go to?** = Which school do you go to?
ABC大学へ行っています。	**I go to ABC University.** = I'm a student at ABC University.

第2章 人と出会う・自分を語る

何年生ですか？	**What year are you?**
4年生です。	**I'm a senior.** ▶ seniorは高校・大学の「4年生」を指す。「1年生」はfreshman、「2年生」はsophomore、「3年生」はjuniorと言う。
来年卒業します。	**I'll graduate next year.**
大学院生です。	**I'm in graduate school.** ▶「大学院」はgraduate school。 = I'm a graduate student.
大学院への進学を考えています。	**I'm thinking about going to graduate school.**
高校生の家庭教師をしています。	**I'm tutoring a high school student.** ◎ Do you have a part-time job? （アルバイトはしていますか？） ☒ Yes, I'm tutoring a high school student. （ええ、高校生の家庭教師をしています）
ABC大学出身です。	**I went to ABC University.** ◎ Which college did you go to? （出身大学はどちらですか？） ☒ I went to ABC University. （ABC大学出身です）
ABC大学卒です。	**I graduated from ABC University.** = I'm a graduate of ABC University. ▶ graduate from ...は「～を卒業する」、a graduate of ...は「～大学の卒業生」。
ABC大学で修士号をとりました。	**I got a master's degree from ABC University.**
外国に留学したいんです。	**I want to study abroad.**
アメリカ留学を計画しています。	**I'm planning to study in the United States.**

II 自分について話す

第2章 人と出会う・自分を語る

身体の特徴・容貌について

身長はいくつですか？	How tall are you?
165センチです。	I'm one hundred sixty-five centimeters tall.
5フィート6インチです。	I'm five feet six inches tall. = I'm five six.
背は高いんです。	I'm tall. ⇔ I'm short.（背は低いんです）
もう少し背が高いといいのですが。	I wish I were taller.
体重はどれぐらいですか？	How much do you weigh?
65キロぐらいです。	I weigh about sixty-five kilograms.
145ポンドぐらいです。	I weigh about one hundred and forty-five pounds.
少し太り過ぎなんです。	I'm a little overweight. ▶ overweightは「太り過ぎの」。 😊 I'm a little overweight. （少し太り過ぎなんです） 😑 No, you look fine. （いいえ、ちょうどいいと思いますよ）
やせています。	I'm thin.
がっしりした体格です。	I'm sturdy. = I have a sturdy build.
もっとほっそりした体型になりたいなぁ。	I want to be more slender. 😊 I want to be more slender. （もっとほっそりした体型になりたいなぁ） 😑 Then, you should stop snacking. （それなら間食をやめるべきね）

近眼です。	**I'm nearsighted.**
メガネをかけています。	**I wear glasses.**
コンタクトレンズを使っています。	**I wear contact lenses.** ➡ メガネ、コンタクトレンズを「かける(つける)」と言うには、ともにwearを使う。
車の運転をするときにはメガネが必要です。	**I need glasses when I drive.** = I need to wear glasses when I drive.
お化粧はほとんどしていません。	**I wear almost no make-up.** ＊ I wear no make-up. （お化粧はまったくしていません）
髪は長いです。	**I have long hair.** ⇔ I have short hair. （髪は短いです）
天然パーマなんです。	**I have naturally wavy hair.**
髪を茶色に染めています。	**I have my hair dyed brown.**
白髪があります。	**I've got gray in my hair.**
最近、めっきり白髪が増えました。	**My hair is turning gray lately.**
口ひげをはやしています。	**I have a mustache.** ➡ 「口ひげ」はmustache、「あごひげ」はbeard。
私はどちらかと言えば母に似ています。	**I look more like my mother.**
姉と私はよく似ています。	**My sister and I look alike.**
実際の年より若く見えるようです。	**Maybe I look younger than I really am.** ⇔ Maybe I look older than I really am. （実際の年より上に見えるようです）

第2章 人と出会う・自分を語る

性格について

あなたはどのような性格ですか?	**What kind of personality do you have?**
明るくて社交的です。	**I'm cheerful and outgoing.**
あまり社交的ではありません。	**I'm not really sociable.** = I'm not very outgoing.
以前に比べればずいぶん社交的になりました。	**I'm much more outgoing now than I used to be.**
内気なほうです。	**I'm sort of shy.** = I'm fairly reserved.
人見知りします。	**I'm shy with strangers.**
うちとけるのに時間がかかるんです。	**I need time to open up.** ▶ open upは「うちとける、しゃべりだす」の意味。
もう少し積極的になったほうがいいと思っています。	**Maybe I should be more active.** = I'm trying to be more active.
誰とでも気軽に話をします。	**I talk quite freely with everybody.**
基本的には楽天家です。	**Basically, I'm optimistic.**
話し好きです。	**I like to talk with people.** = I'm talkative.
おとなしいほうです。	**I'm rather quiet.** = I'm not very talkative.

74

第2章 人と出会う・自分を語る

人に会うことが好きです。	I like to meet people.
世話好きなんです。	I like to take care of people.
出かけるより家にいるほうが好きです。	I prefer staying at home rather than going out.
独立心が強いです。	I'm independent.
少し気が短いんです。	I'm a little impatient.
のんびりしています。	I'm easygoing.
粘り強い性格です。	I don't give up easily. ➡「物事を簡単には諦めない＝粘り強い」の意味。 = I don't give in easily.
完全主義者です。	I'm a perfectionist.
自分に自信があります。	I have confidence in myself. ⇔ I don't have much confidence in myself. （あまり自分に自信がありません）
思い切りがいいほうです。	I'm quick to make decisions.
優柔不断なところがあります。	Sometimes, I'm slow to make up my mind.
時間を守るほうです。	I'm fairy punctual. ☞ Be sure to come at nine o'clock. （必ず9時に来てください） ☞ Don't worry. I'm fairy punctual. （ご心配なく。時間を守るほうですから）
ほかの人にどう思われているかが気になります。	I'm sensitive to how other people think of me.

II 自分について話す

第2章 人と出会う・自分を語る

近況

最近どうしてる？	**How have you been lately?** = How's it going these days?
なんとかやってるよ。	**I'm getting by.** ➡ get byは、「(仕事などが)まあまあである、なんとかやっていく」の意味。
とうとう家を買ったんだ。	**We finally bought a house.** ↻ What's new? (何か変わったことある？) ↻ Listen, we finally bought a house. (聞いてくれよ、とうとう家を買ったんだ)
大きな決断だったよ。	**It was a big decision.**
今は荷物の整理をしているところだよ。	**Now, we're putting things in order.** ➡ put things in orderは「ものを整頓する」の意味。
いつか家に遊びに来てよ。	**Come to our house sometime.** = Please drop in sometime.
もうすぐ30歳だなんて信じられない。	**I can't believe that I'm pushing 30.** ➡ be pushing ...は、「(ある年齢に)近づく」。 = I can't believe that I'm almost 30.
このごろ疲れやすくなったのも無理ないわ。	**No wonder I get tired easily recently.** ➡ No wonder ...は、「～は不思議ではない、～も無理はない」の意味。
決まりきったつまらない生活には、もううんざり。	**I'm sick of my dull routine.** ➡ be sick of ...は「～にうんざりする、～に飽き飽きする」。
何か新しいことを始めるべきね。	**I should start something new.**

第2章 人と出会う・自分を語る

キーワード

仕事・学校

仕事	job/work
職業	occupation
就職活動	job hunting
アルバイト	part-time job
専門学校	vocational school
専攻（する）	major
卒業する	graduate

身体の特徴

外見	appearance
身長	height
体重	weight
背が高い／背が低い	tall/short
太っている／やせている	fat/thin
太り過ぎの／やせ過ぎの	overweight/underweight
ほっそりした	slender
近眼の	nearsighted
口ひげ	mustache
あごひげ	beard

性格

人柄	personality
明るい	cheerful
社交的な	outgoing/sociable
話し好きな	talkative
おとなしい	quiet
短気な	impatient
のんびりした	easygoing
気さくな	friendly

II 自分について話す

III 趣味・娯楽

趣味について

趣味は何ですか？	**What's your favorite pastime?** ▶ pastimeは「娯楽、遊び」。 = What are your hobbies?
何か趣味はありますか？	**Do you have any particular hobbies?** ⓒ Do you have any particular hobbies?（何か趣味はありますか？） 🅑 I like fishing.（釣りが好きです）
暇なときは何をしていますか？	**What do you do when you have free time?** ⓒ What do you do when you have free time?（暇なときは何をしていますか？） 🅑 I often go to karaoke places.（カラオケにはよく行きますね）
どんなことに興味を持っていますか？	**What are your interests?** ⓒ What are your interests?（どんなことに興味を持っていますか？） 🅑 I'm interested in computers.（コンピューターに興味を持っています）
旅行が好きです。	**I like to travel.**
毎年のように海外旅行に行くんですよ。	**I travel abroad almost every year.** ▶「海外旅行をする」はtravel abroad。go abroadとも言う。
来年はイタリア旅行を計画しています。	**I'm planning to go to Italy next year.**

第2章 人と出会う・自分を語る

温泉にはよく行きます。	**I often go to hot springs.** = I often visit hot-spring resorts.
温泉につかると本当にリラックスします。	**Bathing in a hot spring is really relaxing.** = I really feel relaxed when I'm in a hot spring.
最近はガーデニングに凝っています。	**Recently, I'm really into gardening.** ▶ be into ...は「〜に熱中している」。
家庭菜園をつくっているんですよ。	**I'm growing vegetables for my family.** = I'm doing vegetable gardening.
ガーデニングは本当に楽しいです。	**Gardening is really fun.** = I really enjoy gardening.
骨董品の収集が趣味です。	**My hobby is collecting antiques.**
骨董品店を見て回ることが好きですね。	**I like to browse around antique shops.** ▶ browseは「(商品を)ゆっくり眺める、ひやかす」。
食べ歩きが大好きです。	**I love eating out.** = I love to go to different restaurants.
料理が好きです。	**I like cooking.**
週末は私が家族のために料理をするんですよ。	**I cook for my family on weekends.**
写真に興味を持っています。	**I'm interested in taking photos.** = I'm interested in photography.
これといった趣味はありません。	**I have no particular hobbies.**

III 趣味・娯楽

第2章 人と出会う・自分を語る

スポーツ

どんなスポーツが好きですか？	**What sports do you like?** 😃 What sports do you like? （どんなスポーツが好きですか？） 😊 I like tennis best. （テニスがいちばん好きです）
ゴルフはやりますか？	**Do you play golf?** 😃 Do you play golf? （ゴルフはやりますか？） 😊 Yes. I love it. （ええ。大好きです）
ゴルフは10年以上やっています。	**I've been playing golf for over ten years.**
なかなかプレーする時間がとれないのですが。	**It's not easy to find the time to play.**
月に一度はゴルフをしたいですね。	**I want to play golf at least once a month.** ➡ at leastは「少なくとも」の意味。
いつか一緒にプレーしましょう。	**Let's play together sometime.** = We should play together sometime.
できるだけ運動をするように心がけています。	**I try to exercise as often as possible.** ➡「運動する」は、exercise。
運動のために毎日散歩をしています。	**I take a walk everyday for exercise.** ➡ take a walkは「散歩をする」。
最近、ジョギングを始めました。	**I've taken up jogging recently.** ➡ take up ...は「（趣味などとして）〜を始める」。

80

第2章 人と出会う・自分を語る

III 趣味・娯楽

毎朝ジョギングをしています。	I take a jog every morning. ▶ take a jogは「ジョギングをする」。
いつかマラソン大会に出たいと思っているんです。	I want to run in a marathon race someday.
近所のテニスクラブに入っています。	I belong to a local tennis club. = I'm a member of a local tennis club.
若い頃は真剣にテニスをやっていました。	I played tennis seriously when I was young.
かなり上手かったんですよ。	I was quite good. = I used to be quite a good player.
ウィンタースポーツが大好きです。	I love winter sports.
冬になると、毎週のようにスキーに行くんですよ。	In the winter, I go skiing almost every week.
今度の冬はスノーボードを始めるつもりです。	I'll try snowboarding next winter. = I'm planning to take up snowboarding next winter.
チームでやるスポーツより、個人でやるスポーツの方が好きです。	I prefer individual sports to team sports. ▶ prefer A to Bは「BよりもAを好む」。
スポーツはまるでダメなんです。	I'm not good at any sports. = I'm not athletic at all.
運動神経が鈍いんです。	I'm a poor athlete. = I'm uncoordinated.

第2章 人と出会う・自分を語る

スポーツ観戦

スポーツ観戦が好きです。	I like to watch sports.
スポーツは自分でやるより観る方が好きですね。	I like watching sports better than doing them myself. ⊂ Do you like sports? （スポーツは好きですか？） 🗈 I like watching sports better than doing them myself. （スポーツは自分でやるより観る方が好きですね）
特に野球とサッカーを観るのが好きです。	Especially, I like to watch baseball and soccer. ⊂ What are your favorite sports? （どんなスポーツが好きなのですか？） 🗈 Especially, I like to watch baseball and soccer. （特に野球とサッカーを観るのが好きです）
ときどき球場へ試合を観に行きます。	I sometimes go to the stadium to watch games.
球場の雰囲気が大好きなんです。	I love the atmosphere in the stadium.
テレビのスポーツ中継はよく見ます。	I often watch sports broadcasts on TV.
大リーグの試合を観るのが大好きです。	I love to watch major league baseball games. ⊂ What sports do you like to watch? （どんなスポーツを観るのが好きですか？） 🗈 I love to watch major league baseball games. （大リーグの試合を観るのが大好きです）
すばらしいプレーがたくさん見られて、楽しいです。	I enjoy watching a lot of spectacular plays. ▣ spectacularは「スリル満点の、はなばなしい」。

第2章 人と出会う・自分を語る

ニューヨーク・ヤンキースの大ファンなんです。	**I'm a big fan of the New York Yankees.** ▶「〜の大ファン」は、a big fan of ...。
ゆうべはテレビのサッカー中継を見ていて、夜更かししちゃったよ。	**Last night, I stayed up late watching a soccer game on TV.**
とても接戦だったんだよ。	**The game was very close.** = It was such a close game.
明日はテニスの試合を観るために早起きしなくちゃ。	**I have to get up early tomorrow to watch tennis games on TV.**
テニスの4大トーナメントは見逃さないんだ。	**I never miss the four major tennis tournaments.**
相撲を観たことはありますか？	**Have you ever seen sumo?**
残念ながら相撲を実際に観たことはありません。	**Unfortunately, I've never actually seen sumo.**
テレビで相撲観戦をすることは楽しいですね。	**It's fun to watch sumo on TV, isn't it?**
機会があれば、ぜひ観に行きたいのですが。	**I'd love to go see it if I have a chance.** ▶「機会があれば」は、if I have a chance。
実際に相撲を観たら、ワクワクするでしょうね。	**It should be exciting to see real sumo matches.**

III 趣味・娯楽

第2章 人と出会う・自分を語る

音楽・映画

映画を観るのが好きです。	I like to watch movies.
月に2〜3本は観ますね。	I see two or three movies a month. 😊 Do you go to see movies very often? （映画はよく観に行くのですか？） 😊 Yes, I see two or three movies a month. （ええ、月に2〜3本は観ますね）
どんな映画が好きですか？	What kind of movies do you like?
アクション映画が好きです。	I like action movies. ➡「SF映画」はscience fiction movies、「恋愛映画」ならromance movies。
観るのはほとんどがハリウッド映画ですね。	I mostly watch Hollywood movies.
最近、面白い映画を観た？	Have you seen any good movies lately? 😊 Have you seen any good movies lately? （最近、面白い映画を観た？） 😊 Yes, I saw a very good one last week. （うん、先週すごく面白いのを観たよ）
しばらく映画を観ていないなぁ。	I haven't seen any movies for a while. 😊 I haven't seen any movies for a while. （しばらく映画を観ていないなぁ） 😊 Really? What was the last one you saw? （本当？最後に観たのは何？）
以前はよく行ったのだけど、今は時間がなくて。	I used to go often, but I just don't have time now.

第2章 人と出会う・自分を語る

最近はもっぱらビデオで映画を観ているよ。	Recently, I mostly watch movies on video.
音楽を聴くことが好きです。	I like listening to music.
家にいるときは、いつも音楽を聴いています。	I listen to music all the time when I'm at home.
子供の頃から音楽が大好きなんです。	I've been a music lover since I was a child.
あらゆる種類の音楽を聴きます。	I listen to any kind of music. ◉ What kind of music do you like? （どんな音楽が好きなのですか？） ◉ I listen to any kind of music. （あらゆる種類の音楽を聴きます）
クラシックが好きです。	I like classical music.
ジャズが大好きなんです。	I'm keen on jazz. ▶ keen on ...は「～に夢中で」。 = I'm into jazz.
ときどき生の演奏を聴きにジャズクラブへ行くんですよ。	Sometimes, I go to jazz clubs to enjoy live performances.
あなたは何か楽器を弾きますか？	Do you play any musical instrument?
ピアノを弾きます。	I play the piano.
子供の頃、バイオリンを習っていました。	I took violin lessons when I was a child.
機会があればもう一度習いたいと思っています。	I want to study it again if I have the chance.

III 趣味・娯楽

第2章 人と出会う・自分を語る

新聞・読書

新聞は何を読んでいますか?	What newspapers do you read?
一般紙と経済紙を毎日読んでいます。	I read a general paper and a financial paper everyday.
スポーツ新聞もときどき読みますよ。	I also read a sports paper sometimes.
特にジャイアンツが勝った翌朝はね。	Especially the morning after the Giants won.
新聞はとっていません。	I don't subscribe to any newspapers. ▶ subscribe to ...は「(新聞・雑誌)を購読する」。 = I don't take any newspapers.
新聞は毎朝、駅の売店で買います。	I buy a newspaper at a station stall every morning.
経済面はじっくり読みます。	I read the financial page carefully.
第一面にざっと目を通すだけです。	I just glance over the front page. ▶ glance over ...は「~にざっと目を通す」。
スポーツ面とテレビ欄しか読みませんね。	I only read the sports page and the TV listing.
本はよく読みますか?	Do you read a lot of books? 😊 Do you read a lot of books? (本はよく読みますか?) 😊 Yes, I love reading. (ええ、読書は大好きなんです)

週末はよく本屋へ行きます。	I often go to bookstores on weekends.
本屋にいると、すぐに何時間も過ぎてしまいますよ。	It's easy to spend hours at bookstores.
図書館も利用します。	I use libraries, too.
読みたい本を全部買うことはできませんからね。	Since I can't buy all the books I want to read.
どんな本を読むのが好きですか？	What do you like to read? ◎ What do you like to read? （どんな本を読むのが好きですか？） ▷ I like historical novels. （歴史小説が好きです）
乱読なんです。	I read at random.
好きな作家は誰ですか？	Who are your favorite authors?
忙しくて本を読んでいる時間がありません。	I'm so busy that I can't find the time to read.
仕事のために読まなければならないものがたくさんあるんです。	I have so many things to read for my work. = I need to read so many things for my work.
読書は通勤電車の中でするだけです。	I only read on the train when I commute.
マンガのような、気楽なものを読むことが多いですね。	I usually read something easy such as comic books.

第2章 人と出会う・自分を語る

テレビ

テレビはよく見ますか？	**Do you watch TV a lot?** = Do you spend much time watching TV? ◎ Do you watch TV a lot? （テレビはよく見ますか？） 🅱 I try not to. （そうしないように心がけています）
テレビは平均で1日2～3時間見ます。	**I watch TV for two or three hours a day on average.** ➡ 平均では、on average。
アメリカのドラマをよく見ます。	**I often watch American drammas.**
家に帰ると、まず最初にテレビをつけますね。	**The first thing I do when I come home is turn the TV on.**
実際に見ているわけではないけれど、習慣なんです。	**I don't really watch it, but it's just one of my habits.**
どんな番組が好きですか？	**What are your favorite programs?** = Which TV shows do you like? ◎ What are your favorite programs? （どんな番組が好きですか？） 🅱 I like variety shows. （バラエティー番組が好きです）
リモコンはどこに置いたっけ？	**Where did I put the remote control?**
この連続ドラマは毎回必ず見ているの。	**I never miss this drama series.** ➡ 「連続ドラマ」はdrama series。
今夜は出かけるから、ビデオに録画しておかなくちゃ。	**I'll go out tonight so I have to tape the program.**

第2章 人と出会う・自分を語る

III 趣味・娯楽

予約録画の操作って、すごく複雑だわ。	The operation for program recording is very complicated.
絶対にうまく設定できないのよ。	I can never set it correctly. = I can never set it right.
また録画を失敗しちゃうかもしれない。	I might fail to tape it again this time.
今夜、音楽番組を録画しておいてくれない？	Could you tape a music program for me tonight?
1チャンネルで夜9時からだよ。	It's on Channel 1, starting at nine pm.
この番組、すごく面白くてためになるんだ。	This program is really interesting and informative. ▶ informativeは「知識を与える、有益な」。
お勧めだよ。	I recommend it.
テレビはあまり見ないんだ。	I don't watch TV a lot.
ニュース番組を見るだけだよ。	I just watch news programs.
ひどい番組が多いからね。	Since there are a lot of awful programs.
こんな番組をずっと見ていたら、バカになっちゃうよ。	If I keep watching these programs, I'll become stupid.
こんな番組を見るなんて、時間のムダだわ。	It's waste of time to watch such a program. ◎ This show is really dumb, isn't it? （この番組、本当にくだらないね） ▷ It's waste of time to watch such a program. （こんな番組を見るなんて、時間のムダだわ）

第2章 人と出会う・自分を語る

おしゃれ

ファッションに興味を持っています。	I'm interested in fashion.

| 暇さえあればファッション雑誌を読んでいるのよ。 | I read fashion magazines whenever I have time. |

私、着るものにはうるさいの。
I'm fussy about clothing.
- fussy about ...は「〜に凝る、〜に細かい」。
- ◎ The dress is really nice.
  （そのワンピース、とてもステキね）
- ◎ Thank you. I'm fussy about clothing.
  （ありがとう。私、着るものにはうるさいの）

毎朝、着るものを選ぶのに時間がかかるのよ。
Every morning, I take some time to choose what to wear.

おしゃれに見せたいもの。
I want to look stylish.
- stylishは「流行の、スマートな」

ブランド品にはあまり興味がないの。
I'm not very interested in famous brand name products.
- brandは単に「商標、銘柄」の意味なので、日本語の「高級ブランド品」のニュアンスを出すためには、brand name products、brand name goodsなどと言う。

高すぎて私には買えないもの。
They're just too expensive for me to buy.

シンプルで手頃な値段の服を買うほうがいいわ。
I'd rather buy simple and reasonable clothes.
- would rather ...は「むしろ〜のほうがいい」の意味。

今年の冬は何色がはやるの？
What color will be in this winter?
- ここでは、inは「流行の」の意味。

第2章 人と出会う・自分を語る

赤は似合わないのよ。	I don't look good in red.
このワンピース、我ながらよく似合うわ。	This dress looks great on me. = I look great in this dress.
少し高かったけれど、それだけの価値はあるわね。	This was a little expensive, but it's worth it. ▶ worth itは「それだけの価値がある」。
このドレスに合うハンドバッグを買わなくちゃ。	I should buy a purse that goes well with this dress. ▶ go withは「〜とつり合う、調和する」。 = I should buy a purse that matches this dress.
季節の変わりめは、何を着ていいのかわからないよ。	I don't know what to wear at the turn of the seasons. = I have no idea what to wear at the turn of the seasons.
デートのたびに同じ服っていうわけにはいかないしね。	I can't wear the same outfit every time I date.
このシャツ、ちょっと派手すぎるかな？	Is this shirt too loud? ⇔ Is this shirt too quiet? （このシャツ、ちょっと地味すぎるかな？）
ダサく見えないかな？	Don't I look corny? ▶ cornyは「古臭い、田舎者らしい」。
着こなしに自信がないんだ。	I'm not a good dresser. ▶ dresserは「着こなしがよい人、おしゃれ」。
着るものにはあまり構わないんだ。	I don't care too much about clothing. ▶ care about ...は「〜を気にかける、〜に関心を持つ」。
清潔でさえあればいいよ。	As long as my clothes are clean, I'm fine.

III 趣味・娯楽

第2章 人と出会う・自分を語る

車の運転

運転免許は持っていますか？	Do you have a driver's license?
会社へは車で通っているんだ。	**I go to my office by car.** = I drive to my office.
運転は上手いと思うよ。	**I think I'm a good driver.** = I think I'm good at driving.
無事故無違反だよ。	**I've never had an accident or gotten a ticket.** 👉 Are you a good driver? （運転は得意なの？） 👉 Sure. I've never had an accident or gotten a ticket. （もちろん。無事故無違反だよ）
免許を取ったばかりなんだ。	**I've just got my driver's license.**
運転するときは、いまだに緊張するよ。	**I still get nervous when I'm at the wheel.** ▶ be at the wheelは「運転する」の意味。
車の運転はあまりしないんだ。	**I don't drive very often.**
渋滞にはまるのがイヤだからね。	**I hate to get caught in a traffic jam.** ▶「渋滞にはまる」は、get caught in a traffic jam、be stuck in a traffic jam。 = I hate to be stuck in a traffic jam.
新車を買ったばかりなんだ。	**I've just bought a brand-new car.** ▶ brand-newは「真新しい、新品の」
車の手入れには時間をかけるんだ。	**I spend a lot of time on the maintenance of my car.**

第2章 人と出会う・自分を語る

車の買い替えを考えているんだ。	I'm thinking about replacing my car.
小型車を買うつもりだよ。	I think I'll get a compact car. ➡「小型車」は、a compact car。「大型車」は、a large sized car。 ❓ What kind of car are you looking for? （どんな車を探しているの？） 💬 I think I'll get a compact car. （小型車を買うつもりだよ）
ディーラーで色々な車を見るのは楽しいよ。	It's fun to see different cars at dealers.
この辺りで駐車する場所を見つけるのは難しいなぁ。	It's difficult to find a place to park around here.
駐車違反で切符を切られちゃった。	I got a ticket for a parking violation. ➡「駐車違反」は、parking violationまたはillegal parking。
駐車違反で罰金を取られたよ。	I was fined for a parking violation.
パーキングメーターが時間切れになっていたんだ。	The parking meter had expired. = The parking meter had run out.
なんでこんなに渋滞してるんだろう？	I wonder what's causing this traffic jam.
この先30キロ渋滞だって？	A 30-kilometer traffic jam ahead?
今日、車ででかけたのが間違いだったんだな。	Maybe it was a bad idea to go out by car today. = Maybe I shouldn't have taken my car today.

III 趣味・娯楽

第2章 人と出会う・自分を語る

習い事

何か習い事はしていますか？	**Do you take any kind of lessons?** 🄒 Do you take any kind of lessons? （何か習い事はしていますか？） 🄡 I'm taking English lessons. （英語を習っています）
生け花を習っています。	**I'm learning flower arrangement.**
週に一度、お稽古があります。	**I have my lesson once a week.**
今まで知らなかったことを覚えるのは楽しいです。	**It's fun to learn something I didn't know.** 🄒 Do you enjoy the lesson? （お稽古は楽しいですか？） 🄡 Yes, it's fun to learn something I didn't know. （ええ、今まで知らなかったことを覚えるのは楽しいです）
覚えることがたくさんあります。	**There're so many things to learn.**
水泳教室に通い始めました。	**I've taken up swimming lessons.**
もっと早く始めるべきでしたよ。	**I should have started sooner.** 🄒 How do you like swimming? （水泳はどうですか？） 🄡 I love it. I should have started sooner. （大好きです。もっと早く始めるべきでしたよ）
ダンス教室に通うことを決めました。	**I've decided to go to dance lessons.**
社交ダンスを習うことが長年の夢だったんです。	**It has been my long-time dream to learn ballroom dancing.** ▶「社交ダンス」は、ballroom dancing、またはsocial dancing。

キーワード

趣味

趣味	hobby
興味	interest
娯楽	pastime
熱中する	get into .../be into ...
熱心な	enthusiastic

スポーツ

運動	exercise
練習	practice
トレーニング	workout
準備運動	warming up
整理運動	cooldown
団体競技	team sports
個人競技	individual sports
試合	match/competition
応援する	cheer
初心者	beginner
中級者	intermediate
上級者	advanced

音楽・映画・読書

音楽鑑賞	listening to music
クラシック音楽	classical music
映画鑑賞	watching movies
新作映画	newly released film
名画	classic film/masterpiece
読書	reading
書評	book review
批評	critique

外国のコースでラウンドしよう

英語でゴルフ！

　外国のゴルフコースでラウンドするときは、英語でプレイしてみましょう。

●まず、「スタート時間」は tee-off time、「ティーグラウンド」は teeing ground と言います。

●構える前に風向きをチェック。フォローのときは、
The wind is following. (風はフォローだね)
The wind is blowing behind us.
アゲインストのときは、
The wind is blowing against us. (風はアゲインストだね)

●鈴木さんのティーショットは絶好の当たりで、フェアウェーのまん中へ。見ている人は、
Good shot! (ナイスショット！)
Beauty! (お見事！)
などと言って盛り上げましょう。

●次に打った山田さんの球は、大きく右にそれて、視界から消えてしまいました。
Is it out of bounds? (OBかなぁ？)
3番目の木村さんは、念入りに素振りを繰り返しています。それを見た鈴木さん、
His practice swing is so beautiful.
(彼、素振りはすごくきれいだね)
力が入りすぎたのか、ティーショットは空振り。
Oh no! I missed the ball. (しまった！空振りしちゃったよ)

●最後に打った佐藤さんのボールはなんと池の中へ。
Give me a break! (勘弁してよ！)
それでも何とか全員がグリーンにのせ、パッティングです。
Will it break to the right? (右に切れるのかな？)
Almost! That's a gimmie. (惜しい！それはオーケーだよ)
Get in! (入れ！)
Yes! I made par. (よし！パーをとったぞ)

●前途多難な4人ですが、
　　　Have a good round! (楽しいラウンドを！)

第3章
英語で暮らす

I 毎日の生活
II 意志を伝える・感情を表す
III 会話を楽しむ

I

毎日の生活

起きる

起きる時間よ！	**It's time to get up!** ➡ 「起きる」にはget up（起き上がる）、wake up（目を覚ます）、get out of bed（ベッドから出る）の言い方がある。 = It's time to get out of bed!
起きているの？	**Are you awake?** ➡ awakeは「目が覚めている」という状態を表す。 😊 Are you awake? （起きているの？） 😆 Yeah, I just don't want to get out of bed. （うん、ベッドから出たくないだけだよ）
すぐに 起きないと 遅れるわよ。	**Get up now or you'll be late.** ➡ "[命令形] + or ～"で、…「しなさい、さもないと～」の意味。 ＊ Get ready now or you'll miss the train. （すぐに支度をしないと電車に乗り遅れるわよ）
まだ眠いよ。	**I'm still sleepy.** = I'm still drowsy.
昨夜は何時に 寝たの？	**What time did you go to bed last night?** 😊 What time did you go to bed last night? （昨夜は何時に寝たの？） 😆 I think it was around one o'clock. （1時頃だったと思うよ）

第3章 英語で暮らす

昨夜、遅くまで起きていたんだ。	**I stayed up late last night.**
	▶ stay up late は「遅くまで起きている、夜更かしをする」の意味。
	✱ Don't stay up late. （夜更かししてはダメよ）

徹夜しちゃったよ。	**I stayed up all night.**
	▶「徹夜する」は、stay up all night。
	✆ You have red eyes.（目が赤いよ）
	✉ Yeah, I stayed up all night. （うん、徹夜しちゃったんだ）

朝は弱いんだ。	**I'm not a morning person.**
	▶ morning personは「朝型の人」。「夜型の人」は、night person。

うわっ、寝過ごした！	**Oh no, I overslept!**
	▶「寝過ごす」は、oversleep。

目覚まし時計が鳴らなかったんだ。	**The alarm clock didn't go off.**
	▶「（目覚まし時計が）鳴る」は、go off。

目覚まし時計を止めて、また寝ちゃったよ。	**I turned off the alarm clock and fell asleep again.**
	▶ turn off は「（テレビ、電気などを）消す」。

なぜ起こしてくれなかったの？	**Why didn't you wake me up?**
	✆ Why didn't you wake me up? （なぜ起こしてくれなかったの？）
	✉ I did wake you up many times! （何度も起こしたよ！）

仕事に遅刻するわけにはいかないんだ。	**I can't be late for work.**

昨夜はよく眠れたなぁ。	**I slept well last night.**
	⇔ I didn't sleep very well last night. （昨夜はよく眠れなかったよ）

悪い夢をみたんだ。	**I had a bad dream.**
	= I had a nightmare.

昨夜、いびきをかいていたよ。	**You were snoring last night.**

Ⅰ 毎日の生活

第3章 英語で暮らす

出かける

顔を洗って目を覚まさなくちゃ。	I need to wash my face to wake up.
歯磨きには時間をかけるんだ。	I take time to brush my teeth. ➡「歯を磨く」は、brush one's teeth.
毎朝、歯の間もきれいにするんだよ。	I also floss my teeth every morning. ➡ flossは「デンタルフロスで(歯の間を)みがく」。
誰かがトイレに入っているな。	Someone is in the bathroom.
けさはシャンプーする時間がないわ。	I don't have time to shampoo this morning. = I don't have time to shampoo my hair this morning.
髪の毛をとかさなくちゃ。	I have to brush my hair. = I have to do my hair.
新聞を取ってきてくれる?	Would you go and get the newspaper?
そろそろ散髪に行かなくちゃ。	It's about time to get a haircut. ➡ get a haircutは「散髪をする」。
コーヒーを飲むと目が覚めるんだ。	Coffee wakes me up.
しまった、コーヒーを切らしちゃったよ。	Oh no, I'm out of coffee. ➡ be out of ...は「…を切らしている」。 = Oh no, there's no coffee left.
代わりに紅茶を入れよう。	I'm going to make tea instead. ➡「紅茶(コーヒー)を入れる」はmake tea (coffee)。

第3章 英語で暮らす

朝食は欠かさずに食べるんだ。	**I never skip breakfast.** ➡ skipは「省略する」。
けさは朝食を食べる気になれないなぁ。	**I don't feel like having breakfast this morning.**
昨夜、飲みすぎたよ。	**I drank too much last night.**
二日酔いなんだ。	**I have a hangover.** ➡ 「二日酔い」は、hangover。
お化粧をしなくちゃ。	**I need to put on make-up.** ➡ 「化粧をする」は、put on make-up、do one's face。 = I need to do my face.
今日は何を着ようかな?	**What should I wear today?**
どのネクタイにしようかな?	**Which tie should I wear?**
傘を持って行くべきかな?	**Should I take my umbrella?**
急いで支度をしなさい!	**Hurry up and get ready!**
お弁当を忘れないようにね。	**Don't forget your lunch.** = Be sure to take your lunch with you.
今日は何時に帰るの?	**What time will you come home today?** 😊 What time will you come home today? (今日は何時に帰るの?) 😊 I'm not sure. I'll call you. (わからないな。電話するよ)
行ってきます。	**I'm leaving.** ➡ 英語には「行ってきます」に当たる決まった言い方はないため、"Bye now.(じゃあね)"でもよい。 = I'm taking off now.

Ⅰ 毎日の生活

家事

今日はゴミの回収日だわ。	**It's garbage collection day today.** ▶「ゴミ」は、garbage。
ゴミを出してきてくれない?	**Would you take out the garbage?** = Would you put out the garbage?
洗濯物は洗濯機の中に入れておいてね。	**Put your laundry in the washing machine.** ▶「洗濯物」は、laundry。
洗濯物がたまっちゃったなぁ。	**The laundry has piled up.** = I've got a lot of laundry to do.
今日は洗濯をしなくちゃ。	**I need to do my laundry today.** = I need to do my washing today.
洗濯物を干しておいてくれる?	**Would you hang the laundry up to dry?**
このシャツは乾燥機で乾かしてはダメだよ。	**You can't put this shirt in the dryer.**
これは縮みやすいんだ。	**This will shrink easily.** ▶「(服などが)縮む」は、shrink。
洗濯物を乾燥機から出して、たたんでちょうだい。	**Could you take the clothes out of the dryer and fold them?**
この服はクリーニング屋に持っていこう。	**I'm going to take these clothes to the cleaner's.** ▶「クリーニング屋」は、cleaner's、laundry。

スーツを引き取ってこなくちゃ。	**I need to pick up my suit at the cleaner's.**
アイロンをかけなければいけない服がたくさんあるわね。	**I have a lot of clothes to iron.** ➡ ironは、「アイロン」という意味の名詞のほかに、「アイロンをかける」という意味の動詞としても使う。
アイロンがけって時間がかかるわ。	**Ironing takes time.**
部屋が散らかっているなぁ。	**The room is so messy.** = The room is so untidy.
部屋をかたづけなさい。	**Clean up the room.** = Tidy up the room.
掃除機をかけなくちゃ。	**I have to vacuum.** ➡ vacuumは「電気掃除機で掃除する」。
掃除機をかけていると、何も聞こえないわ。	**I can't hear anything when I'm using the vacuum cleaner.**
床が埃っぽいな。	**The floor is dusty.**
雑巾がけをしよう。	**I'm going to clean the floor with a wet rag.**
お風呂の掃除は重労働だなぁ。	**Cleaning the bathtub is such a hard work.**
もっと強力な洗剤が必要だな。	**Maybe I need stronger detergent.** ➡ 「洗剤」は、detergent。「石けん」は soap。
汗だくになっちゃったよ。	**I'm soaking with sweat.** = I'm drippping with sweat.
掃除をした後って、すごく気持ちがいいね。	**I feel so good after cleaning up the house.**

I 毎日の生活

第3章 英語で暮らす

帰宅する

子供たちが帰ってくるまで昼寝をしよう。	**I'll take a nap until the kids come home.** ➡「昼寝をする」は、take a nap。
子供たちを迎えに行く時間だわ。	**It's time to go pick up the kids.**
帰る途中で買い物をしなくちゃ。	**I need to do some shopping on my way back.** ➡ on one's way backは「帰る途中で」。
夕食は何にしようかな。	**What shall I make for dinner?** = What shall I cook for dinner?
買うものをメモしておいたほうがいいわね。	**I'd better put down what I need to get.** ➡ had better ...は「〜したほうがいい」。 = I'd better write down what I need to buy.
広告をチェックしよう。	**I'll check the flier.** ➡ flierは「ちらし、広告」。
今日は何が特売なのかしら?	**What is on sale today?** ➡ on saleは「特価で」。
砂糖がもうないわ。	**I'm out of sugar.**
ただいま。	**I'm home.** ➡ 英語には、日本語の「ただいま」に当たる決まった言い方はなく、互いに "Hi." というだけの場合も多い。 = I'm back.
今日はどうだった?	**How was your day?**
今日、学校はどうだった?	**How was school today?**

第3章 英語で暮らす

おやつはどこ？	**Where's my snack?** 🗨 Where's my snack?（おやつはどこ？） 🗨 It's in the fridge.（冷蔵庫の中よ）
先に手を洗いなさい。	**Wash your hands first.**
塾に行ってくるね。	**I'm going to cram school.** ➡ 「塾」は、cram school。
今日はサッカーの練習があるんだ。	**I have soccer practice today.** 🗨 I have soccer practice today.（今日はサッカーの練習があるんだ） 🗨 Come home before it gets dark.（暗くなる前に帰ってくるのよ）
よし、今日は早く仕事が終わったぞ。	**Good, we finished work early today.**
まっすぐ家に帰ろうかな。	**Maybe I should go straight home.**
今日は飲みには行かないぞ。	**I'm not going to go drinking today.** ➡ go drinkingは「飲みに行く」。
たまには早く家に帰るのもいいものだな。	**It's nice to go home early once in a while.** ➡ once in a whileは「時々、たまに」の意味。
今は夕方のラッシュだな。	**Now, it's the evening rush.**
電車がすごく混んでいるなぁ。	**The train is really crowded.** = The train is really packed.
よかった、なんとか電車に乗り込めたぞ。	**Good, we managed to get into the train.** ➡ manage to ...は「なんとか〜する」。
遠距離通勤はつらいなぁ。	**It's hard to commute a long way.**

Ⅰ 毎日の生活

夕食

今日は帰りが早いのね。	You came home early today.
夕食にする？それとも先にお風呂？	Do you want to have dinner or take a bath first? ➡ take a bathは「風呂に入る」。
上着はハンガーにかけておいてね。	Hang up your jacket. ➡ hang upは「(ハンガーなどに)掛ける」。
すごくお腹がすいているんだ。	I'm so hungry. = I'm starving.
いいにおいだね。	It smells good.
今日の夕食は何？	What's for dinner tonight? = What did you make for dinner tonight?
あなたの大好きなものよ。	I made your favorite dish.
今日はロールキャベツよ。	We're having stuffed cabbage rolls today.
夕食はすぐにできるわ。	Dinner will be ready in a few minutes.
食器を並べてくれる？	Would you set the table? ➡ set the tableは「食卓の用意をする」。
夕食ができたわよ！	Dinner is ready! = It's time for dinner!
いま行くよ。	I'm coming. = I'll be right there.
ワインを飲もうよ。	Let's have some wine.
おいしい？	Is it good?

第3章 英語で暮らす

味はどう？	**How does it taste?**
	⮌ How does it taste?（味はどう？）
	⮎ It's delicious.（おいしいよ）

スープは少し塩が足りないわね。	**Maybe the soup needs a little more salt.**
	⮌ Maybe the soup needs a little more salt.（スープは少し塩が足りないわね）
	⮎ I think this is fine.（僕はこれでいいと思うよ）

ニンジンを残してはダメよ。	**Don't leave your carrots.**
	⮌ Don't leave your carrots.（ニンジンを残してはダメよ）
	⮎ But I don't like them.（でも、苦手なんだよ）

| 野菜はからだにいいんだから。 | **Vegetables are good for you.** |

食べ物の好き嫌いはいけないよ。	**Don't be so choosy about food.**
	= Don't be so picky about food.

| 残さずに食べなさい。 | **Finish up your plate.** |

スープをもう少しもらえる？	**May I have some more soup?**
	⮌ May I have some more soup?（スープをもう少しもらえる？）
	⮎ Sure. There's still plenty more.（もちろん。まだたくさんあるのよ）

| シチューが少し冷めたわね。 | **The stew has got a little cold.** |

温め直すわ。	**I'll reheat it.**
	➡ reheatは「再加熱する」。

| ごはんのお代わりは？ | **Do you want some more rice?** |

| もうすんだの？ | **Have you finished?** |

| お腹がいっぱいだ。 | **I'm really full.** |

Ⅰ 毎日の生活

第3章 英語で暮らす

くつろぐ

テーブルをかたづけてくれる？	Would you clear the table?
食器を流しに運んでね。	Take your dishes to the sink.
皿洗いは僕がするよ。	I'll do the dishes. 🔁 do the dishesは「皿洗いをする」。 = I'll wash the dishes.
食器洗浄機を買いましょうよ。	We should get a dishwasher.
お風呂をわかそうかな。	I'll heat the bath water. = I'll fix the bath.
お風呂に入ろう。	I'm going to take a bath. ＊ I'm going to take a shower. （シャワーを浴びよう）
熱いお風呂に入るとホッとするなぁ。	It's very relaxing to take a hot bath.
お湯がぬるいな。	The bath isn't hot enough.
追い焚きしなくちゃ。	I need to reheat the bath.
風呂上がりのビールって最高だなぁ。	I love to have some beer after taking a bath. = It's great to have some beer after taking a bath.
テレビで野球中継をやっているぞ。	A baseball game is on TV.
何か面白いテレビをやってる？	Are there any good programs on TV? = Is there anything interesting on TV?

第3章 英語で暮らす

この番組、ひどいなぁ。	**This program is terrible.** = This program stinks.
これ以上見ていられないよ。	**I can't take it anymore.** = I can't stand it anymore.
リモコンを取ってくれる？	**Could you hand me the remote control?**
やたらにチャンネルを変えないでよ。	**Don't keep changing the channel like that.** = Stop changing the channel like that.
もうテレビを消しなさい。	**Turn off the TV now.** = It's time to turn off the TV.
宿題は終わったの？	**Have you finished your homework?** 👉 Have you finished your homework? （宿題は終わったの？） 👈 I don't have any today. （今日、宿題はでてないよ）
テレビゲームはもう終わりにしなさい。	**Stop playing the video game now.** 👉 Stop playing the video game now. （テレビゲームはもう終わりにしなさい） 👈 Just until this game is over. （このゲームが終わるまでだよ）
テレビゲームは1日1時間だけよ。	**You can play the video game for only one hour a day.**
明日の用意はできているの？	**Are you ready for tomorrow?**
夕刊はどこかな？	**Where's the evening paper?**
温泉の記事が載っているよ。	**There's an article on hot springs.** 👉 There's an article on hot springs. （温泉の記事が載っているよ） 👈 What does it say? （何て書いてあるの？）

I 毎日の生活

休日

日曜日ぐらいはゆっくり寝ていたいよ。	**I want to sleep in on Sundays, at least.** ▶ sleep inは「朝寝する」。
1週間ずっと忙しかったから疲れたよ。	**I'm tired since I was busy all week.**
少し休まなくちゃ。	**I need to take a little rest.** ▶ take a restは「ひと休みする」。
いい天気だなぁ。	**It's a beautiful day.** = It's a wonderful day. = It's a gorgeous day.
今日はどうやって過ごそうかな。	**How shall I spend day today?** = What shall I do today?
犬を散歩に連れていこう。	**I'll take the dog for a walk.**
本屋に寄ろうかな。	**Maybe I should stop by a bookstore.** ▶ stop by ...は「〜に立ち寄る」。
立ち読みは大好きなんだ。	**I love to stand and read in bookstores.** = I love to browse in bookstores.
いつだって何か面白いものが見つかるからね。	**I can always find something interesting.**
この本を買おうかな、それとも図書館で借りようかな。	**Shall I buy this book or borrow it from the library?**
このビデオ、今日中に返さなくちゃ。	**I have to return this video today.** = Today is the deadline for returning this video.

110

第3章 英語で暮らす

ビデオを借りようっと。	I'm going to rent some videos.
新作ビデオがたくさんあるなぁ。	There're so many newly-released videos.
どれから先に借りようかな。	Which one should I rent first? = I wonder which one I should rent first.
こんなにたくさんの中から1本を選ぶのは難しいよ。	It's hard to decide on one out of so many. = It's difficult to choose one out of so many.
公園でキャッチボールをしようよ。	Let's go to the park and play catch. ▶「キャッチボールをする」は、play catch。
公園って週末はすごく人が多いんだね。	The park is so busy on weekends. ▶ ここでは、busyは「にぎやかな、繁華な」の意味。
キャッチボールをする場所があるかなぁ。	I wonder if there's a place to play catch.
今夜は外食しよう。	Let's eat out tonight. = Let's go out for dinner tonight.
どこか行きたい店はある？	Is there any restaurant you want to go to? = What restaurant would you like to go to?
今日はデートなんだ。	I have a date today.
おしゃれして行こう。	I'll get dressed up. = I'll dress up myself.
このシャツ、ズボンに合わないなぁ。	This shirt doesn't go well with these pants.
決まっているかな？	Do I look good? = Do I look nice?

I 毎日の生活

寝る

今夜は早く寝よう。	**I'll get in bed early tonight.**
ベッドに入ってテレビを見るのが好きなんだ。	**I like to watch TV in bed.**
まだ起きているの？	**Are you still up?** ➡ ここでは、upは「起きている」の意味。 🗨 Are you still up? (まだ起きているの？) 🗨 I'm going to bed soon. (もうすぐ寝るよ)
こんなに遅くまで何をしているの？	**What are you doing up so late?**
もう寝る時間だよ。	**It's time to go to bed.** = It's time to go to sleep.
子供たちを寝かせてちょうだい。	**Will you put the kids to bed?** ➡ put...to bedは「(子供などを)寝かしつける」の意味。
子供たちに本を読んであげよう。	**I'll read a book to the children.**
ソファーで寝てはダメだよ。	**Don't sleep on the couch.**
電気がつけっぱなしだよ。	**You left the light on.**
明日は早く起きなくちゃいけないんだ。	**I have to get up early tomorrow morning.**
目覚まし時計は7時にセットしたよ。	**I set the alarm for seven o'clock.**
電気を消してくれる？	**Will you turn off the light?**

第3章 英語で暮らす

キーワード

毎日の生活

起きる	get up
目覚める	wake up
寝過ごす	oversleep
身支度をする	get dressed
鍵をかける	lock
出かける	leave home
通勤（する）	commute
帰宅する	come home
入浴する	take a bath
シャワーを浴びる	take a shower
寝る	sleep
昼寝をする	take a nap
食事	meal
おやつ	snack

家事

家事	housework
掃除	cleaning
掃除機（をかける）	vacuum
かたづける	tidy up
洗濯	washing
洗濯物	laundry
洗剤	detergent
食事の支度をする	prepare a meal
食卓の用意をする	set the table
食卓をかたづける	clear the table
皿洗いをする	do the dishes
ゴミ	garbage

I 毎日の生活

113

II 意志を伝える・感情を表す

依頼する

お願いします。	**Please.** ▶ 最も簡潔な依頼の表現。 ◎ Would you like some coffee? （コーヒーはいかがですか？） ▷ Please. （お願いします）
お願いがあるんだけど。	**May I ask you a favor?** = Can I ask you a favor? = Will you do me a favor? ◎ May I ask you a favor? （お願いがあるのだけど） ▷ Sure. What is it? （いいよ。何かな？）
お願いしてもいい？	**Would you mind if I ask you a favor?** = I hope you don't mind if I ask you a favor.
ちょっと手伝ってくれる？	**Can you help me?** = Would you please help me? = Would you give me a hand?
この荷物を運んでください。	**Please carry this luggage.** ▶ 命令文の始め、または終わりにpleaseを添えると、「〜してください」という依頼の意味になる。 = Carry this luggage, please.
明日、電話をいただきたいのですが。	**I'd like you to call me tomorrow.** = Would you call me tomorrow?

第3章 英語で暮らす

明日の朝、7時に起こしてくれる？	**Can you wake me up at seven tomorrow morning?**
	➡ Can you ...?は、親しい人に気軽に頼むときの言い方。

この包みを郵便で送ってもらえませんか？	**Would you mind sending this package by mail?**
	➡ Would you mind ...?は「〜してもらえませんか」の意味。
	= Would it be possible for you to send this package by mail?

ちょっとお時間をいただけますか？	**Could you spare me a few minutes?**
	= Could I have a moment?
	= Do you have a minute?

ステレオの音を小さくしてください。	**Would you turn down the stereo?**
	➡ turn downは「(ラジオなどの)音を低くする」。
	= Please turn down the stereo.

彼と話をしてもらえるとありがたいのですが。	**I'd appreciate it if you could talk to him.**

私の家まで車で送ってもらえますか？	**I wonder if you could drive me home.**
	= Would you mind driving me home?

面倒だとは思うのだけど。	**I know this is a lot of trouble.**
	➡ ここでは、troubleは「面倒なこと」の意味。

お願いだから。	**I'm begging you.**
	➡ begは「懇願する」の意味で、強い依頼の気持ちを表す。
	☹ I can't help you now. （今、君の手伝いはできないよ）
	☺ Please. I'm begging you. （頼むよ。お願いだから）

II 意志を伝える・感情を表す

引き受ける

いいよ。	**Sure.** = Okay. = All right. = Sure thing. 👉 Can you wait for a minute? （ちょっと待ってくれる？） 💬 Sure. （いいよ）
わかりました。	**Certainly.** ➡ "Sure." より丁寧な言い方。 = Of course. 👉 Would you call a taxi for me? （タクシーを呼んでもらえますか？） 💬 Certainly. （わかりました）
お安い ご用だよ。	**No problem.** = It's no trouble for me. 👉 Could you do the dishes? （お皿を洗ってくれる？） 💬 No problem. （お安いご用だよ）
喜んで。	**With pleasure.** = It's my pleasure. = I'd be happy to. 👉 Would you take me home? （家まで送ってもらえますか？） 💬 With pleasure. （喜んで）
喜んで 手伝うよ。	**I'd be happy to help you.** = I'd be glad to help you.
何をすれば いいの？	**What can I do to help?** = How can I help?
何をして ほしいの？	**What would you like me to do?** = What can I do for you?

君の言うとおりにするよ。	**Anything you say.**
	= Whatever you say.
	😊 Could you help me rearrange this room? (この部屋の模様替えを手伝ってくれる？)
	😊 Okay. Anything you say. (わかった。君の言うとおりにするよ)
できることなら何でもするよ。	**I'll do anything I can.**
	= Anything I can do.
遠慮しないで言ってよ。	**Don't hesitate to ask.**
簡単なことさ。	**It's quite easy.**
私がやっておくわ。	**I'll take care of it.**
	😊 Could you return this video for me? (このビデオ、返しにいってくれるかな？)
	😊 Okay. I'll take care of it. (いいわよ。私がやっておくわ)
僕に任せて。	**Leave it to me.**
	😊 Would you make a reservation for the flight? (飛行機の予約をしておいてくれる？)
	😊 Sure. Leave it to me. (わかった。僕に任せて)
しょうがないなぁ。	**If you insist.**
	▶ 気が乗らないながらも相手の依頼を引き受けるときの表現。
	😊 Would you drive me to the department store? (デパートまで車で連れていってくれる？)
	😊 If you insist. (しょうがないなぁ)
まったくかまいませんよ。	**No, not at all.**
	▶ Do you mind …?という依頼に対する返事。
	😊 Do you mind if I ask you to do this work first? (この仕事を先にやってもらえませんか？)
	😊 No, not at all. (まったくかまいませんよ)

第3章 英語で暮らす

II 意志を伝える・感情を表す

断る

残念だけどそれはできないよ。	**I'm afraid I can't do that.** 🗨 Can you lend me some money? （お金を貸してくれる？） 🗨 I'm afraid I can't do that. （残念だけどそれはできないよ）
悪いけれど力になれないわ。	**I'm sorry but I can't help you.** = I'm sorry but I can't be of any help. 🗨 Could you write the report for me? （僕の代わりに報告書を書いてくれる？） 🗨 I'm sorry but I can't help you. （悪いけれど力になれないわ）
お役に立ちたいのですができません。	**I wish I could help you, but I can't.**
すみませんが今は忙しいので。	**I'm sorry, but I'm busy right now.** = I'm sorry, but I don't have time.
ほかの人に頼んでください。	**Please ask somebody else.**
やりたくないよ。	**I don't want to do that.**
ダメなものはダメだね。	**I just can't do it.**
絶対にイヤ！	**Not a chance!** 🗨 George wants to ask you out. （ジョージが君とデートしたがっているよ） 🗨 Not a chance! （絶対にイヤ！）
それは無理な相談だよ。	**You're asking too much.** = You're asking the impossible.
僕に頼むのは間違いだ。	**I'm not the right person to ask.**
議論の余地はないね。	**There's no room for discussion.**

第3章 英語で暮らす

それは私の仕事じゃないわ。	**That's not my job.** 🗨 Can you copy these papers? （この書類をコピーしてくれる？） 🗨 That's not my job. （それは私の仕事じゃないわ）
そんなに困らせないでよ。	**Don't give me a hard time.** ▶ give ... a hard timeは、「〜に迷惑をかける」。 = You're giving me a hard time. 🗨 Please, I really need your help. （お願いだよ。本当に君の助けが必要なんだ） 🗨 I can't. Don't give me a hard time. （できないわ。そんなに困らせないでよ）
勘弁してよ！	**Give me a break!** ▶ 無理な依頼をされたときや、同じことをしつこく頼まれたときに言う。 🗨 Could you do this work for me? （僕の代わりにこの仕事をやってくれる？） 🗨 Give me a break! （勘弁してよ！）
こちらの身にもなってよ。	**Put yourself in my position.** 🗨 Could you call the client and apologize? （取引先に電話して謝っておいてよ） 🗨 Put yourself in my position. It was your mistake. （こちらの身にもなってよ。あなたのミスなのに）
いいかげんにしろよ。	**Cut it out.** 🗨 I want you to sing at the Christmas party. （クリスマスパーティーで歌ってほしいんだけど） 🗨 Cut it out. I said no. （いいかげんにしろよ。嫌だって言っただろ）
ダメだって言ったでしょ。	**I said no and I mean it.** ▶ "I mean it."は「本気で言っているのだ」の意味。 = I said no and I mean what I said.
しつこいぞ。	**Stop harping on it.** ▶ harp on ...は「〜について繰り返してくどくどと言う」。

Ⅱ 意志を伝える・感情を表す

許可を求める

入ってもいいですか？	**May I come in?** ➡ May I ...?は「〜してもいいですか？」と許可を求めるときの表現。
お手洗いをお借りできますか？	**May I use the bathroom?** ➡ 人の家などでトイレに行きたいときは、borrow(借りる)ではなく、use(使う)と言う。
ひとつ聞いてもいいですか？	**May I ask you a question?** = May I ask you something?
この本を借りてもいい？	**Can I borrow this book?** ➡ Can I ...?は、May I ...?よりカジュアルな言い方。 😊 Can I borrow this book? （この本を借りてもいい？） 😄 Sure. You can keep it until you finish. （もちろん。読み終わるまで持っていていいよ）
タバコを吸ってもいいですか？	**Do you mind if I smoke?** ➡ Do you mind ...?と尋ねられた場合、許可するときはNoで答える。 = Would you mind if I smoke? 😊 Do you mind if I smoke? （タバコを吸ってもいいですか？） 😄 No, not at all. （ええ、かまいませんよ）
一緒に行ってもいい？	**Mind if I go with you?** ➡ Mind if ...?は「〜してもいい？」という意味で、Do you mind if ...?よりカジュアルな言い方。
隣に座ってもいいですか？	**May I sit next to you?** = Do you mind if I sit next to you?
ここに駐車してもいいですか？	**Is it all right if I park here?** = Is it all right to park here? = Is it okay to park here?

第3章 英語で暮らす

ここに座ってもいいですか？	**Is this seat taken?**
	➡ 直訳すると「この席はふさがっていますか？」になるが、空いている席の近くに座っている人にこのように尋ねる。 = Is someone sitting here? 😀 Is this seat taken? （ここに座ってもいいですか？） 😀 No, you can sit there. （ええ、どうぞ）
ここで写真を撮ってもいいですか？	**Are we allowed to take pictures here?** ➡ allowは「許す、許可する」。 = Is it all right to take pictures here?
ちょっと見てもいいですか？	**May I take a look?** ➡ take a look、have a lookは「ちょっと見る」。 = Let me have a look.
できれば会議を明日に延期したいのですが。	**Would it be possible to put off the meeting until tomorrow?** = Can we postpone the meeting until tomorrow?
できれば明日、休ませてもらいたいのですが。	**I'd like to have a day off tomorrow, if possible.** ➡ if possibleで「できれば」の意味を表す。
さしつかえなければ、これで失礼したいのですが。	**I'd like to leave now if you don't mind.** = If it's all right with you, I'd like to leave now.
できればやめてほしいのですが。	**I'd prefer you didn't.** ➡ Do you mind ...?（～してもいいですか？）と尋ねられたときに、「できればそうしてほしくない」という気持ちを伝える表現。 😀 Do you mind if I smoke? （タバコを吸ってもいいですか？） 😀 I'd prefer you didn't. （できればやめてほしいのですが）

II 意志を伝える・感情を表す

希望する

そうしたいんだ。	**I want to do that.** → want to ...は「〜したい」の意味で、希望をはっきり言うときの表現。 ⇔ I don't want to do that. （それはしたくないんだ）
そうしたいと思います。	**I'd like to do that.** → I'd like to ...は、I would like to ...の短縮形で、want to ...より印象が柔らかくなり、会話でよく使われる。
喜んでそうします。	**I'd be happy to do that.** = I'd be glad to do that.
一緒に来てほしいんだ。	**I want you to come with me.**
私の立場をわかってほしいのよ。	**I want you to understand my position.**
スピーチをしてほしいのですが。	**I'd like you to make a speech.**
ビールをもう1杯ください。	**I'd like another glass of beer.** = May I have another glass of beer?
鶏胸肉を1ポンドください。	**I'd like a pound of chicken breast.** ❓ What would you like?（何にしますか？） 💬 I'd like a pound of chicken breast. （鶏胸肉を1ポンドください）
またお会いしたいですね。	**I hope to see you again.**
アメリカの会社に就職できればいいのだけど。	**I hope I can find a job in a U.S. company.** ❓ What are your plans after college? （大学を卒業したらどうするの？） 💬 I hope I can find a job in a U.S. company. （アメリカの会社に就職できればいいのだけど）

第3章 英語で暮らす

そうだと いいのだけど。	**I hope so.** 💬 Do you think he'll come? （彼は来ると思う？） 💬 I hope so. （そうだといいのだけど）
そうではないと いいのだけど。	**I hope not.** 💬 Is it going to rain tomorrow? （明日は雨が降るのかな？） 💬 I hope not. （そうではないといいのだけど）
早くよくなる といいね。	**I hope you'll be better soon.**
ぜひもう一度 やって みたいわ。	**I'm eager to try again.** ➡ be eager to ...は、「～を熱望して」。 💬 Did you like scuba diving? （ダイビングは気に入った？） 💬 It was so much fun! I'm eager to try again. （すごく面白かったわよ！ぜひもう一度やってみたいわ）
ぜひ彼の意見 を聞いて みたいね。	**I'm eager to hear his opinion.** = I'm eager to hear what he thinks.
彼女に会いた くてたまらな いよ。	**I'm dying to see her.** ➡ be dying to ...は「～したくてたまらない」の意味。
ああ、タバコが 吸いたいなぁ。	**I'm dying for a smoke.**
飲みに行きたい 気分だよ。	**I feel like going for a drink.** ➡ feel like ...ingは「～がしたい気がする」。 💬 Have you finished your work? （仕事は終わったの？） 💬 Yeah, I feel like going for a drink. （うん、飲みに行きたい気分だよ）
楽しみにして いるの。	**I'm looking forward to it.** 💬 When are you going to New York? （ニューヨークへはいつ行くの？） 💬 Next week. I'm looking forward to it. （来週よ。楽しみにしているの）

II 意志を伝える・感情を表す

文句を言う

苦情を言いたいのですが。	**I have a complaint.** 🔴 「苦情」はcomplaint、「苦情を言う」はcomplain。 = I want to complain about something.
そのことについては不満です。	**I'm not happy about it.** = I'm not satisfied with it.
文句を言うなよ!	**Stop complaining!** = No more complaints!
あいつは文句ばかり言っているんだ。	**He's always complaining about something.**
あいつに文句を言ってやろう。	**I'll tell him a thing or two.** = I'll give him a piece of my mind.
君に言いたいことがあるんだ。	**I have a bone to pick with you.** 🔴 have a bone to pick with ...は「〜に対して言うことがある」の意味で、文句を言うときの表現。
何か不満があるの?	**Any complaints?** = Do you have any complaints?
何が不満なの?	**What's your complaint?**
まじめに言っているのよ。	**I'm serious.** 😤 I'm tired of your complaints. (君の文句は聞き飽きたよ) 😤 Just listen to me. I'm serious. (黙って聞きなさい。まじめに言っているのよ) = I mean it.
何とかしてよ!	**Do something about it!**
こんなこと、ばかげているわ!	**This is ridiculous!**

第3章 英語で暮らす

何考えてるんだよ？	**What are you thinking?**
	= What's the big idea?
	🗨 May I take a vacation for ten days from tomorrow?
	（明日から10日間、休暇をとっていいですか？）
	🗨 What are you thinking?
	（何考えてるんだよ？）

不公平だよ。	**That's not fair.**
	= It's so unfair.

口で言うのは簡単だよ。	**That's easy for you to say.**
	🗨 You should get used to the new job soon.
	（すぐに新しい仕事に慣れるよ）
	🗨 That's easy for you to say.
	（口で言うのは簡単だよ）

君は口ばっかりだ。	**You're all talk and no action.**
	🗨 Sorry. I'll make it up to you someday.
	（ごめん。いつか埋め合わせするよ）
	🗨 You're all talk and no action.
	（君は口ばっかりだ）

君は要求が厳しすぎるんだよ。	**You're too demanding.**
	▶ demandingは「要求の厳しい、注文のきつい」。

君は何にでも文句をつけるんだな。	**You have a comeback for everything.**
	▶ comebackは「口答え、不平の種」。

急いでもらえないかな？	**Can you hurry up?**

どうしてそんなに時間がかかるんだよ？	**Why is it taking so long?**

もう少し静かにしてもらえませんか？	**Would you mind keeping it down?**
	▶ Would you mind ...?は「〜してもらえませんか？」の意味で、丁寧に苦情を言うときの表現。
	= I wonder if you'd mind keeping it down.

II 意志を伝える・感情を表す

困ったとき

困ったことになった。	**I'm in trouble.** = I'm in a fix.
問題があるんだ。	**I have a problem.** = There's a problem.
それが問題なんだよ。	**That's the problem.** 😃 We don't have enough time. （時間が足りないよ） 😞 That's the problem. （それが問題なんだよ）
難しいなぁ。	**That's difficult.** = That's tough.
どうしたらいいんだろう？	**What shall I do?** = What am I going to do? = What am I supposed to do?
どうしたらいいかわからないよ。	**I'm at a loss.** ➡ be at a lossは「途方に暮れる」。 = I don't know what to do.
諦めるしかないな。	**I have to give up.**
それが悩みの種なんだ。	**It's a pain in the neck.** 😃 You have to persuade your father. （君はお父さんを説得しなければいけないよ） 😞 It's a pain in the neck. （それが悩みの種なんだ）
行き詰まっているんだ。	**I'm stuck.** 😃 What are you going to do? （どうするつもりだい？） 😞 I don't know. I'm stuck. （わからないよ。行き詰まっているんだ）
どうしようもないよ。	**There's nothing I can do.** 😃 What are you going to do?（どうするの？） 😞 There's nothing I can do. （どうしようもないよ）

第3章 英語で暮らす

バカなことをしちゃったよ。	**I did a stupid thing.**
失敗したなぁ。	**I made a mistake.**
あんなことするんじゃなかった。	**I shouldn't have done that.** ➡ "I shouldn't have + [動詞の過去分詞形]"で、「〜するべきではなかった」という後悔の気持ちを表す。
こんなはずじゃなかったのに。	**This is not what I expected.** ☪ No one is here to meet us. （誰も迎えに来ていないわよ） ☪ That's strange. This is not what I expected. （おかしいなぁ。こんなはずじゃなかったのに）
ひどい目にあったよ。	**I had a hard time.** = I had a rough time.
それはあんまりだ。	**That's too much.** ☪ I want you to finish this work today. （この仕事、今日中に終わらせてほしいのよ） ☪ That's too much.（それはあんまりだ）
最悪だ。	**Things couldn't be worse.**
頭が痛いよ。	**It gives me a headache.** ➡ headacheには、「頭痛」のほかに「頭痛の種」という比喩的な意味もある。 = It's a real headache.
何もかもうまくいかないんだ。	**Nothing goes right.**
まったく落ち込んじゃうよ。	**I feel miserable.** = I feel awful.
もうおしまいだ。	**I'm finished.** = I'm done for. ☪ Mr. Yamada will be promoted to the manager. （山田さんが課長に昇進するんだよ） ☪ He hates me. I'm finished. （彼は僕のことが嫌いなんだよ。もうおしまいだ）

II 意志を伝える・感情を表す

恥ずかしいとき

恥ずかしいよ。	**I'm embarrassed.**
	➡ 「恥ずかしい」は、be embarrassed。

恥ずかしい！	**How embarrassing!**

消えてしまいたいよ。	**I wish I could disappear.**

穴があったら入りたいわ。	**I want to crawl into a hole and disappear.**

われながら情けないよ。	**I'm ashamed of myself.**
	➡ be ashamed of ...は「〜を恥じる」。
	= I'm ashamed of what I did.

恥ずかしがることないよ。	**Don't be shy.**
	😊 I'm not a good singer.
	（私、歌はヘタなのよ）
	😊 Who cares? Don't be shy.
	（誰も気にしないさ。恥ずかしがることないよ）

恥ずかしいと思わないの？	**Aren't you ashamed?**
	😊 I was so drunk and don't remember anything.
	（すごく酔っ払っていたから、何も覚えていないよ）
	😊 Aren't you ashamed?
	（恥ずかしいと思わないの？）

恥を知りなさい！	**Shame on you!**
	➡ 相手の行為を叱るときの表現。
	😊 I cheated on my math exam.
	（数学の試験でカンニングしちゃった）
	😊 Shame on you!（恥を知りなさい！）

君、赤くなってるよ。	**You're blushing.**
	➡ 恥ずかしがっている人を冷やかすときの言い方。

からかわないでよ。	**Don't tease me.**
	➡ teaseは「からかう、冷やかす」。
	= Don't make fun of me.

キーワード

意思

意思	intention
頼む	ask/request
望む	want
願う	hope
期待する	expect
頼る	depend
信頼する	trust
受け入れる	accept
断る	refuse/reject
許可する	allow/permit
許可	permission
禁止する	prohibit
許す	forgive
文句を言う	complain
苦情	complaint

感情

感情	feeling/emotion
感覚	sense
満足した	satisfied/happy
不満な	dissatisfied/unhappy
恥ずかしがる	be embarrassed
恥じる	be ashamed
心配する	be worried
熱望する	be anxious
狼狽した	upset
混乱した	confused
得意な	proud

第3章 英語で暮らす

II 意志を伝える・感情を表す

III

会話を楽しむ

話しかける

ちょっとすみません。	**Excuse me.** ➡ 相手の注意を引くときの表現。
すみません、何か落としましたよ。	**Excuse me, you dropped something.**
すみません、ここは禁煙ですよ。	**Excuse me, this is a non-smoking area.**
あのね。	**You know what?** = Know what?
聞いて！	**Listen!** = Listen to this! = Guess what!
皆さん、ちょっと聞いてください。	**Everybody, may I have your attention, please?** ➡ 大勢の人に向かって話しかけるときに言う。
今、ちょっといいかな？	**Do you have a minute?** = Could I talk to you for a second? = Could I bother you for a moment?
お忙しいところすみません。	**Sorry to bother you.**
お話し中すみません。	**Sorry to interrupt.** ➡ 後から会話に加わるときや、ほかの人と話している人に声をかけるときに使う。

第3章 英語で暮らす

話があるんだけど。	**Can I talk to you?**
	= I'd like to speak with you.
	= I need to talk to you.
	😊 Can I talk to you?（話があるんだけど）
	😀 Sure. What is it?（いいわよ。何かしら？）

知らせたいことがあるの。	**I have something to tell you.**
	= I have news for you.

ねえ、聞いた？	**Hey, have you heard?**
	➡ 意外なニュースを告げるときに使う。
	= Hey, did you hear?
	😊 Hey, have you heard? We'll have a new manager. （ねえ、聞いた？新しい部長が来るんだって）
	😀 Really? I didn't know that. （本当？知らなかったよ）

ねえ、聞いてよ。	**Hey, want to know something?**
	= Know something?

聞きたい？	**Do you want to hear?**
	😊 I have big news. Do you want to hear? （すごいニュースがあるんだ。聞きたい？）
	😀 Tell me. What is it?（教えてよ。何なの？）

これを聞いたら驚くと思うけれど。	**You'll be surprised to hear this.**
	😊 You'll be surprised to hear this. （これを聞いたら驚くと思うけれど）
	😀 What? I'm curious. （何だい？興味あるな）

何を話しているの？	**What's going on?**
	➡ その場の話題や状況に後から加わろうとするときに言う。
	= What are you talking about?
	😊 What's going on?（何を話しているの？）
	😀 We're planning the New Year's party. （新年会の計画を立てているんだよ）

ひとこと言わせてもらいたいのだけど。	**Let me tell you a thing or two.**
	➡ 意見を述べたり、人に文句を言ったりするときに使う。

III 会話を楽しむ

第3章 英語で暮らす

あいづちをうつ

なるほど。	**I see.** = I see what you mean. = Really. (↗)
わかったよ。	**I understand.** = I get it.
わからないな。	**I don't understand.** = I don't get it.
確かにそうだね。	**That's true.** = That's right. = You're right.
それで？	**Go on.** 🔸 go onは「(行動を)続ける」の意味で、話の先をうながすときに言う。 = And?
聞いているよ。	**I'm listening.**
それからどうしたの？	**Then what happened?** = And then? 😀 So Steve and I got into an argument. （それでスティーブと私は言い合いになったのよ） 😀 Then, what happened? （それからどうしたの？）
そうだろうね。	**I can imagine.** 😀 David is very proud of his success. （デビッドったら、成功して得意になっているのよ） 😀 I can imagine. （そうだろうね）
それは面白いね。	**That's interesting.**
それはひどいな。	**That's terrible.** = That's awful.
それは驚きだね。	**That's surprising.** = That's amazing.

それがどうかしたの？ — So what?

相手の言ったことに無関心であることを示す言い方。

= What about it?

- You're not friendly to Charles.
  （あなたって、チャールズに対して冷たいのね）
- So what?
  （それがどうかしたの？）

たとえば？ — Like what?

- There're many things we can do for the charity.
  （そのチャリティーのためにできることはたくさんあるんだよ）
- Like what?
  （たとえば？）

それはよかったね。 — Glad to hear that.

= That's good.

- My mother is getting better.
  （母の体調はよくなってきているよ）
- Glad to hear that.
  （それはよかったね）

それは気の毒ね。 — Sorry to hear that.

= That's too bad.

- My dog died last week.
  （先週、うちの犬が死んだんだ）
- Sorry to hear that.
  （それは気の毒ね）

それは残念だな。 — That's a shame!

= What a shame!
= It's a pity!

- I'm afraid I can't go to the ski trip.
  （悪いけれど、スキー旅行には行けないんだ）
- That's a shame!
  （それは残念だな）

やっぱりね。 — That figures.

= I'm not surprised.

- Sorry, but tickets are sold out.
  （すみませんが、チケットは売り切れです）
- That figures.
  （やっぱりね）

聞き返す

何？	**What?** ➡ 相手の言ったことが聞こえなかったときに使う。
何ですか？	**Sorry?** ➡ 相手の言ったことを聞き返す場合は、Sorry?(↗)、Excuse me?(↗)のように、語尾を上げて発音する。 = Excuse me? = Pardon?
本当？	**Really?** = Are you sure?
何て言ったの？	**What did you say?**
何か言った？	**Did you say something?** 😊 Did you say something? （何か言った？） 😊 No, nothing. （いや、何でもないよ）
もう一度言って。	**Say it again.**
もう一度言ってもらえますか？	**Could you say that again?** = Would you repeat that, please?
おっしゃっていることがよくわからないのですが。	**Sorry, I don't quite get you.** = Sorry, but I don't understand you. = I don't quite follow you.
どういう意味ですか？	**What do you mean?** = What does that mean? = What are you trying to say?
そこのところを説明していただけますか？	**Would you explain that for me, please?**

第3章 英語で暮らす

もっとゆっくり話してもらえますか？	**Could you speak more slowly?** = Please say it more slowly. = Would you slow down, please?
もっと大きな声で話してください。	**Could you speak up?** 🚑 speak upは「大声で話す、はっきりしゃべる」。 = Please speak a little louder.
聞こえないよ。	**I can't hear you.**
聞こえなかったんだ。	**I couldn't catch what you said.** 🚑 catchには「聞き取る、理解する」の意味がある。
要点を言ってくれないかな。	**Would you get to the point?** = What's your point?
何の話？	**What are you talking about?** 😊 Congratulations! Great job. （おめでとう！よくやったね） 😐 What are you talking about? （何の話？）
何のために？	**What for?** 😊 Please come an hour earlier next time. （次回は1時間早く来てください） 😐 What for? （何のために？）
誰がそう言ったの？	**Who said that?** 😊 I heard that red wine is good for you. （赤ワインは身体にいい、って聞いたよ） 😐 Who said that? （誰がそう言ったの？）
誰が考えたの？	**Whose idea is that?** 😊 We'll have a costume party at Christmas. （クリスマスに仮装パーティーをやるよ） 😐 Whose idea is that? （誰が考えたの？）
本当に彼がそう言ったの？	**Did he really say that?**

III 会話を楽しむ

第3章 英語で暮らす

確認する

わかる？	**Do you understand?** = Understand?
わかった？	**Get my drift?** = Get the message? 🗨 I want you to study harder. Get my drift? （もっと一生懸命に勉強してほしいのよ。わかった？） 🗨 I got it.（わかったよ）
ね？	**See?** 🗨 This software is easy to use. （このソフトウェア、操作が簡単なんだね） 🗨 See? I told you. （ね？言ったとおりでしょ）
はっきりわかったかな？	**Is that clear?** = Is everything clear? 🗨 Is that clear? （はっきりわかったかな？） 🗨 Yes, I completely understand. （はい、完全に理解しました）
その点をはっきりさせておきたいんだ。	**I want to make that clear.** 🗨 Who's responsible? I want to make that clear. （誰の責任なの？その点をはっきりさせておきたいんだ） 🗨 Mark is responsible for it. （それはマークの責任だよ）
そのことを確認しておきたいんだ。	**I want to make sure of that.** = I want to confirm that.
私の言っていることがわかる？	**Do you understand what I mean?** ➡ ある程度話した後で、相手が理解していることを確認する表現。 = Do you understand what I'm saying? = Do you know what I mean? = Do you follow me?

第3章 英語で暮らす

どういうことかわかったかな？	**Get the picture?** = Do you understand the situation?
ここまではわかる？	**Are you following?** = Are you with me?
私の話を聞いてる？	**Are you listening to me?** 😊 Are you listening to me? （私の話を聞いてる？） 😀 Yeah, go on. （うん、それで？）
私の言っていること、聞こえる？	**Can you hear me?** ➡ 電話などで、自分の声が相手に聞こえているかどうかを確かめるときの言い方。 😊 Can you hear me? （私の言っていること、聞こえる？） 😀 No, it's too loud around here. （いや、周りがうるさすぎるんだ）
確かにそうなの？	**Are you sure?** 😊 Mr. Thomas will be transferred to London. （トーマスさん、ロンドンに転勤するんだよ） 😀 Are you sure? （確かにそうなの？）
確かだよ。	**That's for sure.** 😊 Is John really coming? （ジョンは本当に来るの？） 😀 That's for sure. （確かだよ）
それでいい？	**Is that okay?** = Is that all right? 😊 I think I'll be late. Is that okay? （私は遅れると思うわ。それでいい？） 😀 No problem. （問題ないよ）
君はそれでいいかな？	**Is that okay with you?**
君もそう思うだろ？	**You agree with me, don't you?** = You think so, too, don't you?

III 会話を楽しむ

第3章 英語で暮らす

考えながら話す

えーっと、	Well,
そうだなぁ。	**Let me see.** = Let's see. When shall we meet next time? （今度はいつ会おうか？） Let me see, how about Wednesday? （そうだなぁ、水曜日はどう？）
つまり、	**I mean,** Is Julie coming to the party? （ジュリーはパーティーに来るの？） She's busy ... I mean, she can't make it. （彼女は忙しいんだ … つまり、来られないんだよ）
何を言おうとしたんだっけ？	**What was I saying?** = What was I trying to say? = What was I going to say?
どこまで話したかな？	**Where was I?** 話が中断した後で、元の話に戻るときなどに言う。 Let me finish. Where was I? （最後まで言わせてくれよ。どこまで話したかな？） You went to see the professor. （教授に会いに行った、っていうところまでよ）
何て言ったらいいのかわからないのだけど。	**I don't know how to put this.** ここでは、putは「言い表す」の意味。 = I don't know how to say this. How was the date? （デートはどうだった？） I don't know how to put this, but it didn't go very well. （何て言ったらいいのかわからないのだけど、あまりうまくいかなかったわ）
何て言ったらいいのかな？	**How should I put this?**

138

第3章 英語で暮らす

何だったかな？	**What do you call it?** ➡ 話題にしているものの名前が思い出せないときに言う。
英語では何と言うのかな？	**What do you call it in English?**
適当な言葉が思いつかないのだけど。	**I can't think of the right word.**
私の知る限りでは、	**As far as I know,** 😃 How many people will attend the meeting? （会議には何人出席するんですか？） 😊 As far as I know, four will be there. （私の知る限りでは、4人です）
私に関して言えば、	**As far as I'm concerned,** 😃 We have to put off the whole project. （プロジェクト全体を延期しなければ） 😊 As far as I'm concerned, I can manage. （私に関して言えば、何とかなります）
個人的には、	**Personally,** 😃 How was the class? （授業はどうだった？） 😊 Personally, I didn't like it. （個人的には、気に入らなかったね）
はっきり言って、	**To be frank,** = Frankly speaking, 😃 To be frank, I don't think he's capable. （はっきり言って、彼が有能だとは思えないんだ） 😊 I feel the same way. （私もそう感じるわ）
まじめな話、	**Seriously,** = Seriously speaking, ➡ まじめな話を切り出すときに言う。 😃 You're not really going to marry Joan, are you? （本当にジョーンと結婚するわけじゃないだろう？） 😊 Seriously, I proposed to her last night. （まじめな話、ゆうべ彼女にプロポーズしたんだ）

III 会話を楽しむ

第3章 英語で暮らす

話題を変える

話題を変えよう。	**Let's change the subject.**
	▶「話題」は、subject。
	= Let's talk about something else.
	😊 I'm tired of hearing about David. (デビッドの話はもう聞き飽きたわ)
	😊 Okay. Let's change the subject. (わかったよ。話題を変えよう)

さて、	**Now,**
	▶ 話題を変えるときの前置き。
	= Well then,
	😊 Now, let's turn our attention to nutrition. (さて、次は栄養について考えてみましょう)
	😊 Good, I want to ask you about Vitamine E. (わかりました、ビタミンEについて質問したいのですが)

ところで、	**By the way,**
	😊 The steak was really tasty. (おいしいステーキでした)
	😊 It really was. By the way, do you like sushi? (本当に。ところで、寿司はお好きですか？)

話は違うけど、	**To change the subject,**
	😊 So everything went well. (つまり、何もかもうまくいったんだ)
	😊 Good. To change the subject, I'll see Cathy tomorrow. (よかったね。話は違うけど、明日、キャシーに会うんだ)

話がそれてしまったね。	**We've digressed from the subject.**
	▶ digressは「(話が)本筋を離れる」。strayも同じ意味で使われる。
	= We've strayed from the subject.

本題に戻ろう。	**Let's get back to the subject.**
	= Let's return to the point.

140

次の話題に移りましょう。	**Let's go on to the next subject.** 🚩 go on to ...は「(次の話題など)へ進む、移る」。
話をそらさないで。	**Don't change the subject.** ☺ Let's talk about something else. (話題を変えよう) ☹ Don't change the subject. (話をそらさないで)
その話はあとにしよう。	**We should talk about it later.**
そのことについては、また改めて話そう。	**Let's talk about it some other time.** 🚩 some other timeは「いつかほかのときに」。
その話はやめよう。	**Let's drop the subject.** = Let's not talk about it.
その話はもうやめて!	**Drop the subject!** = Drop it! ☺ I thought you were on a diet, too. (確か君もダイエットをしていたんだよね) ☹ Drop the subject! (その話はもうやめて!)
いま、そのことは話したくないんだ。	**I don't want to talk about it now.** ☺ Are you still seeing Lisa? (リサとはまだ付き合っているの?) ☹ Well, I don't want to talk about it now. (うーん、いま、そのことは話したくないんだ)
それはいま話すべきことじゃないよ。	**It's not appropriate to talk about it now.** = It's not a good subject to bring up now.
それは禁句だよ。	**That subject is off-limits.** = That's a taboo subject. ☺ Mr. Yamada doesn't get along with the new manager. (山田さん、新しい部長とうまくいってないのよ) ☹ Shh, that subject is off-limits. (シーッ、それは禁句だよ)

話をうながす

話してよ。	**Tell me.** 🗨 I'm so depressed. （落ち込んじゃうなぁ） 🗨 What happened? Tell me. （何があったの？話してよ）
もっと詳しく話して。	**Tell me more about it.** = I want to know more details.
その話、聞きたいな。	**I'd like to hear about it.** = I'd like to know the story.
何か言ってよ。	**Say something.**
興味あるよ。	**I'm interested.** = I'm curious.
何を考えているの？	**What's on your mind?** = What are you thinking?
どうだった？	**How was it?** 🗨 We went to the new Italian restaurant. （例の新しいイタリア料理店に行ったんだよ） 🗨 How was it? （どうだった？）
どうなった？	**How did it go?** = How did it turn out? 🗨 I've talked with my boss about a raise. （昇給の件で上司と話をしたよ） 🗨 How did it go? （どうなった？）
気に入った？	**Did you like it?** = How did you like it? 🗨 I received the bouquet from you. Thank you. （あなたからの花束、受け取ったわ。ありがとう） 🗨 Did you like it?（気に入った？）
印象はどうだった？	**What was your impression?**

キーワード

会話

会話	conversation
話す	speak/talk/tell
雑談(する)	chat
聞く	listen/hear
話	talk
話題	subject/topic
理解する	understand
理解	understanding
意味(する)	mean
質問(する)	question
答(える)	answer
返事(をする)	reply
相談する	consult
相談	consultation

議論

議論	discussion
議論する	discuss
論争	argument
論争する	argue
よく考える	consider
考慮	consideration
主張する	insist
説得する	persuade
妥協する	compromise
(話が)それる	stray/digress
講義	lecture
発表	presentation

> 少し勇気がいるけれど…

床屋・美容院へ行く

　外国で髪を切る…少し勇気がいるけれど、面白そうですね。外国の床屋や美容院に行ったら、どのようなヘアスタイルにしたいのかを、できるだけ具体的に伝えることが大切です。

●髪が伸びてきたので切りに行きたくなったら、

I need to have a haircut. (髪を切りに行かなくちゃ)
Do you know any good beauty salons?
(どこかいい美容院を知ってる?)

床屋はbarbershop、美容院はbeauty salonと言います。

●お店に入って注文を伝えます。

Shampoo and set, please. (シャンプーとセットをお願いします)
I'd like a haircut. (カットしてください)
I'd like to get a perm. (パーマをかけてください)

●鏡の前に座って、どのようにしてほしいかを説明します。今のヘアスタイルを変えないで、長さだけを整えてほしいときは、

Just a trim, please. (伸びた分だけ切ってください)
Clip off about an inch. (1インチぐらい切ってください)

Where do you like to part your hair?
(分け目はどこにしますか?) と聞かれたら、

On the side. (横分けにしてください)
In the center. (まん中にしてください)
と答えます。

●ロングヘアをバッサリ切るときは、

Cut it short. (短くしてください)

髪を染めたいときには、

I'd like to have my hair dyed. (髪を染めたいのですが)
Can you cover my gray hair? (白髪染めをお願いします)
などと言います。

●床屋でひげ剃りを頼むときの言い方は、

I'd like to have a shave. (ひげ剃りをお願いします)

　　　ああスッキリした!

第4章
人と付き合う

I 人に会う
II 社交
III 親しい人と話す

I

人に会う

誘う

今度の週末、ひま？	**Are you free this weekend?**
	「ひま？」と聞くときには、"Are you free ...?" を使う。
	* Are you free now? (今、ひま？)
	* Are you free tonight? (今晩、ひま？)

仕事の後、あいてる？	**Are you free after work?**
	ⓒ Are you free after work? (仕事の後、あいてる？)
	ⓑ Yes, I am. (うん、あいてるよ)

明日、何か予定ある？	**Do you have plans for tomorrow?**
	= Are you doing anything tomorrow?

明日は忙しい？	**Are you busy tomorrow?**

昼食を食べに行こうよ。	**Let's go out for lunch.**
	* Let's go out for dinner. (夕食を食べに行こうよ)

コーヒーでもどう？	**How about some coffee?**
	How about ...? は「〜はいかが？」という誘いの表現。
	= Would you like some coffee?

夕食を一緒にどう？	**How about having dinner together?**

今晩、一杯飲みに行こうよ。	**Let's go out for a drink tonight.**
	= Let's go have a drink tonight.

第4章 人と付き合う

気分転換にビールでも飲みに行かない？	**How about going out for a beer for a change?**
	▶ for a changeは「気分転換に」。
	☺ How about going out for a beer for a change? （気分転換にビールでも飲みに行かない？）
	☻ Why not? （いいよ）

一緒に行きませんか？	**Would you like to come with us?**

一緒にどう？	**Why don't you join us?**
	▶ Why don't you ...?は、「〜しませんか？」という誘いの表現。
	☺ Why don't you join us? （一緒にどう？）
	☻ Sure. I'd love to. （もちろん。喜んでそうするよ）

家に来ない？	**Why don't you come over?**

君に来てもらいたいんだ。	**I'd like you to come.**

そのうち集まろうよ。	**Let's get together sometime.**
	= We should get together sometime.

デートに誘いたいのだけど。	**May I ask you out?**
	▶ ask ... outは「〜をデートに誘う」。
	= I'd like to ask you out.

一緒に映画を観に行かない？	**Would you go to the movies with me?**
	▶ 「映画を観に行く」は、go to the movies。

今度の週末、テニスをしようよ。	**Let's play tennis this weekend.**

カラオケへ行って楽しくやろうよ。	**Let's go to karaoke and have fun.**
	☺ Let's go to karaoke and have fun. （カラオケへ行って楽しくやろうよ）
	☻ That's a good idea. （いい考えだね）

Ⅰ 人に会う

誘いに応じる・誘いを断る

ええ、喜んで。	**I'd love to.**
	👂 Why don't you come over? （家に遊びに来ない？） 🗣 I'd love to. （ええ、喜んで）
もちろん。	**Sure.**
	👂 Would you like to join us for lunch? （一緒にお昼に行かない？） 🗣 Sure.（もちろん）
いいよ。	**Why not?**
	👂 Let's go have a drink. （飲みに行こうよ） 🗣 Why not? （いいよ）
それはいいね。	**That'll be nice.**
	= Good idea. = Sounds good. 👂 Let's try the new Italian restaurant. （新しいイタリア料理のレストランに行ってみようよ） 🗣 Yeah, that'll be nice. （うん、それはいいね）
そうしよう。	**Yes, let's.**
	➡ Let's ...と誘われたときの返事。 👂 Let's take a break. （ひと休みしようよ） 🗣 Yes, let's. （そうしよう）
私も入れて。	**Count me in.**
	➡ 人が立てた計画などに加わりたいときに言う。 👂 We're having a barbecue on Saturday. （土曜日にバーベキューをするのだけど） 🗣 Count me in. （私も入れて） ⇔ Count me out. （私は入れないでね）

面白そうだね。	**Sounds like fun.**
	= It should be fun.
せっかくだけどダメなんだ。	**Sorry but I can't.**
	= I'm afraid I can't.
	ⓒ How about having a beer?
	（ビールでもどう？）
	ⓑ Sorry but I can't.
	（せっかくだけどダメなんだ）
ご一緒できればいいんだけど。	**I wish I could join.**
予定があるんだよ。	**I have plans.**
	= I already made plans.
今、ちょっと忙しいのよ。	**I'm a bit tied up now.**
	= I'm a little busy now.
今、時間がないんだよ。	**I haven't got time now.**
今回はやめておくわ。	**I'll pass this time.**
	= Count me out this time.
またの機会にするよ。	**Maybe some other time.**
	ⓒ Let's stop for a drink.
	（一杯やっていこう）
	ⓑ Well, maybe some other time.
	（そうだな、またの機会にするよ）
次の機会にしてもいいかな。	**I'll take a rain check.**
	➡ rain checkはもともと、「雨で中止になった場合の振替え券」。take a rain checkで「次の機会にする」の意味になる。
	= Can I take a rain check?
今はその気になれないんだ。	**I don't feel like it now.**
	= I'm not in the mood.
誘ってくれてありがとう。	**Thank you for asking.**
	➡ 人から誘われたときは、返事をした後でこのようにお礼を言う。

第4章 人と付き合う

Ⅰ 人に会う

第4章 人と付き合う

スケジュールを調整する

いつ会おうか？	**When shall we meet?**
いつならあいてる？	**When are you available?** = When are you free? = When do you have time?
都合がいいのはいつ？	**When is it convenient for you?** = When is good for you? 🗨 When is it convenient for you? （都合がいいのはいつ？） 🗨 For me, Wednesday is good. （僕は水曜日がいいな）
今日の午後はどう？	**How about this afternoon?** 🗨 How about this afternoon? （今日の午後はどう？） 🗨 That's fine with me. （私はそれでいいわよ）
私はかなり融通がきくわよ。	**I'm quite flexible.** ▶ flexibleは「融通がきく、柔軟な」。 🗨 Are you busy next week? （来週は忙しいの？） 🗨 No, I'm quite flexible. （いいえ、私はかなり融通がきくわよ）
君の都合に合わせるよ。	**It's up to you.** = It's up to your schedule. 🗨 When shall we meet? （いつ会おうか？） 🗨 It's up to you. （君の都合に合わせるよ）
いつでもいいよ。	**Anytime is fine.** 🗨 What time is good for you? （君は何時がいい？） 🗨 Anytime is fine. （いつでもいいよ）
あなたの時間があるときに。	**When you have time.** = Whenever you are free.

火曜日以外ならいつでもいいよ。	**Any day except Tuesday.** ⓒ When are you available? （いつならあいてる？） 🅱 Any day except Tuesday. （火曜日以外ならいつでもいいよ）
来週は忙しいんだ。	**I'll be busy next week.**
来週は予定がぎっしりなんだよ。	**I'm booked up next week.** = I'm fully booked next week.
その日はダメなのよ。	**That's a bad day for me.** = That's not a good day for me. ⓒ Can we meet on Friday? （金曜日に会える？） 🅱 That's a bad day for me. （その日はダメなのよ）
できるだけ早く会いたいんだけど。	**I'd like to see you as soon as possible.**
できれば今週中に会いたいんだ。	**I'd like to see you this week if possible.**
なんとか時間をつくってくれないかな？	**Could you manage to make time for me?** ▶ make timeは「時間をつくる」。 ⓒ I'll be busy all day tomorrow. （明日はずっと忙しいんだ） 🅱 Could you manage to make time for me? （なんとか時間をつくってくれないかな？）
予定を確かめてみるわ。	**I'll check my schedule.** = Let me check my schedule.
あいにく、今は予定表を持っていないんだ。	**I'm afraid I don't have my calendar with me.** ▶ calendarには「予定表」の意味がある。
予定がわかったら電話するよ。	**I'll call you when I know my schedule.**

第4章 人と付き合う

待ち合わせをする

どこで会おうか?	**Where shall we meet?** = Where can I meet you? = Where would you like to meet me?
どこがいちばん便利なの?	**Where is the most convenient for you?** ⓒ Where is the most convenient for you? (どこがいちばん便利なの?) 🅑 For me, it's convenient if we can meet in Ginza. (僕は銀座で会えれば都合がいいんだけど)
君の会社の近くで待ち合わせをしよう。	**Let's meet near your office.**
7時に君の会社の前で待っているよ。	**I'll be waiting for you outside your office building at seven o'clock.**
駅の正面にある喫茶店で待ち合わせをしよう。	**Let's meet at the coffee shop in front of the station.**
あなたが場所を決めてよ。	**You decide where.** = You decide the place. ⓒ You decide where. (あなたが場所を決めてよ) 🅑 Then, let's meet at the bar on the second floor. (それなら、2階のバーで会おう)
君さえよければ、それでいいよ。	**Fine, if it's all right with you.** ⓒ How about meeting in Shibuya? (渋谷で会うのはどう?) 🅑 Fine, if it's all right with you. (君さえよければ、それでいいよ)
友達を連れて行ってもいい?	**May I bring a friend?** = Can I come with a friend?

第4章 人と付き合う

レストランまでの地図をファックスで送るわ。	**I'll fax you the map to the restaurant.** 😊 I'm not familiar with that area. （あの辺はよく知らないんだ） 🙂 I'll fax you the map to the restaurant. （レストランまでの地図をファックスで送るわ）
大きな建物だから、すぐにわかるよ。	**It's a big building, so you can find it easily.** 😊 I wonder if I can go there by myself. （ひとりでそこに行けるかしら） 🙂 It's a big building, so you can find it easily. （大きな建物だから、すぐにわかるよ）
大きな看板が出ているから、見落とすことはないよ。	**There's a big sign so you won't miss it.** ➡ ここでは、missは「見逃す、見落とす」の意味。
あなたに会えなかったらどうしよう？	**What should I do if I can't find you?** 😊 What should I do if I can't find you? （あなたに会えなかったらどうしよう？） 🙂 Then, call my cellular. （そのときは僕の携帯に電話してよ）
遅れるときは君の携帯に連絡するよ。	**I'll call your cellular if I come late.**
遅れないでね。	**Please don't be late.** 😊 Please don't be late. （遅れないでね） 🙂 I'll do my best. （できるだけ努力するよ）
車で迎えに来てくれる？	**Could you come to pick me up?** ➡ pick ... upは「～を車で迎えに行く」。
よし、全部決まったね。	**Okay, all set.** ➡ all setは「用意ができて」の意味。
じゃあ、そのときに会おう。	**I'll see you then.** ＊ I'll see you there. （じゃあ、そこで会おうね）

I 人に会う

153

第4章 人と付き合う

人との関係

彼のことはよく知っているの？	Do you know him very well?

いい友達だよ。	He's a good friend of mine.

私たち、仲がいいのよ。	We're good friends.

彼女は私の親友なの。	She's my best friend. = She's a close friend of mine.

高校のときからの友人なんだ。	We've been friends since we were in high school. ◎ Have you known him for a long time? （彼のことはずっと前から知っているの？） 🅱 Yeah, we've been friends since we were in high school. （うん、高校のときからの友人なんだ）

彼のことはいつから知っているの？	How long have you known him? ◎ How long have you known him? （彼のことはいつから知っているの？） 🅱 For over ten years now, I guess. （もう10年以上になると思うよ）

高校の同級生なんだよ。	We're classmates in high school. ◎ How did you know Jack? （ジャックとはどういう知り合いなの？） 🅱 We're classmates in high school. （高校の同級生なんだよ）

クリスとはすごく気が合うの。	I get along with Chris very well. ▶ get along with ...は「〜とよい関係にある」の意味。

私たち、以前は今よりずっと親しくしていたのよ。	We used to be much closer. ▶ ここでは、closerは「(人との関係が)より近い、より親しい」の意味。

もう何年も会っていないわ。	We haven't seen each other for years.

第4章 人と付き合う

彼女は幼馴染みなんだ。	She's a friend from my childhood.
近所で育ったんだよ。	We grew up in the same neighborhood.
彼とはそれほど親しいわけじゃないんだ。	He and I are not that close.
ほんの知り合いだよ。	He's only an acquaintance. ▶ acquaintanceは「それほど親しくはない知り合い」のこと。 🅠 Is Larry Cage your friend? （ラリー・ケージはあなたの友達なの？） 🅐 Not really. He's only an acquaintance. （そうとは言えないね。ほんの知り合いだよ）
彼女は仕事上の知り合いなんだ。	She's a business acquaintance. 🅠 Do you know Martha Jones? （マーサ・ジョーンズを知ってる？） 🅐 Yes, she's a business acquaintance. （ああ、彼女は仕事上の知り合いなんだ）
個人的には知らないよ。	I don't know her personally.
アランとは、ニールを通じて知り合ったのよ。	I knew Alan through Neil.
ケイトと付き合っているんだ。	I'm seeing Kate. = I'm dating Kate.
私、前にグレッグと付き合っていたの。	I used to go out with Greg. = Greg is my ex-boyfriend.
ずっと前に別れたのよ。	We broke up long time ago. ▶ 「(男女が)別れる」はbreak up。
シンディーと仲直りしたよ。	I made up with Cindy. ▶ make up with ...は「〜と仲直りをする」。

I 人に会う

第4章 人と付き合う

人の消息

ハワードがどうしているか、知ってる？	**Do you know how Howard is doing?**
ジェーンはどうしているのかなぁ。	**I wonder how Jane is doing.** 😊 I wonder how Jane is doing. （ジェーンはどうしているのかなぁ） 😐 I saw her last month. She was fine. （彼女には先月会ったわ。元気だったわよ）
ポールからは、何年も音沙汰なしだよ。	**I've heard nothing from Paul for years.** = I haven't heard from Paul for many years.
最近、サリーと話した？	**Have you talked with Sally recently?** 😊 Have you talked with Sally recently? （最近、サリーと話した？） 😐 Yes, she called me a few weeks ago. （ええ、何週間か前に電話をかけてきたわよ）
彼女には付き合っている人がいる、って聞いたわ。	**I heard that she's got a boyfriend.** ➡ 「〜と聞いた」は、I heard that …。 = I heard that she's seeing somebody.
アンが離婚したって知っていた？	**Did you know that Anne got divorced?** = Have you heard that Anne got divorced? 😊 Did you know that Anne got divorced? （アンが離婚したって知っていた？） 😐 No, that's news to me. （いや、初耳だね）
ただの噂だよ。	**It's just a rumor.** ➡ 「噂」は、rumor。 😊 Is it true that Tony will be transferred? （トニーが異動になるって本当？） 😐 No, it's just a rumor. （いや、ただの噂だよ）

キーワード

誘う

予定	schedule
ひま	free
ひまがある	available
融通がきく	flexible
忙しい	busy/tied up
予定が詰まった	booked
集まる	get together
取り決める	arrange
取り決め	arrangement
延期する	postpone/put off
予定を組みなおす	reschedule
取り消す	cancel
都合のよい	convenient
都合の悪い	inconvenient

人との関係

関係	relation
恋人	boyfriend/girlfriend
旧友	old friend
同級生	classmate
仲間	pal
親しい	close
個人的な	private
～と付き合う	see/go out with
婚約中の	engaged
結婚する	get married
別居する	get separated
離婚する	get divorced

II 社交

日本を訪れている外国人と

どこの国からいらしたのですか？	**Which country are you from?** = Where are you from? ◎ Which country are you from? （どこの国からいらしたのですか？） ▷ I'm from New Zealand. （ニュージーランドです）
日本は初めてですか？	**Is this your first visit in Japan?** = Is this your first time to come to Japan? ◎ Is this your first visit in Japan? （日本は初めてですか？） ▷ No, I've been here a couple of times before. （いいえ、前にも何度か来たことがあります）
日本はいかがですか？	**How do you like Japan?** = What do you think of Japan?
日本の印象はどうですか？	**What's your impression of Japan?**
お仕事でいらしているのですか？	**Are you here on business?** ➡「仕事で」はon business、「遊びで」はon vacation。 ◎ Are you here on business? （お仕事でいらしているのですか？） ▷ No, I'm here on vacation. （いいえ、遊びでです）
どこにお泊まりですか？	**Where are you staying?** ◎ Where are you staying? （どこにお泊まりですか？） ▷ I'm staying in the ABC Hotel. （ABCホテルに泊まっています）

第4章 人と付き合う

日本には いつまで ご滞在ですか？	**How long will you be in Japan?**
	😊 How long will you be in Japan? （日本にはいつまでご滞在ですか？） 😐 I'll stay here until next month. （来月までここにいます）

オーストラリア のどちらから いらしたの ですか？	**Which part of Australia are you from?**
	➡ 出身地や住んでいる場所を、より詳しく聞くときの表現。 😊 Which part of Australia are you from? （オーストラリアのどちらからいらしたのですか？） 😐 I'm from Melbourne. （メルボルンです）

私は去年、 オーストラリア に行ったん ですよ。	**I went to Australia last year.**
	😊 I'm from Australia. （オーストラリアから来ました） 😐 Are you? I went to Australia last year. （そうですか。私は去年、オーストラリアに行ったんですよ）

ぜひもう一度 行ってみたい ですね。	**I really want to visit there again.**

オーストラリア には友人が います。	**I have a friend in Australia.**
	＊ I know some people in Australia. （オーストラリアには知り合いが何人かいます）

日本の暮らし には慣れまし たか？	**Are you used to living in Japan?**
	➡ be used to ... は「～に慣れる」。 = Have you gotten used to living in Japan? 😊 Are you used to living in Japan? （日本の暮らしには慣れましたか？） 😐 Well, more or less. （そうですね、ある程度は）

日本では どんなご予定 ですか？	**What are your plans in Japan?**
	😊 What are your plans in Japan? （日本ではどんなご予定ですか？） 😐 I'll visit Kyoto and Osaka. （京都と大阪へ行きます）

楽しい ご滞在を。	**Enjoy your stay here.**
	= I hope you'll enjoy your stay here.

II 社交

第4章 人と付き合う

日本での観光

日本ではどこに行きましたか？	**Where have you been in Japan?** = Where have you visited in Japan? 👂 Where have you been in Japan? （日本ではどこに行きましたか？） 🗣 I've been to Kamakura. （鎌倉へ行きました）
富士山は見たことがありますか？	**Have you seen Mt. Fuji?**
天気が良ければ、ここから富士山が見えますよ。	**You can see Mt. Fuji from here if the weather is good.** = You can see Mt. Fuji from here if it's clear.
日本ではいろいろなところへ行きましたか？	**Have you visited many places in Japan?** 👂 Have you visited many places in Japan? （日本ではいろいろなところへ行きましたか？） 🗣 No, not yet. （いいえ、まだなんです）
京都へは行くのですか？	**Are you going to visit Kyoto?** = Are you planning to visit Kyoto? 👂 Are you going to visit Kyoto? （京都へは行くのですか？） 🗣 Yes, we'll go there next week. （ええ、来週行きます）
京都には面白い場所がとてもたくさんありますよ。	**There are so many interesting places in Kyoto.**
古いお寺や神社を訪ねるのはいいものです。	**It's nice to visit old temples and shrines.**
京都はいつも観光客でにぎわっています。	**Kyoto is always busy with tourists.**

第4章 人と付き合う

日光へ行ったことはありますか？	**Have you been to Nikko?**
	🗨 Have you been to Nikko? （日光へ行ったことはありますか？） 🗨 No, but I'd love to visit there. （いいえ、でも行きたいと思っています）

今は紅葉が見頃です。	**Now, it's the best time to see the red autumn leaves.**

必見ですよ。	**You shouldn't miss it.**
	🗨 How was the musical last night. （昨夜のミュージカルはどうでしたか？） 🗨 It was great! You shouldn't miss it. （すごくよかったです！必見ですよ）

東京から電車で2時間ぐらいです。	**It takes about two hours by train from Tokyo.**
	🗨 How far is it from here to Nikko? （ここから日光まで、どれぐらいですか？） 🗨 It takes about two hours by train from Tokyo. （東京から電車で2時間ぐらいです）

日光の近くには、いい温泉がありますよ。	**There're good hot springs near Nikko.**
	➡ 「温泉」は、hot spring。

日本旅館に泊まることをお勧めします。	**I recommend you stay in a Japanese-style inn.**
	🗨 Where should we stay in Nikko? （日光では、どこに泊まればいいのでしょうか？） 🗨 I recommend you stay in a Japanese-style inn. （日本旅館に泊まることをお勧めします）

バスツアーがお勧めです。	**I recommend that you take a bus tour.**
	= Maybe it's a good idea to take a bus tour.

バスツアーでは、たくさんの名所を訪ねることができますよ。	**On a bus tour, you can visit many famous places.**
	= A bus tour takes you to many famous places.

II 社交

観光案内をする

よかったら、僕がこの辺を案内するよ。	**If you like, I'll show you around the town.** = Would you like me to show you around the town?
今度の日曜日、観光をしない?	**Would you like to go sightseeing next Sunday?** ➡ 「観光をする」は、go sightseeing。
特に行ってみたいところはある?	**Are there any particular places you'd like to visit?** = Are there any places you're interested in? ⏵ Are there any particular places you'd like to visit? (特に行ってみたいところはある?) ⏵ I'd like to see some old Japanese architecture. (日本の古い建物を見たいな)
この公園は、桜で有名なのよ。	**This park is famous for cherry blossoms.** = This park is well-known for cherry blossoms.
桜が満開のときは、とても混雑するの。	**When cherry blossoms are at their best, it's very crowded.** ➡ 「(花が)満開である」は、be at their best、be in full bloom。 = When cherry blossoms are in full bloom, it's very busy.
ここで入場券を買って、中に入ろう。	**Let's get the tickets here and go in.**
入場料は500円だ。	**The admission is 500 yen.**
ここにお寺の歴史が書いてあるよ。	**The history of this temple is written here.**

第4章 人と付き合う

よかった、英語の説明もあるよ。	Good, there's also a description in English.
ここで靴を脱ぐことになっているんだ。	We're supposed to take off our shoes here. ▶ be supposed to ...は「〜することになっている」の意味。 = We need to take off our shoes here.
お寺の中では大声で話をしてはいけないんだ。	We shouldn't talk loudly in temples. ▶「大声で話す」は、talk loudly。 = We're not supposed to talk loudly in temples.
お守りを買っていく？	Would you like to buy a charm?
写真を撮ってあげるよ。	Let me take a picture of you. = I'll take a picture of you.
一緒に写真を撮ろう。	Let's be in a picture together.
温泉に行こうよ。	Let's go to a hot-spring resort. ▶「温泉に行く」は、go to a hot-spring resort。
この温泉は、筋肉痛に効くんだ。	This hot spring is good for muscle pains. = This hot spring is effective for muscle pains.
お湯に入る前に、身体を洗うんだよ。	Wash and rinse yourself before you get into the bathtub. = Wash and rinse yourself before you take a dip.
お湯がすごく熱いから気をつけてね。	Be careful, the water is very hot.

II 社交

第4章 人と付き合う

家に招待する・招待を受ける

私の家に来ない?	**Would you like to come to my place?** ➡ ここでは、my placeは「私の家」の意味。
あがってコーヒーでも飲んでいかない?	**Would you like to come in for a cup of coffee?** ➡ 家まで送ってくれた人を招き入れるときに言う。
あなたを家にお招きしたいのですが。	**We'd like to invite you to our place.**
私の家に食事に来ませんか?	**Would you like to come to our place for dinner?** = We'd like to invite you for dinner at our house.
シャロンも来るよ。	**Sharon is coming, too.**
ジャックと美穂も誘っているんだ。	**I also invited Jack and Miho.** = I also asked Jack and Miho to come.
たまにはみんなで集まるのもいいよね。	**It's nice to get together sometimes.**
家は恵比寿駅から歩いて10分ぐらいのところなんだ。	**Our place is about a ten-minutes walk from Ebisu Station.**
駅まで迎えに行くよ。	**I'll come to meet you at the station.** ＊ I'll come to pick you up at the station. （駅まで車で迎えに行くよ）
駅に着いたら電話してね。	**Call me when you get to the station.** ➡ 「〜に着く」は、get to、arrive at。

第4章 人と付き合う

6時半頃来てくれる？	**Could you come around six-thirty?** 🇨 What time shall I come? （何時に行けばいいかな？） 🇧 Could you come around six-thirty? （6時半頃来てくれる？）
ご招待ありがとう。	**Thank you for your invitation.** = Thank you for inviting me. = It's very nice of you to invite me.
喜んでうかがうわ。	**I'd be glad to come.** = I'd be happy to come. ▶ 相手のところに「行く」場合は、goではなくcomeを使う。 🇨 Would you like to come over to my place?（私の家に来ない？） 🇧 Sure, I'd be glad to come. （ええ、喜んでうかがうわ）
もちろん行くよ。	**Sure I'll come.** = Of course I'll come.
私のほかに誰が来るの？	**Who else is coming?** = Who else is invited?
何か持っていこうか？	**Shall I bring something?** 🇨 Shall I bring something? （何か持っていこうか？） 🇧 A bottle of wine would be nice. （ワインを1本持ってきてくれたらうれしいわ）
デザートを持っていくわ。	**I'll bring a dessert.**
手ぶらで来てね。	**Just bring yourself.** ▶ 手みやげの気遣いはいりません、というときの決まり文句。 🇨 Shall I bring something? （何か持っていこうか？） 🇧 No, just bring yourself. （いいのよ、手ぶらで来てね）
日本の家庭料理をごちそうするよ。	**We'll treat you to some Japanese home cuisine.** = treat A to Bは「AにBをごちそうする」。

II 社交

第4章 人と付き合う

訪問する／来客を迎える

いらっしゃい、どうぞ。	**Hello, please come in.**
わが家へようこそ！	**Welcome to our place!**
来てくれてうれしいわ。	**I'm glad you've come.**

= It's nice to have you.
- Thank you for inviting me.
  (お招きありがとう)
- I'm glad you've come.
  (来てくれてうれしいわ)

この家はすぐに見つけられた？	**Was it easy to find our house?**

- Was it easy to find our house?
  (この家はすぐに見つけられた？)
- Yes, I had no problem coming here.
  (ええ、問題なくここまで来られたわ)

上着はここに掛けてね。	**Please hang your jacket here.**
妻の久美子には前に会っているよね？	**You have met my wife Kumiko before, haven't you?**

- You have met my wife Kumiko before, haven't you?
  (妻の久美子には前に会っているよね？)
- Yes. Nice to see you again, Kumiko.
  (ええ。久美子さん、また会えてうれしいです)

息子の裕と娘の幸子だよ。	**This is our son, Hiroshi, and our daughter, Sachiko.**
これ、おみやげだよ。	**This is a small gift for you.**

= I've brought something for you.
- This is a small gift for you.
  (これ、おみやげだよ)
- Thank you. May I open it now?
  (ありがとう。今、開けていいかしら？)

こんなのを欲しいと思っていたのよ。	**I wanted to get something just like this.**

166

第4章 人と付き合う

気に入ってもらえてうれしいよ。	**I'm glad you like it.** 🗨 What a beautiful scarf! Thank you. （きれいなスカーフ！ありがとう） 🗨 I'm glad you like it. （気に入ってもらえてうれしいよ）
どうぞ楽にしてね。	**Please make yourself at home.** ➡ 来客を迎えたときに言う決まり文句。
どうぞ、座って。	**Have a seat.** = Please sit down.
アンと拓也もすぐに来るはずだよ。	**Anne and Takuya should come soon.**
飲みながら待つことにしよう。	**Let's wait for them over a drink.** = Let's have a drink while we wait for them.
いいお住まいですね。	**You're living in a nice place.** = This place is very nice. = I like your house.
ステキなお部屋ね。	**You've decorated the room beautifully.** = This room is beautifully decorated. 🗨 You've decorated the room beautifully. （ステキなお部屋ね） 🗨 Thank you for the compliment. （ほめてくれてありがとう）
ご家族の写真がたくさんあるわね。	**You have a lot of family pictures.**
この写真はどこで撮ったの？	**Where did you take this picture?** 🗨 Where did you take this picture? （この写真はどこで撮ったの？） 🗨 We took it in Hokkaido last summer. （この前の夏、北海道で撮ったんだよ）
写真に写っている、この人は誰？	**Who is this person in the picture?** 🗨 Who is this person in the picture? （写真に写っている、この人は誰？） 🗨 It's my mother.（僕の母だよ）

II 社交

第4章 人と付き合う

来客をもてなす

何か飲み物はいかが？	**Would you care for something to drink?** ■ ここでは、care for ...は「〜を欲する」の意味。 = Would you like something to drink? = Shall I bring you something to drink? ⓒ Would you care for something to drink? (何か飲み物はいかが？) ⓡ Yes, may I have a glass of beer? (ええ、ビールをもらえますか？)
何を飲む？	**What would you like to drink?** ⓒ What would you like to drink? (何を飲む？) ⓡ I'll start with white wine. (まず白ワインをいただくよ)
ビールをもう一杯どう？	**Would you like another glass of beer?**
これは典型的な日本の家庭料理よ。	**This is typical Japanese home cuisine.** ⓒ This is typical Japanese home cuisine. (これは典型的な日本の家庭料理よ) ⓡ It looks gorgeous! (すばらしいね！)
おいしそうだね。	**It looks good.** = It looks delicious.
これを全部つくるのは大変だったでしょうね。	**It must have been a lot of work to prepare all these.**
どれもすごくおいしいわ。	**Everything is so tasty.** = Everything tastes very good.
もう少しいかが？	**Would you like some more?** ⓒ Would you like some more? (もう少しいかが？) ⓡ Yes, please. (ええ、いただきます)

168

第4章 人と付き合う

天ぷらはこのつゆにつけて食べるんだよ。	**Eat the tempura with this soup.** = To eat the tempura, dip it in this soup.
好みでつゆに大根おろしを入れてもいいんだ。	**Put some grated radish in the soup if you like.**
こうやって食べるんだよ。	**Let me show you how to eat it.**
日本の食べ物は好きですか？	**Do you like Japanese food?** 🗨 Do you like Japanese food? （日本の食べ物は好きですか？） 🗨 Yes, it's light and healthy. （ええ、軽くて健康的ですからね）
日本の食べ物では、何がいちばん好き？	**What is your favorite Japanese food?**
何か食べられないものはある？	**Is there anything you don't eat?** 🗨 Is there anything you don't eat? （何か食べられないものはある？） 🗨 I don't eat seaweed. （海草は食べられないね）
作り方を教えてあげるわ。	**I'll show you how to make it.** 🗨 How do you make this dish? （この料理はどうやって作るの？） 🗨 I'll show you how to make it. （作り方を教えてあげるわ）
作り方を書いてあげよう。	**I'll give you the recipe.** ▶ recipeは「調理法」。
十分に食べた？	**Have you had enough?** 🗨 Have you had enough? （十分に食べた？） 🗨 Yes, I'm very full. （うん、お腹いっぱいだよ）
デザートはいかが？	**Would you like some dessert?** 🗨 Would you like some dessert? （デザートはいかが？） 🗨 Sure. I love sweets. （いただきます。甘いものは大好きなのよ）

II 社交

第4章 人と付き合う

パーティー

今度の週末、家でパーティーをするんだ。	**We'll throw a party at our place this weekend.** ▶「パーティーを開く」は、throw (have, give) a party。 = We're having a party at our place this weekend.
庭でバーベキューをやるんだ。	**We'll have a barbecue party in our backyard.**
ちょっとした集まりだよ。	**It's just a small gathering.** ❓ What kind of party will it be? （どんなパーティーなの？） 💬 It's just a small gathering. （ちょっとした集まりだよ）
気楽な集まりだよ。	**It's an informal get-together.** ▶ get-togetherは「（非公式な）集まり、親睦会」。
普段着で来てね。	**Please dress casually.**
持ち寄り制のパーティーなの。	**It's a potluck.** ▶ potluckは、料理をひと皿ずつ持ち寄るパーティーのこと。
料理か飲み物を持ってきてね。	**Please bring some food or drink.** ❓ Please bring some food or drink. （料理か飲み物を持ってきてね） 💬 All right. I'll bring my special dish. （わかった。僕の得意料理を持っていくよ）
何か特に持ってきてほしいものはある？	**Is there anything particular you want me to bring?** ❓ Is there anything particular you want me to bring? （何か特に持ってきてほしいものはある？） 💬 Please bring some salad if you can. （できればサラダを持ってきてほしいな）

170

第4章 人と付き合う

やあ、入ってよ。	**Hi, come on in.** ➡ "Come on in." は "Come in." を強めた言い方。
みんな、もう来ているよ。	**Everyone is already here.**
みんな、君を待っていたんだよ。	**Everybody has been waiting for you.** 😊 Everybody has been waiting for you. （みんな、君を待っていたんだよ） 😲 Oh, am I late? （えっ、僕、遅刻したの？）
パーティーを楽しんでね。	**I hope you'll enjoy the party.** = I hope you'll have a good time.
飲み物は自由にとってね。	**Help yourself to some drink.** ➡ help oneself to ...は「(飲食物)を自分で取って食べる」。
飲み物は何でもあるよ。	**We have all kinds of drinks.**
アルコールの入っていない飲み物もあるわよ。	**We have some soft drinks, too.** 😊 Unfortunately, I don't drink. （残念だけど私、飲めないのよ） 😲 We have some soft drinks, too. （アルコールの入っていない飲み物もあるわよ）
ここに君の知り合いはいる？	**Do you know anybody here?** 😊 Do you know anybody here? （ここに君の知り合いはいる？） 😲 No, could you introduce somebody to me? （いないんだ、誰か紹介してくれる？）
話に入れてもらえますか？	**May I join in the conversation?**
自己紹介させてください。佐々木一郎です。	**Let me introduce myself. I'm Ichiro Sasaki.** = May I introduce myself? I'm Ichiro Sasaki.

II 社交

171

第4章 人と付き合う

辞去する

そろそろ失礼しなくちゃ。	**I've got to take off now.** = I'd better be going now. = I have to go now.
そろそろ失礼する時間だ。	**It's about time to leave.**
遅くなってきたからね。	**It's getting late.**
もっと長くいられたらいいのだけど。	**I wish I could stay longer.** 👉 Are you really leaving now? （本当にもう帰るの？） 👈 I wish I could stay longer. （もっと長くいられたらいいのだけど）
あなたと話ができて楽しかったわ。	**It's been nice talking with you.** = I enjoyed talking with you.
とても楽しかったよ。	**I had a very good time.** = I really enjoyed myself.
楽しい夜を過ごせたわ、ありがとう。	**Thank you for the lovely evening.** = Thank you for such a wonderful evening.
おもてなしをありがとう。	**Thank you for your hospitality.** ➕ hospitalityは「親切なもてなし、歓待」。
来てくれてありがとう。	**Thank you for coming.**
今度はぜひ、私の家に来てね。	**Please come to my place next time.** = You must come to my place next time. 👉 Please come to my place next time. （今度はぜひ、私の家に来てね） 👈 Thank you, I will. （ありがとう、そうさせてもらうわ）

キーワード

観光案内

観光	sightseeing
観光客	tourist
名所	famous place
旧跡	historical spot
温泉	hot spring
寺院	temple
神社	shrine
城	castle
祭り	festival
催し物	event
名産	specialty
おみやげ	souvenir
周遊	excursion
小旅行	trip
日帰り旅行	day trip
案内する	guide

パーティー

集まり	gathering/get-together
歓迎会	welcome party
送別会	farewell party
忘年会	year-end party
新年会	New Year's party
招待する	invite
歓迎する	welcome
もてなす	entertain
歓待	hospitality
客	guest

III 親しい人と話す

相談する

相談があるんだけど。	**I have something to talk about with you.** = I need to talk to you.
相談したいことがあるんだ。	**There's something I want to discuss with you.** = I have something to discuss with you.
君の意見が聞きたいんだ。	**I'd like to hear your opinion.** = I'd like to know what you think.
正直に意見を言ってほしいんだ。	**I want your honest opinion.** = Be frank with me.
何かアドバイスしてもらえませんか?	**Could you give me any advice?** = Would you give me a suggestion?
部長に相談した方がいいよ。	**You'd better ask the manager for advice.** ▶ ask ... for adviceは「~に相談する、~に助言を求める」。consult with ...も同じ意味。 = You'd better consult with the manager.
誰に相談したらいいか、わからないんだ。	**I don't know whom I should ask for advice.** ⓒ I don't know whom I should ask for advice. (誰に相談したらいいかわからないんだ) ⓑ I think you should ask a professional. (専門家に聞くべきだと思うわ)

第4章 人と付き合う

医者に相談するべきだよ。	**You should see a doctor for advice.**
	ⒸShould I take this medicine? (この薬を飲むべきかしら?) ⒷYou should see a doctor for advice. (医者に相談するべきだよ)
親には相談したの?	**Have you talked with your parents?**
	ⒸHave you talked with your parents? (親には相談したの?) ⒷNo, I don't know how to tell them. (いや、どう言っていいかわからないんだ)
相談できるのは君だけなんだよ。	**You're the only person I can ask for advice.** = I have nobody else to consult with.
彼って何でも奥さんに相談するのよ。	**He asks his wife's advice on everything.**
そのことについて相談しよう。	**Let's discuss the matter.** = Let's talk about the matter.
相談してくれてうれしいよ。	**I'm glad you told me.**
ありがとう。少し気が楽になったわ。	**Thank you. I feel a little relieved.**
いつでも相談にのるよ。	**You can come to talk to me at any time.**
	ⒸThank you for listening to me. (話を聞いてくれてありがとう) ⒷSure, you can come to talk to me at any time. (うん、いつでも相談にのるよ)
私でよかったら、相談にのるわよ。	**You can tell me if you want.** = You can tell me if you feel like it. ⒸYou can tell me if you want. (私でよかったら、相談にのるわよ) ⒷThank you, but it's a sensitive matter. (ありがとう。でも、デリケートな問題なんだ)

III 親しい人と話す

第4章 人と付き合う

助言する

ちょっと言わせてもらいたいんだけど。
Let me tell you something.
- 人に助言するときの前置き。
= I'll tell you something.
- What do you think of my report?
  (私の書いた報告書、どうですか？)
- Let me tell you something. This is too long.
  (ちょっと言わせてもらいたいんだけど、これは長すぎるよ)

これは僕の経験から言っているんだよ。
I'm speaking from experience.
= I've learned this from my experience.
- I don't agree with you.
  (私はそうは思わないわ)
- I'm speaking from experience.
  (これは僕の経験から言っているんだよ)

私のアドバイスが役に立つといいんだけど。
I hope my advice will be of some use to you.
- be of useは「役に立つ、有益である」。
= I hope my advice will be useful for you.

最後までやるべきだよ。
You should finish what you start.
= You should see it through.
- I'm giving up.
  (僕はもう諦めるよ)
- No, you should finish what you start.
  (いや、最後までやるべきだよ)

そこが肝心なんだよ。
That's the name of the game.
- the name of the gameは「肝心な点、本質」。
= That's the key.

よく覚えておいてね。
Keep it in mind.
- Do I have to come at eight o'clock every morning?
  (毎朝8時に来なければならないんですか？)
- It's the rule. Keep it in mind.
  (規則なのよ。よく覚えておいてね)

第4章 人と付き合う

言っておくけどね。	**Mark my words.**
	➡ 「私の言うことを注意して聞きなさい」の意味。
	😊 Mark my words, you'll regret it. （言っておくけどね、後で後悔するよ）
	😠 I've had enough of your advice. （君の忠告はもうたくさんだ）

考えてもみろよ。	**Just think of it.**
	= Just think about it.
	= Just imagine.
	😊 Why do you think I can't do that work? （なぜ私にその仕事はできない、って思うの？）
	😠 Just think of it, it's a tough job. （考えてもみろよ、大変な仕事なんだ）

僕の忠告を聞けよ。	**Take my advice.**
	➡ take one's adviceは「〜の忠告を受け入れる」。

無理しないでね。	**Don't kill yourself.**
	= Don't overdo it.
	😊 I'm very busy and come home late everyday. （すごく忙しくて、毎日帰りが遅いんだ）
	😠 Don't kill yourself. （無理しないでね）

焦らないでね。	**Don't rush it.**
	= Take it easy.
	= Take your time.

あわてる必要はないよ。	**You don't have to hurry.**
	= There's no need to rush
	😊 Oh, no! It's already one o'clock. （しまった！もう1時じゃないか）
	😠 You don't have to hurry. The meeting will start at 1:30. （あわてる必要はないよ。会議は1時半からだ）

それは君自身が決めることだよ。	**That's your decision.**
	= That's up to you.
	😊 What should I do?（どうしたらいいの？）
	😠 That's your decision. （それは君自身が決めることだよ）

III 親しい人と話す

注意する

ひとつ注意しておきたいんだけど。	**Let me give you a piece of advice.** = Let me give you a suggestion.
あなたを非難するつもりはないのよ。	**Don't take it personally.** = I'm not blaming you.
気を悪くしないで聞いてね。	**Please don't be offended.** ▶ be offendedは「気を悪くする、立腹する」。 🅒 Please don't be offended. （気を悪くしないで聞いてね） 🅑 What is it? Just tell me. （何だい？言ってくれよ）
君のためを思って言っているんだ。	**I'm saying this because I'm concerned about you.** ▶ be concerned about ...は「～を心にかける」。
友達だから言うんだよ。	**I'm saying this because I'm your friend.** = I'm telling you this because we're friends.
君もそのうちわかるよ。	**You'll understand it sooner or later.** ▶ sooner or laterは「いつかは、遅かれ早かれ」。 = You'll see it eventually.
だから言ったじゃないか。	**I told you.** ▶ 自分の忠告に従わなかったために失敗した人に対して言う。 🅒 I made a big mistake. （大失敗したよ） 🅑 I told you. （だから言ったじゃないか）
二度とこんなことがないようにね。	**Don't let it happen again.**

第4章 人と付き合う

そんなにムキ になるなよ。	**Don't get so upset.** → get upsetは「動揺する、狼狽する」の意味。 🅒 What? Do you mean I can't do that? （何だって？僕には無理だって言うのかい？） 🅑 Don't get so upset. （そんなにムキになるなよ）
うろたえる なよ。	**Don't panic.**
まじめに やってよ。	**Get serious.** = Get real.
笑い事じゃ ないよ。	**It's no laughing matter.** = It's nothing to laugh about. 🅒 It was so funny. （すごくおかしかったんだ） 🅑 It's no laughing matter. You made a mistake. （笑い事じゃないよ。君の失敗だろ）
それはやり 過ぎだよ。	**That's going too far.** → go too farは「やり過ぎる、極端に走る」の意味。 🅒 I want to lose five kilograms in a month.（1か月で5キロやせたいの） 🅑 That's going too far.（それはやり過ぎだよ）
口を慎み なさい。	**Watch your tongue.** 🅒 Our boss is a good-for-nothing. （上司が能無しなんだよ） 🅑 Watch your tongue.（口を慎みなさい）
ばかな真似は やめなさい。	**Don't make a fool of yourself.** = Don't act like a fool.
放って おきなよ。	**Let it be.** 🅒 I'm mad about the way he treated me. （彼の私にたいする態度、頭にくるわ） 🅑 Let it be. He's just a jerk. （放っておきなよ。あいつはただのろくでなしだ）
油断するなよ。	**Stay alert.** = Stay on your guard.

III 親しい人と話す

なぐさめる

それはお気の毒に。	**I'm sorry to hear that.** = I'm sorry about that. = That's too bad. = That's a shame.
あなたの気持ち、わかるわ。	**I know how you feel.** = I understand how you feel. = I can imagine how you feel.
大変だね。	**It must be tough.**
そんなに落ち込まないで。	**Don't be so depressed.** 😔 Nothing goes well. （何もかもうまくいかないんだ） 🙂 Don't be so depressed. （そんなに落ち込まないで）
がっかりするなよ。	**Don't let it get you down.** 😔 I failed the exam.（試験に落ちたんだ） 🙂 Don't let it get you down. You can try it again. （がっかりするなよ。また受ければいいじゃないか）
大丈夫よ。	**You'll be okay.** = You'll be all right.
気にするなよ。	**Don't worry about it.** = There's nothing to worry about. 😔 I did a stupid thing. （バカなことをしちゃったよ） 🙂 Don't worry about it. It's all right. （気にするなよ。大丈夫だから）
そんなに深刻に考えることないよ。	**Don't take it so seriously.**
運が悪かっただけよ。	**It was just bad luck.** = It was just unlucky. = It was just a bad break.

第4章 人と付き合う

誰にだってあることだよ。	**It happens to the best of us.**
	= It happens to everyone.
	😔 I screwed up at the meeting. （会議で大失敗しちゃった）
	🙂 That's okay. It happens to the best of us. （大丈夫。誰にだってあることだよ）

よくあることだよ。	**It happens.**
	= These things happen.
	😔 I can't believe that I was late for the appointment. （面会の時間に遅れたなんて、自分でも信じられないわ）
	🙂 Don't worry. It happens. （心配しないで。よくあることだよ）

そんなふうに自分を責めないで。	**Don't blame yourself like that.**
	= Don't be so hard on yourself.
	😔 I should have been more careful. （僕がもっと注意するべきだったんだ）
	🙂 Don't blame yourself like that. （そんなふうに自分を責めないで）

大した問題じゃないよ。	**It's not a big deal.**
	= No big deal.

またチャンスはあるわ。	**You'll have another chance.**
	😔 I lost in the competition. （コンクールで入賞できなかったよ）
	🙂 It's not a big deal. You'll have another chance. （大したことじゃないわよ。またチャンスはあるわ）

よくある間違いだよ。	**It's a common mistake.**

あなただけのせいじゃないわ。	**It wasn't all your fault.**
	😔 Our team lost because of my error. （僕のエラーのためにチームが負けたんだ）
	🙂 No, it wasn't all your fault. （いいえ、あなただけのせいじゃないわ）

仕方がないよ。	**It can't be helped.**
	= There's no help for it.

Ⅲ 親しい人と話す

励ます

元気を出して！	**Cheer up!**
	= Come on!
	🗨 I feel like crying. （もう泣きたいわ）
	🗨 Don't cry. Cheer up! （泣いちゃダメだよ。元気を出して！）

幸運を祈ってるよ！	**Good luck!**
	🗨 I'll have a big game next week. （来週、大事な試合があるんだ）
	🗨 Good luck! （幸運を祈ってるよ！）

きっとうまくやれるわ。	**I'm sure you'll do fine.**
	🗨 I'm so nervous. （緊張するなぁ）
	🗨 Don't worry. I'm sure you'll do fine. （心配しないで。きっとうまくやれるわ）

頑張って！	**Go for it!**
	= Go ahead!
	🗨 Do you think I should audition for the show? （舞台のオーディションを受けてみるべきだと思う？）
	🗨 Sure. Go for it! （もちろんだよ。頑張って！）

やってみるべきだよ。	**Give it a try.**
	= Just try it.

気を落とさないで頑張って。	**Keep your chin up.**
	➡ 直訳すると「あごを上げていなさい」。がっかりしている人を励ますときの表現。
	✱ Chin up! （しっかりしろ！）

諦めてはダメよ。	**Don't give up.**
	= Hang in there.

挑戦し続けなくちゃ。	**Keep on trying.**
	= Don't quit trying.
	🗨 I tried hard, but I didn't get promotion. （一生懸命やったけれど、昇進できなかったんだ）
	🗨 Don't give up. Keep on trying. （諦めてはダメよ。挑戦し続けなくちゃ）

第4章 人と付き合う

君ならできるよ！	**You can do it!**
	😕 I'm not sure if I can pass the exam. (試験に受かるかどうか、自信がないよ) 🙂 You can do it! （君ならできるよ！）

気持ちを強く持つんだ。	**Hold yourself together.**
	= Pull yourself together.

自信を持って。	**Be confident in yourself.**
	😕 I always feel nervous before a game. (試合の前はいつも緊張するんだ) 🙂 Be confident in yourself. (自信を持って)

その意気だよ！	**Way to go!**
	➡ 一生懸命やっている人を励ますときの決まり文句。 = That's the way to go! 🙂 I'll do my best. （ベストを尽くすわ） 🙂 Way to go! （その意気だよ！）

やるしかないよ。	**You have no other option.**
	= You have no choice. 😕 I guess I'll give it a try. (やってみようと思うんだ) 🙂 Yeah, you have no other option. (うん、やるしかないよ)

いちかばちかやってみるべきだよ。	**You should take a chance.**
	➡ take a chanceは「いちかばちか賭けてみる」。

僕は君の味方だよ。	**I'm on your side.**

あと少しだ。	**You're almost there.**
	😕 I can't go on anymore. （もうダメだよ） 🙂 Hang in there! You're almost there. (頑張れよ！あと少しだ)

チャンスはあるわ。	**There's a chance.**
	😕 I don't think we'll win the game. (僕たちが試合に勝つとは思えないよ) 🙂 Don't give up. There's a chance. (諦めちゃダメ。チャンスはあるわ)

III 親しい人と話す

ほめる

すごいね！ — **Great!**
= Wonderful!
= Excellent!
= Terrific!

よくやった！ — **You did it!**
- 目標を達成した人などへのほめ言葉。
- I broke my personal best record.
  （自己最高記録を更新したんだ）
- You did it!
  （よくやった！）

いいぞ！ — **Good job!**
- 仕事などをうまくやり遂げた人に対して言う。
= Nice going!
= Well done!
= Nicely done!
- I finally finished the thesis.
  （やっと論文を書き上げたよ）
- Good job!
  （いいぞ！）

いいことだね。 — **Good for you.**
- 相手がしたことをほめたり、励ましたりするときの表現。
- I started learning French.
  （フランス語の勉強を始めたの）
- Good for you.
  （いいことだね）

自慢できるね。 — **You should be proud of yourself.**
- be proud of ...は「〜を誇る、〜を自慢にする」。

私も鼻が高いわ。 — **I'm proud of you.**
- I've got a job with ABC company.
  （ABC社に就職が決まったよ）
- That's great! I'm proud of you.
  （すごいわね！私も鼻が高いわ）

第4章 人と付き合う

頼りになるなぁ。	**You're so reliable.** 🗨 Don't worry. I'll do the rest. （心配しないで。あとはやっておくから） 🗨 Thank you. You're so reliable. （ありがとう。頼りになるなぁ）
いい線いってるよ。	**You're on the right track.** ➡ on the right trackは「（考えや行動が）正しい、妥当で」の意味。
根性あるなぁ。	**You've got guts.** ➡ gutsは「根性、勇気」。 🗨 I objected to that plan in the meeting. （私、会議でその計画に反対したの） 🗨 You've got guts. （根性あるなぁ）
羨ましいわ。	**I envy you.** 🗨 I've lost 5 kilograms. （私、5キロやせたの） 🗨 You're great! I envy you. （すごいわね！羨ましいわ）
ステキね。	**You look nice.** = You look good. ➡ 相手の服装などをほめるときに言う。
似合ってるよ。	**It looks nice on you.** 🗨 How does it look? （どうかしら？） 🗨 It looks nice on you. （似合ってるよ）
洋服のセンスがいいのね。	**You have a good taste in clothes.** ➡ have a good taste in ...は「〜の趣味がいい」。
ステキな髪型ね。	**I like your haircut.**
着こなしが上手だね。	**You dress well.** = You know how to wear your clothes.
かわいいお嬢さんですね。	**You have a cute daughter.** = Your daughter is adorable.

III 親しい人と話す

第4章 人と付き合う

約束する

約束するよ。	**I promise.** = I give my word. 👤 Come home before it gets dark. （暗くなる前に帰ってくるのよ） 👤 Yeah, I promise. （うん、約束するよ）
約束する？	**You promise?**
約束はできないよ。	**I can't promise.** 👤 Can you persuade my parents? （両親を説得してくれる？） 👤 I'll do my best, but I can't promise. （できるだけやってみるけれど、約束はできないよ）
約束は守るよ。	**I'll keep my promise.** = I'll keep my word.
信用してよ。	**Trust me.** 👤 Are you sure that you'll be on time? （確かに間に合うの？） 👤 Sure. Trust me. （もちろん。信用してよ）
約束を破るようなことはしないよ。	**I won't let you down.** = I won't disappoint you. 👤 I'm depending on your help （手伝いをあてにしているからね） 👤 All right. I won't let you down. （わかった。約束を破るようなことはしないよ）
誓ってもいいよ。	**I swear.** ▶ swearは「誓って約束する」。 👤 Use this camera with care. （このカメラ、気をつけて使ってね） 👤 I'll never break it. I swear. （絶対に壊さない。誓ってもいいよ）
それは確かだよ。	**I'm sure of it.** = I know it for sure. = You can take my word for it.

第4章 人と付き合う

100%間違いないよ。	**I'm a hundred percent sure.**
約束を破っちゃった。	**I broke my promise.** 👉 Are you smoking again? （またタバコを吸っているの？） 👉 Sorry, I broke my promise. （ごめんね、約束を破っちゃった）
約束したじゃない！	**You promised!** 👉 We can't go skiing this weekend. （今度の週末、スキーに行けなくなったんだ） 👉 Why? You promised! （どうして？約束したじゃない！）
約束は約束よ。	**A promise is promise.** ➡「約束は守らなければならない」という意味。 👉 I'm dying for a drink. （飲みたくてたまらないよ） 👉 You said you'd quit. A promise is a promise. （やめると言ったでしょ。約束は約束よ）
息子に約束したんだ。	**I made a promise to my son.** ➡ make a promise to …は「～に約束する」。 👉 How about a drink? （一杯どう？） 👉 I'll go straight home. I made a promise to my son. （まっすぐ帰るよ。息子と約束したんだ）
本当だよ。	**Honest.** 👉 Don't you really know who used my car? （誰が私の車を使ったのか、本当に知らないの？） 👉 I don't know. Honest. （知らない。本当だよ）
間違いないよ。	**There's no doubt about it.**
確かだから安心して。	**You can rest assured.** 👉 Are you sure of that? （それは確かなの？） 👉 Yes, you can rest assured. （うん、確かだから安心して）

III 親しい人と話す

第4章 人と付き合う

秘密の話

ここだけの話なんだけどね。	**This is just between you and me.** 😊 This is just between you and me. （ここだけの話なんだけどね） 😑 Tell me. What is it?（教えて。何なの？）
秘密の話なんだ。	**It's a secret.**
誰にも言ってはダメよ。	**Don't tell anybody.** 😊 Don't tell anybody. （誰にも言ってはダメよ） 😑 I won't.（言わないよ）
これはまだ誰にも言っていないんだけど。	**I haven't told this to anybody.** = You're the first person I'm telling this to.
誰にも言わない、って約束できる？	**Can you promise that you won't tell anybody?**
秘密を守れる？	**Can you keep a secret?**
彼女って口が軽いのよ。	**She can't keep a secret.** 😊 May I tell this to Martha? （マーサに言ってもいい？） 😑 No, she can't keep a secret. （やめて、彼女って口が軽いのよ）
これは二人だけの秘密だよ。	**Let's keep this a secret between us.**
フレッドには内緒にしておこう。	**Let's keep this from Fred.** = Let's not tell Fred about this.
これは絶対に秘密だよ。	**This is strictly confidential.** ▶ confidentialは「内密の、内々の」。 😊 This is strictly confidential. （これは絶対に秘密だよ） 😑 All right. I won't tell anybody. （わかった。誰にも言わないから）

第4章 人と付き合う

人に漏らしてはダメだよ。	**Keep that to yourself.**

内部情報なんだ。	**This is insider information.** 👉 How did you know that? （どうしてそんなことを知っているの？） 👈 This is insider information. （内部情報なんだ）

誰かが秘密を漏らしたのね。	**Someone leaked the secret.** = Someone let out the secret.

ちょっと聞いたのだけど。	**A little bird told me.** ▶ 出所がはっきりしない噂を口にするときの決まり文句。 = I heard a little rumor. 👉 A little bird told me that you're engaged. （ちょっと聞いたのだけど、婚約したんですってね） 👈 Who told you that? （誰に聞いたの？）

それは公然の秘密だよ。	**That's an open secret.** ▶「公然の秘密」は、an open secret. 👉 I didn't know that Paul and Amy are dating. （ポールとエイミーが付き合っているなんて、知らなかったわ） 👈 That's an open secret. （それは公然の秘密だよ）

白状しなければならないことがあるんだ。	**I have a confession.** = I have something to confess.

今まで黙っていてごめんね。	**Sorry that I haven't told you.**

つい口が滑ったんだ。	**It was a slip of the tongue.** ▶ a slip of the tongueは「つい口を滑らせること、失言」。 👉 Why did you let out the secret? （なぜ秘密を漏らしたの？） 👈 I'm sorry. It was a slip of the tongue. （ごめんね。つい口が滑ったんだ）

III 親しい人と話す

第4章 人と付き合う

お祝い・お悔やみを言う

おめでとう!	**Congratulations!**
成功おめでとう!	**Congratulations on your success!** ⮕ Congratulations on ...で「〜おめでとう」の意味になる。 ＊ Congratulations on your wedding! （ご結婚おめでとう！） ＊ Congratulations on the birth of your child! （ご出産おめでとう！） ＊ Congratulations on your graduation! （卒業おめでとう！）
お祝いしよう!	**Let's celebrate!**
よかったね。	**I'm very happy for you.**
乾杯しよう!	**Let's make a toast!** ⮕「乾杯する」は、make a toast。
エレンとクリスのために乾杯しよう。	**Let me propose a toast to Ellen and Chris.** ⮕ propose a toast to ...は「〜のために乾杯の音頭をとる」。
乾杯!	**Cheers!** = To your health!
惜しい人を亡くしました。	**His death is a great loss to everybody.**
ご愁傷さまです。	**I sympathize with you.** = Please accept my sympathy.
心よりお悔やみ申し上げます。	**Please accept my sincere condolences.** ⮕ condolencesは「弔意」。
さぞお力落としのことでしょう。	**I can imagine how grieved you must be.**

第4章 人と付き合う

キーワード

相談・助言

相談する	consult
助言（する）	advise
示唆する	suggest
客観的な	objective
主観的な	subjective
中立の	neutral

なぐさめ・励まし・賞賛

なぐさめ（る）	comfort
励ます	encourage/cheer up
励まし	encouragement
幸運	lucky/fortunate
不運	unlucky/unfortunate
間違い	mistake/error
落ち度	fault
試み（る）	try
努力	effort
ほめる	praise
賛辞	compliment
誇る	proud
満足した	satisfied

約束・秘密

約束（する）	promise
保証（する）	guarantee
誓う	swear
秘密	secret
内密の	confidential
（秘密を）漏らす	leak/let out

III 親しい人と話す

> マイクを持ったら離さない…

英語でカラオケ！

　日本が生み出したカラオケは、いまや世界中に広まっています。外国人とカラオケを楽しみましょう。

● まず、仲間を誘います。
Do you like singing?（歌うのは好き？）
Let's go to karaoke tonight.（今夜、カラオケに行こうよ）

誘われたら、
Why not? I love karaoke.（いいね。カラオケは大好きなんだ）
Let's have some fun!（パーッと騒ごうよ！）

● カラオケボックスに到着。受付で、
How long shall we keep the room?
（何時間にする？）
Maybe two hours is good enough.
（2時間で充分じゃないかな）

● さあ、始めましょう！
Who sings first?（最初に歌うのは誰？）
Would you start off?（あなたから始めてよ）
Can you pass me the list of songs?
（曲のリストを回してよ）
It's finally my turn.（やっと僕の番だ）

だんだん盛り上がってきました。
Let's sing a duet.（デュエットしようよ）
You're a great singer!（すごくうまいね!）

すっかりノッている人もいます。
Once he starts singing, he never releases the microphone.（彼、マイクを握ったら離さないんだ）
That's her best song.（あの歌は、彼女の十八番なんだよ）

でも、中には控えめな人も…
I'm tone-deaf.（私、音痴なの）

● あっという間に時は過ぎ…
It was so much fun!（すごく楽しかったわ！）
We should do this again.（またやろうね）
I'm sure I'll have a hoarse voice tomorrow.
（明日はきっと、声がガラガラだよ）

　　　　　　…お疲れさまでした。

第5章
こんなとき何と言う

- I 電話で話す
- II 覚えて便利な英語表現
- III トラブルを切り抜ける

I

電話で話す

電話をかける

もしもし、こちらは斎藤愛子です。	**Hello. This is Aiko Saito.** ➡ 電話で名乗るときは、I am ...ではなく This is ...と言う。 = Hello. This is Aiko Saito calling.
僕、裕司だよ。	**It's me, Yuji.** ➡ ごく親しい人との間で使う表現。
ABC社の高木浩一です。	**This is Koichi Takagi of ABC Company.** ➡「ABC社の〜です」と名乗るには、... of (from) ABC Companyと言う。
レベッカ・ジョーンズさんですか？	**Is this Ms. Rebecca Jones?** ➡ 電話をかけたときに相手を確かめるには、Are you ...?ではなくIs this ...?と尋ねる。
もしもし、デビッド？	**Hello, David?** ➡ 親しい人に電話をかけたときの言い方。語尾を上げて"Hello, David?(♪)"と発音する。
ジャック・ミラーさんのお宅ですか？	**Is this Mr. Jack Miller's residence?** ➡ residenceは「住居」の意味。話したい相手の自宅に電話をかけたときに言う。
マーク・ライアンさんのオフィスですか？	**Is this Mr. Mark Ryan's office?** 🅒 Is this Mr. Mark Ryan's office? （マーク・ライトさんのオフィスですか？） 🅡 Yes, it is. （はい、そうです）

第5章 こんなとき何と言う

電話で話す

フィールズさんをお願いしたいのですが。	**May I speak to Mr. Fields, please?** = Could I speak to Mr. Fields, please? = I'd like to speak to Mr. Fields. = Can I talk to Mr. Fields?
フィールズさんをお願いします。	**Mr. Fields, please.** ▶ 電話で話したい相手を告げるときの、最も短い言い方。 * Sales Department, please. （営業部をお願いします）
リサはいますか？	**Is Lisa there?** = Is Lisa in? ▶ 友人など、親しい相手に電話をかけたときに使う。
ウェルズさんにつないでください。	**Please connect me with Mr. Wells.** ▶「〜に電話をつないでください」は、connect me with (to) ...、put me through to ...と言う。 = Could you put me through to Mr. Wells?
フォードさんと連絡をとりたいのですが。	**I'd like to get through to Ms. Ford.** ▶ get through to ...は「〜に電話で連絡をとる」の意味。
内線516をお願いします。	**Could you connect me to extension 516?** = Extension 516, please.
輸出部の方をお願いします。	**I'd like to talk to someone in the Export Department.**
配送担当の方をお願いします。	**Could I speak to someone in charge of delivery?**
支払いについての問い合わせは、この番号でよろしいですか？	**Is this the right number to inquire about payment?** ▶ inquire about ...は「〜について問い合わせる」。

第5章 こんなとき何と言う

電話に出る

電話が鳴っているわ。	**The phone is ringing.**
僕が出るよ。	**I'll answer it.** ➡ 「電話に出る」は、answer the phone。 = I'll get it.
あなた出てくれない？	**Can you pick it up?** ➡ ここではpick upは「電話をとる」の意味。 = Can you answer it?
私は今、出られないのよ。	**I can't come to the phone right now.** 🗣 Can you pick it up? （君、出てくれる？） 🗣 I can't come to the phone right now. （私は今、出られないのよ）
ABC社です。ご用件をどうぞ。	**ABC Company. May I help you?** ➡ オフィスで電話を受けるときは、相手が名乗る前に自分の会社名を言う。家庭で電話に出るときは、"Hello." だけでよい。
はい、私です。	**Speaking.** ➡ 電話に出たら、それが自分宛てだった、という場合に言う。 = This is he.（男性の場合） = This is she.（女性の場合） 🗣 Hello. Is Kimiko there? （もしもし、貴美子さんはいますか？） 🗣 Speaking. （はい、私です）
代わりました、田村です。	**Hello, Tamura speaking.** ➡ 取り次がれた電話に出るとき。
すみません、よく聞こえないのですが。	**Sorry, I can't hear you very well.**

第5章 こんなとき何と言う

I 電話で話す

どちらさまですか？	**Who's calling?**
	= May I ask who's calling?
	= May I have your name, please?
	☺ May I speak to Masato, please? （真人さんをお願いします）
	☺ Who's calling?（どちらさまですか？）

お名前のスペルをお願いします。	**Could you spell your name, please?**
	➡ 外国人の名前は間違えやすいので、このように尋ねて書き留めれば確実。
	= How do you spell your name?
	☺ Could you spell your name, please? （お名前のスペルをお願いします）
	☺ It's H-O-R-N, Horn.（H-O-R-N、ホーンです）

XYZ社のホーン様ですね。	**You are Mr. Horn of XYZ Corporation, is that correct?**
	➡ 相手の名前と会社名を復唱し、"... is that correct?"と確認する。

どちらの前田にご用でしょうか？	**Which Maeda would you like talk to?**
	➡ 前田という人が複数いる場合に言う。

前田という者は二人いるのですが。	**We have two Maedas here.**
	☺ Could I speak to Mr. Maeda, please? （前田さんをお願いしたいのですが）
	☺ We have two Maedas here. Shin Maeda and Yasushi Maeda. （前田という者は二人いるのですが。前田伸と前田靖史です）

ご用件をうかがえますか？	**May I ask what it is about?**
	☺ I'd like to talk to the president of the company.（社長をお願いします）
	☺ May I ask what it is about? （ご用件をうかがえますか？）

少々お待ちください。	**Hold on, please.**
	➡ 電話で「少々お待ちください」というときの決まり文句。
	= Just a moment, please.
	= Just a second, please.
	= One moment, please.

第5章 こんなとき何と言う

電話を取り次ぐ

浩美に代わります。	**I'll put Hiromi on.** ➡「〜に電話を代わる」は、put ... on。 = I'll get Hiromi for you.
ちょっと待ってね。一郎を呼んでくるから。	**Just a moment, I'll go get Ichiro.**
クリス、君にだよ。	**Chris, it's for you.** 😃 Chris, it's for you. （クリス、君にだよ） 😐 Who is it? （誰から？）
マーサから電話だよ。	**You've got a call from Martha.** = It's Martha on the line.
後でかけ直すことにする？	**Do you want to call her back?** ➡「後で電話をかけ直す」は、call back。 😃 I'm taking a shower now. （今、シャワーを浴びているんだ） 😐 Do you want to call her back? （後でかけ直すことにする？）
XYZ社のウィルソンさんからお話です。	**You have a call from Mr. Wilson of XYZ Company.** = There's a call for you from Mr. Wilson of XYZ Company.
1番に電話が入っています。	**There's a call for you on line one.** = You have a call on line one.
ピアスさんから2番にお電話です。	**Mr. Pierce is on line two.** = Pick up line two. It's Mr. Pierce.
おつなぎします。	**I'll connect you.** = I'll put you through.
内線458におつなぎします。	**I'll connect you to extension 458.**

第5章 こんなとき何と言う

I 電話で話す

佐々木におつなぎします。	**I'll put you through to Mr. Sasaki.** ➡ put you through to ... で「この電話を〜につなぐ」。
担当の者におつなぎします。	**I'll connect you to the person in charge.** ❓ I'd like to inquire about your invoice. （御社からの請求書についてうかがいたいのですが） 💬 I'll connect you with the person in charge. （担当の者におつなぎします）
電話をお回しします。	**I'll transfer your call.**
お客様係に電話をお回しします。	**I'll transfer your call to Customer Service.**
営業部は番号が別になっています。	**The Sales Department has a different number.** ❓ Would you put me through to the Sales Department? （営業部につないでください） 💬 The Sales Department has a different number. （営業部は番号が別になっています）
その件については、経理部におかけください。	**Please call the Accounting Department on that matter.** ❓ I'd like to ask your company bank account number. （御社の銀行口座をうかがいたいのですが） 💬 Please call the Accounting Department on that matter. （その件については、経理部におかけください）
番号を申し上げます。	**Let me give you the number.** = I'll give you the number.
一度電話を切って、その番号におかけ直しください。	**Please hang up and call that number.** ➡ 「(電話を)切る」は、hang up。 ✱ Can I hang up now and call you back later? （一度電話を切って、後からかけ直してもいい?）

199

第5章 こんなとき何と言う

本人が電話に出られない

彼女は今、留守なんですが。	**She's not at home right now.**
	= She's not here right now.
	🗣 May I speak to Yoko? （洋子さんをお願いします）
	🗣 She's not at home right now. （彼女は今、留守なんですが）

いつ頃戻られますか？	**When is she coming back?**
	= When do you expect her back?
	= Do you know what time she'll be back?

もうすぐ戻るはずです。	**She should be back soon.**

折り返し電話をさせましょうか？	**Shall I have her call you back?**
	= Shall I tell her to call you back?

帰り次第、電話をさせます。	**I'll have her call you as soon as she comes back.**

ただいま、別の電話に出ております。	**He's on another line right now.**
	🗣 Could I speak to Mr. Miura? （三浦さんをお願いします）
	🗣 I'm sorry, but he's on another line right now. （すみません。ただいま、別の電話に出ております）

すみませんが、ただいま話し中です。	**I'm sorry, but his line is busy now.**

このままお待ちになりますか？	**Would you like to hold?**
	▶ ここでは、holdは「電話を切らずに待つ」の意味。
	= Would you like to wait?
	🗣 Would you like to hold? （このままお待ちになりますか？）
	🗣 All right. I'll wait. （わかりました。待つことにします）

第5章 こんなとき何と言う

I 電話で話す

すみません、ただいま手が離せないようなのですが。	I'm sorry, he's tied up at the moment.
ただいま席をはずしております。	He's not at his desk right now. = He's away from his desk now.
社内にいるのですが、席を離れています。	He's in the office but not at his desk.
ただいま外出しております。	He's not in right now. = He's out right now.
ただいま会議中です。	He's in a meeting right now.
昼食に出ておりますが。	He's out to lunch. ➡ out to lunchは「昼食で外出中」の意味。
1時間ほどで戻るはずです。	**He should be back in an hour.** ＊ He should be back in the afternoon. （午後には戻るはずです） ＊ He should be back around three o'clock. （3時頃には戻るはずです）
今週は出張に出ています。	He's away on business this week. = He's on a business trip this week.
すみませんが、まだ出社しておりません。	I'm sorry, but he's not in yet.
今日はもう、社には戻りません。	He's left for the day. ➡ 外出していて、その日は会社に戻らない場合。 = He won't be back in the office today.
今日はもう帰宅しました。	He's gone home for the day.
今日は休みをとっております。	He's off today. = He's taken a day off today.
休暇中です。	He's on vacation.

201

第5章 こんなとき何と言う

メッセージを残す・受ける

何か伝言はありますか？	**May I take a message?** = Should I take a message? = Would you like to leave a message?
あとでまたかけます。	**I'll call back later.** = I'll call again later. = I'll try again later.
伝言をお願いできますか？	**May I leave a message?** = I'd like to leave a message. ☺ May I leave a message? 　（伝言をお願いできますか？） ☺ Sure, go ahead. 　（ええ、どうぞ）
平田健と申しますが、電話があったことをお伝えください。	**This is Ken Hirata. Please tell him I called.** = Would you tell him that Ken Hirata called?
伝えておきます。	**I'll give him your message.**
電話があったことを伝えておきます。	**I'll tell him you called.**
電話をくださるようお伝えください。	**Please tell him to call me back.** = Could you ask him to call me back?
あなたの電話番号を教えていただけますか？	**May I have your number?** = May I ask your number?
慎吾はあなたの電話番号を知っていますか？	**Does Shingo know your number?** = Does Shingo have your number?

第5章 こんなとき何と言う

I 電話で話す

あなたの連絡先はどこですか？	**How can he get in touch with you?** ➡「〜と連絡をとる」には、get in touch with ...、make contact with ...の言い方がある。 = How can he make contact with you?
念のため、私の電話番号を言っておきます。	**I'll leave my number just in case.** ➡ just in caseは「念のため」。
私の電話番号は889-0011です。	**My number is 889-0011.** ➡ 電話番号を伝えるときは、数字をひとつずつ言う。
繰り返します。889-0011ですね？	**Let me repeat. It's 889-0011, right?**
電話は遅くなっても構いません。	**He can call me late at night.** 😊 He may come home late tonight. （今夜は帰りが遅くなるかもしれません） 😊 He can call me late at night. （電話は遅くなっても構いません）
私の携帯に電話をくださるようお伝えください。	**Please tell him to call my cellular phone.** ➡「携帯電話」はcellular phone。略してcellular、cell phoneとも言う。
留守中にお電話をいただきましたので。	**I'm returning his call.** ➡「（留守中にお電話をいただきましたので）彼にかけ直しています」という意味。 😊 Sorry, Mr. Allen is out right now. （すみません、アレンはただいま外出中です） 😊 I'm returning his call. I'll try again later. （留守中にお電話をいただきましたので。またあとでかけます）
彼女に至急、連絡をとりたいのですが。	**I have to contact her immediately.** = I need to speak to her as soon as possible.
何とか連絡する方法はありませんか？	**Is there any way I can reach her?**

203

第5章 こんなとき何と言う

メッセージを伝える

電話はあった？	**Did I get any phone calls?** ▶ 外出先から自宅やオフィスなどに戻ったときに言う。 = Did anybody call me?
ラリーから電話があったよ。	**Larry called you.** = You had a call from Larry.
留守の間に、ローラから電話があったわよ。	**Laura called you while you were out.**
彼女、何か言ってた？	**Did she leave a message?** ◎ Did she leave a message? （彼女、何か言ってた？） ◎ No, she said it's okay. （いいえ、「結構です」って。）
また電話する、って言ってたよ。	**She said she'll call back later.** = She said she'll call again.
電話がほしい、って言ってたよ。	**She wants you to call her back.** = She's expecting your call.
伝言があったわよ。	**He left a message for you.**
彼、今日中にあなたと話がしたいそうよ。	**He said he wants to talk to you today.** ◎ He said he wants to talk to you today. （彼、今日中にあなたと話がしたいそうよ） ◎ All right, I'll call him right now. （わかった、今すぐ電話するよ）
留守番電話が点滅しているぞ。	**The answering machine is flashing.** ▶「留守番電話」は、answering machine。
でも、メッセージは残っていないな。	**But there's no message.**

誰が電話してきたんだろう。	I wonder who called me.
会議中に電話はありましたか？	Did I get any phone calls while I was in the meeting? = Any phone calls during the meeting?
ミラーさんからの電話を待っているんだけど。	I'm expecting a call from Mr. Miller. = I'm waiting for a call from Mr. Miller.
電話は何件かありました。	You had a couple of calls. = There were some calls for you.
机の上にメモを置いておきました。	I put a note on your desk.
ABC電機のカーターさんがメッセージを残されました。	Mr. Carter of ABC Electric left a message for you.
緊急の用件だそうです。	He said it's urgent.
彼の秘書に連絡してほしい、とのことです。	He wants you to call his secretary. ☺ How can I get in contact with him? （どうすれば彼と連絡がとれるのかな？） ☺ He wants you to call his secretary. （彼の秘書に連絡してほしい、とのことです）
明日の面会の約束を確認するための電話でした。	He called to confirm tomorrow's appointment with you.
携帯に連絡してほしい、とのことです。	He would like you to call his cellular phone.
番号はこちらです。	Here's the number. ☺ I don't know the number of his cellular. （彼の携帯の番号は知らないんだ） ☺ Here's the number. （番号はこちらです）

第5章 こんなとき何と言う

I 電話で話す

第5章 こんなとき何と言う

話を切り出す・電話を切る

今、話しても いい？	**Is this a good time to talk to you?** = May I talk to you now?
お邪魔にならないといいのだけど。	**I hope I'm not disturbing you.** 😊 I hope I'm not disturbing you. （お邪魔にならないといいのだけど） 😊 No, not at all. （いや、構わないよ）
お仕事中、お邪魔してごめんなさい。	**Sorry to bother you when you're at work.**
こんなに朝早く電話してごめんなさい。	**Sorry for calling you this early.** ＊ Sorry for calling you this late. （こんなに夜遅く電話してごめんなさい）
起こしてしまったかな？	**Did I wake you up?** 😊 Did I wake you up? （起こしてしまったかな？） 😊 No, I've been awake. （いや、起きていたよ）
話をするのは久しぶりだね。	**I haven't talked with you for a long time.** 😊 I haven't talked with you for a long time. （話をするのは久しぶりだね） 😊 Yeah, how have you been? （そうだね、元気だった？）
昨日、電話をかけ直さなくてごめんね。	**Sorry that I didn't call you back yesterday.** = Sorry that I didn't return your call yesterday.
留守番電話を聞いたよ。	**I heard your message on my answering machine.**
メッセージを受け取ったよ。	**I received your message.** 🔶 相手がほかの人に託したメッセージを受け取った場合。

第5章 こんなとき何と言う

第I章 電話で話す

悪いけど、今、手が離せないの。	**I'm sorry, but I'm tied up right now.** 😊 May I talk to you now? （今、話をしてもいい？） 😞 I'm sorry, but I'm tied up right now. （悪いけど、今、手が離せないの）
30分ぐらい後でかけ直していいかしら？	**Could I call you back in 30 minutes or so?** 😊 Could I call you back in 30 minutes or so? （30分ぐらい後でかけ直していいかしら？） 😞 Okay, I'll wait for your call. （わかった、電話を待ってるよ）
どこからかけているの？	**Where are you calling from?**
電話を待っていたんだよ。	**I was expecting your call.** = I was waiting for your call.
来週のパーティーの件で電話しているんだけど。	**I'm calling you about the party next week.**
ちょっと待って。誰か来たわ。	**Could you hold on a second? Somebody is at the door.** ➡ 電話で話している途中で玄関のドアが鳴ったときに言う。 = Just a second. I have to answer the door.
そろそろ失礼しなくては。	**I have to go now.** = I'd better let you go.
お話しできてよかったです。	**Nice talking to you.** = It was good talking to you.
お電話ありがとうございました。	**Thank you for calling.** ➡ 相手から電話をもらったときは、このように言ってから切る。 = Thank you for your call.
電話をかけ直していただき、ありがとうございました。	**Thank you for calling me back.** = Thank you for returning my call.

間違い電話・電話のトラブル

番号をお間違えですよ。	**You've got the wrong number.** = You've dialed the wrong number.
何番におかけですか？	**What number are you calling?**
そのような名前の者はおりませんが。	**There's no one here by that name.** 😊 May I speak to Mr. Arai?（荒井さんをお願いします） 😐 There's no one here by that name.（そのような名前の者はおりませんが）
当社には中井という者はおりません。	**There's no Nakai in this office.** = There's no one named Nakai in this office.
すみません、間違えました。	**Sorry, I've dialed the wrong number.** = Sorry, I must have misdialed.
電話が遠いね。	**You sound far away.**
雑音が入るんだ。	**There's noise on the line.** 😊 Can you hear me?（私の声、聞こえる？） 😐 Not very well. There's noise on the line.（あまりよく聞こえないよ。雑音が入るんだ）
接続がよくないみたいだね。	**I think we have a bad connection.**
失礼しました。電話が切れてしまいました。	**I'm very sorry. The line was disconnected.** ➡ 転送などで電話が切れてしまった場合には、かけ直してこのように言う。 = I'm very sorry, we were cut off.
英語が話せる者に代わります。	**Someone who speaks English will talk with you.** = One of our English-speaking staff will talk with you.

第5章 こんなとき何と言う

キーワード

I 電話で話す

電話

電話をかける	call
電話をかけ直す	call back
(電話に) 出る	answer
(電話を) 切らずに待つ	hold
(電話を) つなぐ	connect
(電話を) 切る	hang up
(回線が) 切れる	be disconnected
転送する	transfer
(電話を) かけ間違える	misdial
間違い電話	wrong number
話し中の	busy
外線	outside line
内線 (番号)	extension
市内通話	local call
長距離通話	long distance call
市外局番	area code
国番号	country code
電話会議	conference call
交換手	operator
コレクトコール	collect call
指名通話	person-to-person call
留守番電話	answering machine
キャッチホン	call waiting
ナンバーディスプレイ	caller ID
電話帳	telephone directory
職業別電話帳	Yellow Pages
無料通話番号	toll-free number

II

覚えて便利な英語表現

年月日

お誕生日はいつ？	**When is your birthday?**
5月26日です。	**It's May 26th.** ➡ 「○月×日」は、「月・日」の順に言うのが一般的。日を表す数字は1st、2nd、3rd...の序数を使うため、「５月２６日」は"May twenty-sixth"と言う。
2月19日です。	**It's the 19th of February.** ➡ 「○月×日」を表すもうひとつの言い方。日を表す数字の前にtheをつける。 = It's February 19th.
娘の誕生日は2000年3月3日です。	**My daughter's birthday is March 3rd, 2000.** ➡ 「2000年」は、"two thousand"。
私は1971年10月16日生まれです。	**I was born on October 16th, 1971.** ➡ 「生まれる」はbe born。西暦は、1011年以降は通常2桁ずつ区切って言う。「1971年」は、"nineteen seventy-one"。
私は1985年に大学を卒業しました。	**I graduated from university in 1985.** ➡ 「1985年」は、"nineteen eighty-five"。
次の会合は6月28日、金曜日です。	**The next meeting will be on Friday, June 28th.** ➡ 「○月×日、△曜日」と言うときは、曜日を月日の前に言う。

第5章 こんなとき何と言う

II 覚えて便利な英語表現

毎月第2・第4水曜日には水泳教室があります。	I have swimming lessons on the second and the fourth Wednesdays of each month.
今度の日曜日は、一日中家にいるよ。	I'll be at home all day next Sunday. ➡「一日中」は、all day。
水曜日の午後、時間ある？	Do you have time on Wednesday afternoon? ➡「○曜日の午後に」は、"on ...day afternoon"。
土曜日の朝、テニスをしない？	Do you want to play tennis on Saturday morning?
6月の上旬は忙しいんだ。	I'll be busy at the beginning of June. ➡「○月上旬」は、at the beginning of ...。in early ...とも言う。 = I'll be busy in early June.
中旬なら時間があるよ。	I'll have time in the middle of the month. ➡「中旬に」は、in the middle of ...。 = I'll be available in the middle of the month.
6月の下旬にニューヨークへ行きます。	I'll go to New York at the end of June. ➡「○月下旬に」は、at the end of ...。
今日は何日だっけ？	What's today's date? = What's the date today?
23日です。	It's the 23rd. ➡「○日」と日付だけを言うときは、数字の前にtheをつける。
今日は何曜日？	What day is it today? 😃 What day is it today? （今日は何曜日？） 😃 It's Tuesday. （火曜日です）

第5章 こんなとき何と言う

時間

今、何時ですか？	**What time is it now?** = Do you have the time?
7時です。	**It's seven o'clock.** ➡ 「7時」、「10時」などの定時には、数字の後にo'clockをつける言い方がある。
ちょうど10時です。	**It's exactly ten o'clock.**
8時35分です。	**It's eight thirty-five.**
10時5分です。	**It's ten-oh-five.** ➡ [ten-ou-faiv]と読む。「○時1分」から「○時9分」までの言い方。 = It's five after ten. = It's five past ten.
3時15分です。	**It's a quarter past three.** ➡ quarterは「4分の1」の意味で、「15分」(1時間の4分の1)を指す。 = It's three-fifteen.
3時15分前です。	**It's a quarter to three.** ➡ 「○時×分前」と言うときの「～前」にはtoまたはofを使う。 ＊ It's ten of three. (3時10分前です)
もうすぐ正午です。	**It's almost noon.** ➡ 「正午」はnoon、「夜中の12時」はmidnight. ＊ It's almost midnight. (もうすぐ零時です)
僕の時計では5時半だ。	**My watch says five-thirty.** = My watch says half past five. = It's five-thirty by my watch.
9時過ぎです。	**It's a little past nine.**

第5章 こんなとき何と言う

もう6時を過ぎたよ。	**It's already after six.**

😊 It's already after six.
（もう6時を過ぎたよ）
🙂 Oh, I have to go home.
（あら、家に帰らなくちゃ）

| その時計は5分進んでいるよ。 | **The clock is five minutes fast.** |

😊 The clock is five minutes fast.
（その時計は5分進んでいるよ）
🙂 Right. I'll correct it.
（そうだね。直しておこう）

| その時計は2〜3分遅れているよ。 | **The clock is a few minutes slow.** |

= The clock is a few minutes behind.

| あの時計、合ってる？ | **Is that clock correct?** |

| 何時に？ | **At what time?** |

😊 I've reserved a tennis court for tomorrow.
（明日のテニスコートを予約したよ）
🙂 At what time? （何時に？）

| そろそろ失礼する時間です。 | **It's time to go now.** |

= It's about the time to leave.

| 時間がないのよ。 | **I don't have time.** |

= I have no time.
= I haven't got time.

| 時間がなくなってきたよ。 | **I'm running out of time.** |

= Time is running out.

| もう時間だ。 | **Time is up.** |

😊 Can you wait for five more minutes?
（あと5分待ってくれる？）
🙂 I can't. Time is up.
（ダメだよ。もう時間だ）

| 時は金なり。 | **Time is money.** |

➡ 時間の貴重さを表すことわざ。

| 光陰矢の如し。 | **Time flies.** |

➡「時が経つのは早いもの」という意味。

Ⅱ 覚えて便利な英語表現

第5章 こんなとき何と言う

天気

そちらの天気はどう？	**What's the weather there?** 😊 What's the weather there? （そちらの天気はどう？） 😊 It's very good. （とてもいい天気だよ）
いい天気だね。	**Beautiful day, isn't it?** = Nice day, isn't it? = Lovely weather, isn't it? 😊 Beautiful day, isn't it?（いい天気だね） 😊 Yes, it sure is.（ええ、本当に）
何ていい天気なんだろう！	**What a beautiful day!** = What nice weather!
この天気が続くといいね。	**I hope this weather will last.** ➡ lastは「続く、持続する」の意味。 = I hope the weather will stay like this.
午後には晴れるよ。	**It'll clear up in the afternoon.** = It'll be sunny in the afternoon.
ひどい天気だね。	**Terrible weather, isn't it?** = Awful weather, isn't it? = Nasty weather, isn't it?
今日、雨が降るかな？	**Is it going to rain today?** 😊 Is it going to rain today? （今日、雨が降るかな？） 😊 It might. Take your umbrella. （降るかもね。傘を持っていきなさい）
天気予報を見てみよう。	**Let's check the weather forecast.** ➡ 「天気予報」はweather forecast。
ひと雨きそうだよ。	**It looks like we're going to have a shower.** ➡ showerは「にわか雨、夕立」。
だんだん曇ってきたね。	**It's getting cloudy.**

第5章 こんなとき何と言う

急に曇ってきたよ。	**It's suddenly clouded over.**
雨にならないといいんだけど。	**I hope it won't rain.** = I hope it's not going to rain.
いまにも雨が降り出しそうだ。	**It looks as if it's going to rain at any moment.** ➡ 「いまにも」は、at any moment = It looks like we're going to have a shower any minute.
雨が降り始めたよ。	**It started raining.** ⇔ It stopped raining. （雨がやんだよ） ☺ It started raining. （雨が降り始めたよ） ☹ Oh, no! I have to take in the laundry. （しまった！洗濯物を取り込まなくちゃ）
雨が降っているわ。	**It's raining.**
ひどい雨だ。	**It's pouring rain.**
夕立に遭っちゃったよ。	**I was caught in a shower.**
風が強いね。	**The wind is very strong.** = The wind is really blowing.
天気次第だよ。	**It depends on the weather.** ➡ depend on ...は「〜による、〜次第である」。 ☺ Are you going to the beach tomorrow? （明日、海に行くの？） ☹ It depends on the weather. （天気次第だよ）
明日のバーベキューは、雨が降ったら中止だよ。	**The barbecue tomorrow will be cancelled in case of rain.** ➡ in case of ...は「〜の場合は」の意味。 = We'll cancel the barbecue tomorrow if it rains.
天気予報がはずれたわ。	**The weather forecast was wrong.**

Ⅱ 覚えて便利な英語表現

第5章 こんなとき何と言う

気候

暖かくなってきたね。	**It's getting warmer.** ⇔ It's getting colder. （寒くなってきたね）
暖かくていい天気だ。	**It's nice and warm.**
もうすぐ春だね。	**Spring is coming.**
今日はコートはいらないよ。	**No need for a coat today.**
すごく暑いね。	**It's extremely hot.** = It's terribly hot.
蒸し暑いよ。	**It's hot and humid.** ▶ humidは「湿気のある、蒸す」の意味。 = It's muggy.
今日も暑くなりそうだ。	**It's going to be another hot day.** 🗨 The sun is very strong.（日差しがすごく強いわ） 🗨 It's going to be another hot day.（今日も暑くなりそうだ）
暑いのは苦手なの。	**I can't take hot weather.** ⇔ I don't mind hot weather.（暑いのは平気なの）
この暑さには耐えられないよ。	**I can't stand this heat.** = This heat is unbearable.
この暑さ、いつまで続くんだろう。	**I wonder how long this heat will last.**
涼しくなってきてうれしいわ。	**I'm glad it's getting cool.**
今日は少し肌寒いね。	**It's a bit chilly today.** ▶ chillyは「冷えびえする」。

216

第5章 こんなとき何と言う

4月だというのに、すごく寒いね。	**It's very cold for April.**
凍えそうに寒いよ。	**It's freezing.**
今年の冬は、いつもより寒いよ。	**This winter has been colder than usual.** = It has been unusually cold this winter.
そんな格好で寒くないの？	**Aren't you cold dressed like that?**
気温は何度？	**What's the temperature?** ❓ What's the temperature? （気温は何度？） 💬 It's 20 degrees. （20度だよ）
ニューヨークの冬は寒いの？	**Is it cold in New York in the winter?** ❓ Is it cold in New York in the winter? （ニューヨークの冬は寒いの？） 💬 Yes, it's much colder than in Tokyo. （うん、東京よりずっと寒いよ）
気温が氷点下になることもあるんだ。	**Sometimes, the temperature drops below zero.** ❓ How cold is it in Chicago in December? （12月のシカゴはどれぐらい寒いの？） 💬 Sometimes, the temperature drops below zero. （気温が氷点下になることもあるんだ）
梅雨に入りました。	**The rainy season has set in.** ⇔ The rainy season is over. （梅雨が明けました）
季節の変わり目は天気が不安定だね。	**The weather is changeable at the turn of the seasons.** ➡ 「季節の変わり目」はthe turn of the seasons。
このあたりは冬に雪が多いんだ。	**We have much snow in the winter around here.** = It snows a lot in the winter around here.

II 覚えて便利な英語表現

第5章 こんなとき何と言う

いい性格

彼ってどんな人？	**What is he like?** = What sort of person is he?
感じがいい人よ。	**He's nice.** = He's a nice person.
誰にでも親切なの。	**He's kind to everybody.** = He's nice to everyone.
性格がいいのよ。	**He has a good personality.**
誠実な人よ。	**He's an honest person.** = He's a sincere person.
気さくな奴だよ。	**He's very friendly.**
礼儀正しい人よ。	**He's polite.** = He's a gentleman.
頼りになるのよ。	**He's reliable.** = He's dependable.
思いやりがあるのよ。	**He's thoughtful.** = He's considerate.
人気者だよ。	**He's a popular guy.** = Everybody likes him.
尊敬できる人だ。	**He's respectable.** * He's respected by everybody. （みんなから尊敬されているんだ）
努力家だよ。	**He's a hard worker.** = He's a hardworking person.
彼、子煩悩なんだよ。	**He's a loving father.** = He's a good father. = He loves his children very much.

彼女のこと、どう思う？	**What do you think of her?**
魅力的だよ。	**She's attractive.** = She's charming.
愛想がいいね。	**She's amiable.**
優しい人よ。	**She's a caring person.**
心の暖かい人よ。	**She's a warm-hearted person.**
付き合いやすい人だよ。	**She's easy to get along with.**
ユーモアのセンスがあるんだ。	**She has a good sense of humor.** ⓒ I always enjoy Ms. Hunt's lectures. (ハント先生の講義はいつも楽しいね) ⓑ Yeah, she has a good sense of humor. (うん、彼女にはユーモアのセンスがあるんだ)
頭が切れるんだ。	**She's very sharp.** = She's witty.
とても頭がいいのよ。	**She's very smart.** = She's very clever.
考え方が柔軟だよ。	**She's flexible in her thinking.**
彼女は顔が広いんだ。	**She has a large circle of acquaintances.** ⓒ It seems like Ally knows everybody here. (アリーはここにいるみんなを知っているみたいだね) ⓑ Yes, she has a large circle of acquaintances. (ああ、彼女は顔が広いんだ)
責任感が強い人だよ。	**She has a strong sense of responsibility.**
大らかな人よ。	**She's a big-hearted woman.**
生活を楽しんでいるわね。	**She enjoys her life very much.**

第5章 こんなとき何と言う

悪い性格

彼って意地悪なのよ。	**He's mean.**
	= He's nasty.

嫌な奴なんだ。	**He's obnoxious.**
	= He's a pain.

退屈な人よ。	**He's boring.**

彼って変な人ね。	**He's weird.**
	= He's strange.

あいつ、すごく頑固なんだ。	**He's so stubborn.**
	🗨 He's so stubborn. （あいつ、すごく頑固なんだ。）
	🗨 I know. He should be more flexible. （そうよね。もっと融通をきかせるべきだわ）

短気なのよ。	**He's short-tempered.**
	= He's quick-tempered.

優柔不断だよ。	**He's so indecisive.**

がさつな奴だよ。	**He's a rough person.**

無礼な人よ。	**He's rude.**
	= He's impolite.

あいつは図々しい。	**He's got a lot of nerve.**

常識が欠けているんだ。	**He lacks common sense.**
	▶ 「常識」はcommon sense。
	🗨 Don't you think Charles is weird? （チャールズって変な人だと思わない？）
	🗨 I agree. He lacks common sense. （同感だよ。常識が欠けているんだ）

あいつには頭が痛いよ。	**He's a headache.**
	▶ headacheには、「頭痛のたね、面倒な問題」という意味がある。

第5章 こんなとき何と言う

彼女ってわがままなのよ。	**She's selfish.** = She only thinks about herself.
自己中心的だよ。	**She's self-centered.**
おしゃべりだわ。	**She's too talkative.** = She talks too much.
せんさく好きなんだ。	**She's nosy.** = She's too curious.
人の噂話ばかりしているわ。	**She's gossipy.** ▶ gossipが「人の噂話」で、gossipyは「噂話が好きな」の意味。
言い方がきついよね。	**She has a sharp tongue.**
彼女、すぐ感情的になるんだ。	**She gets emotional so easily.** 🗨 Why is Emily so mad? （エミリーは、なぜあんなに怒っているんだろう？） 🗨 Don't worry. She gets emotional so easily. （気にするなよ。彼女、すぐ感情的になるんだ）
感情をすぐ顔に出すのよ。	**She shows her feelings easily.** = She wears her heart on her sleeve.
子供っぽいわ。	**She's childish.** ▶ childishは「子供っぽい、幼稚な」の意味で、人を批判するときに使う。「子供らしい、無邪気な」という、よい意味を表すのはchildlike。
自意識過剰だよ。	**She's too self-conscious.**
うぬぼれているのよ。	**She's conceited.**
心が狭いんだ。	**She's so narrow-minded.**
彼女ってケチだわ。	**She's cheap.** = She's stingy.

II 覚えて便利な英語表現

口げんか

わがまま言うなよ。	**Don't be so selfish.** 😊 I don't want to do this job. （私、この仕事はやりたくないわ） 😠 Don't be so selfish. We all have to do it. （わがまま言うなよ。全員でやらなければいけないんだ）
今さらそんなこと言わないでよ。	**Why are you telling me now?** 😊 I'm not going on the ski trip this weekend. （週末のスキー旅行、行かないことにするわ） 😠 Why are you telling me now? （今さらそんなこと言わないでよ）
ばか！	**You idiot!** = You dummy!
ばかなことを言わないでよ。	**Don't be silly.** = That's nonsense. = Don't talk nonsense. 😊 You go out with me for my money, don't you? （君は金が目当てで僕と付き合っているんだな） 😠 What? Don't be silly. （何ですって？ばかなことを言わないでよ）
ばかにもほどがあるよ。	**How can you be so silly?** 😊 I lent George some money. （ジョージにお金を貸したんだ） 😠 How can you be so silly? He'll never return it. （ばかにもほどがあるよ。あいつは絶対に返さないぞ）
ばかにするなよ。	**Don't make fun of me.**
それはこっちのセリフだ。	**That's my line.** 😊 I'm not sure if you can do this job. （君にこの仕事ができるのかな） 😠 That's my line. Don't screw up. （それはこっちのセリフだ。へまをするなよ）

第5章 こんなとき何と言う

おしゃべり！	**You talk too much!**
ウソをついていたのね。	**You lied to me.**
だましたんだな。	**You cheated me.**
私に何か隠しているわね。	**You are keeping something from me.** ➡ keep something from ...は、「～に隠し事をする」。
あなたって信用できないわ。	**I don't trust you.**
偉そうなことを言うなよ。	**Don't talk so big.** ➡ 「偉そうなことを言う」は、talk big。 ☺ I know everything about this project. （このプロジェクトについては、僕が何もかも知っているから） ☹ Don't talk so big. I'm the project manager. （偉そうなことを言うなよ。責任者は僕なんだ）
私に指図しないでよ。	**Don't tell me what to do.** ☺ You should stop seeing him. （彼と付き合うのはやめた方がいいよ） ☹ Don't tell me what to do. （私に指図しないでよ）
けんかを売っているのか？	**Are you trying to pick a fight with me?** ➡ 「～にけんかを売る」は、pick a fight with ...。
八つ当たりしないでよ。	**Don't take it out on me.** ➡ 「八つ当たりする」は、take it out on ...。
出て行け！	**Get out of here!**
逃げるなよ！	**Don't run away!** ☺ I'll talk with you some other time. （また別のときに話そう） ☹ Don't run away! I haven't finished. （逃げるなよ！まだ話は終わっていないんだ）

II 覚えて便利な英語表現

223

第5章 こんなとき何と言う

言い訳

言い訳するなよ。	**Stop making excuses.** = Don't make excuses. = No more excuses. 🅒 I've been busy with other things and ... （ほかのことで忙しくて、それに…） 🅑 Stop making excuses.（言い訳するなよ）
言い訳は聞きたくないわ。	**I don't want to hear your excuses.**
言い訳はもうたくさん。	**I've had enough of your excuses.** 🅒 There's another reason for it. （それにはもうひとつ理由があるんです） 🅑 I've had enough of your excuses. （言い訳はもうたくさん）
そんなの言い訳にならないよ。	**That's no excuse.** = That's not a good excuse. 🅒 I was late because of a traffic jam. （遅刻したのは、道路が混んでいたからなんです） 🅑 That's no excuse. （そんなの言い訳にならないよ）
適当に言い訳しておくよ。	**I'll make up some believable excuses.** 🅒 You're late again. The manager is mad. （また遅れたのね。部長が怒っているわよ） 🅑 I'll make up some believable excuses. （適当に言い訳しておくよ）
あいつは言い逃れがうまいんだ。	**He's good at talking his way out of things.**
ああ言えばこう言う、っていう奴なんだ。	**He's always ready to talk back.** ▶ talk backは「口答えする」。
へ理屈を言うなよ。	**Don't quibble.** ▶「へ理屈を言う」はquibble。
話をそらすなよ。	**Don't change the topic.**

キーワード

年月日・時間

年・月・日	year/month/day
週	week
日付	date
暦年	calendar year
会計年度	fiscal year
(時計が) 進んでいる	fast
(時計が) 遅れている	slow/behind
(時計が) 正確な	correct
時間に正確な	punctual

天気・気候

天気	weather
晴れた	fine/clear/fair
曇った	cloudy
雨 (が降る)	rain
雪 (が降る)	snow
雷	thunder
雷雨	thunderstorm
台風	typhoon
天気予報	weather forecast
気温	temperature
気候	climate
温暖な	mild
むしむしした	humid/stuffy
乾燥した	dry
冷えびえした	chilly
凍えそうな	freezing
梅雨	rainy season

III

トラブルを切り抜ける

言葉が通じない

今、英語を勉強中なんです。	**I'm studying English now.** = I'm learning English now.
英語は改めて勉強する必要があります。	**I need to brush up my English.** ➡ brush upは「〜の勉強をやり直す」。
英語はあまり話せません。	**I don't speak English very well.** = I'm not good at speaking English.
私の英語では不十分です。	**My English is not good enough.** 🗨 Do you speak English? （英語は話せますか？） 🗨 I speak a little, but my English is not good enough. （少し話せますが、私の英語では不十分です）
日本語を話せる人をお願いします。	**A Japanese-speaking person, please.** ➡ 「英語を話せる人」は、an English-speaking person
日本語を話せる人はいますか？	**Does anyone speak Japanese?** = Is there anyone who speaks Japanese? = Could I talk with someone who speaks Japanese?
紙に書いてもらえますか？	**Could you write it down?**
すみません、聞き取れなかったのですが。	**I'm sorry, but I couldn't catch that.** = Sorry, I missed that.

第5章 こんなとき何と言う

III トラブルを切り抜ける

話し方が速すぎてわかりません。	**You're speaking too fast for me.** 🅐 Are you following me? （私の言っていることがわかりますか？） 🅑 You're speaking too fast for me. （話し方が速すぎてわかりません）
"Weird"とはどういう意味ですか？	**What does "weird" mean?** 🅐 What does "weird" mean? （"weird"とはどういう意味ですか？） 🅑 It means "strange." （「変な」という意味ですよ）
それは英語で何と言うのですか？	**What do you call it in English?** = How do you say it in English? = How should I say it in English? = What's the English word for it? 🅐 You mean "onsen"? （「温泉」のことですか？） 🅑 Right. What do you call it in English? （そうです。それは英語で何と言うのですか？）
この単語はどのように発音するのですか？	**How do you pronounce this word?**
その単語のスペリングは？	**How do you spell that word?** = How is it spelled?
あの看板には何が書いてあるのですか？	**What does that sign say?**
ベルギーでは何語が使われているのですか？	**What language do they speak in Belgium?** 🅐 What language do they speak in Belgium? （ベルギーでは何語が使われているのですか？） 🅑 They speak French. （フランス語です）
あなたは英語以外の言葉を話されますか？	**Do you speak any languages besides English?**

第5章 こんなとき何と言う

注意をうながす

気をつけて！	**Be careful!** = Watch out! = Look out!
もっと気をつけなければいけないよ。	**You should be more careful.** = You should pay more attention.
足元に気をつけて。	**Watch your step.** = Be careful where you walk. * Watch your head. （頭上注意）
落とさないように気をつけてね。	**Be careful not to drop it.**
食べ物に気をつけて。	**Be careful what you eat.** 😊 Be careful what you eat. （食べ物に気をつけて） 😐 All right. I won't eat any uncooked food. （わかってる。生ものは食べないよ）
飲みすぎないでね。	**Don't drink too much.** 😊 I'll have a drink with Fred tonight. （今夜はフレッドと飲みに行くんだ） 😐 Don't drink too much. （飲みすぎないでね）
言葉に気をつけなさい。	**Be careful what you say.**
お金の使い方には気をつけなさい。	**Be careful how you spend money.**
あの男には気をつけろよ。	**Be careful of that guy.** 😊 Be careful of that guy. （あの男には気をつけろよ） 😐 Why? I think he's a nice person. （どうして？彼はいい人だと思うけど）

彼を甘くみてはダメよ。	**Don't underestimate him.**
	➡ underestimateは「過小評価する、みくびる」。

彼の言うことを本気にしてはダメだよ。	**Don't take him seriously.**
	ℂ Harry said he loves me. （ハリーが私のことを好きだ、って言ったの）
	ℂ Don't take him seriously. （彼の言うことを本気にしてはダメだよ）

この前のことを思い出してみなさい。	**Remember what happened last time.**
	ℂ I should buy this exercise machine. （このエクササイズ器具を買わなくちゃ）
	ℂ No, remember what happened last time. （ダメよ、この前のことを思い出してみなさい）

お金の無駄だよ。	**It's a waste of money.**
	＊ It's a waste of time. （時間の無駄だよ）

床が濡れています。	**The floor is wet.**

床が滑りやすくなっています。	**The floor is slippery.**
	➡ slipperyは「すべりやすい、つるつるした」。

危ないところだったわ。	**That was close.**
	➡ 直前で危険などを避けられたときに言う。
	ℂ Watch your step! （足元に気をつけて！）
	ℂ That was close. I almost fell. （危ないところだったわ。もう少しで転ぶところだった）

盗難に注意。	**Beware of theft.**
	➡ 混雑する場所などに掲示されている。
	＊ Beware of dog.（猛犬に注意）

持ち物から目を離さないようにね。	**Keep your eyes on your belongings.**
	➡「〜目を離すな」は、keep your eyes on …。

第5章 こんなとき何と言う

III トラブルを切り抜ける

第5章 こんなとき何と言う

助けを求める

助けて！	**Help!**
	➡ どのような状況でも、とっさに助けを求めるときに最も有効な言葉。 = Help me!
火事だ！	**Fire!**
非常口はどこ？	**Where's the emergency exit?**
	➡ 「非常口」は、emergency exitまたはfire exit。 😊 Where's the emergency exit? （非常口はどこ？） 😐 It's at the end of the hall. （廊下の突き当たりです）
万一に備えて、非常口を確認しておこう。	**Let's check the emergency exit just in case.**
緊急事態なんです。	**It's an emergency.**
エレベーターに閉じ込められました。	**I'm stuck in the elevator.**
	😊 I'm stuck in the elevator. （エレベーターに閉じ込められました） 😐 We'll send someone immediately. （すぐに誰かを行かせます）
警察を呼んでください。	**Please call the police.**
	＊ Please call an ambulance. （救急車を呼んでください） ＊ Please call a doctor. （医者を呼んでください）
とても困っているんです。	**I have a terrible problem.**
	= I'm in serious trouble.
君の助けが必要なんだ。	**I need your help.**
	😊 I need your help. （君の助けが必要なんだ） 😐 What do you want me to do? （何をすればいいの？）

第5章 こんなとき何と言う

III トラブルを切り抜ける

何とかしてください。	**Please do something about it.** 🔁 Please do something about it. （何とかしてください） 🔁 Let me try. （やってみましょう）
携帯電話を貸してもらえますか？	**Can I use your cellular phone?**
この書類の書き方を教えてください。	**Could you show me how to fill in this form?** ➡️ 「（書類など）に記入する」は、fill inまたはfill out。 = Can you help me to fill out this form? 🔁 Could you show me how to fill in this form? （この書類の書き方を教えてください） 🔁 Yes, here's the sample. （はい、こちらが見本です）
すみません、先に行かせてもらえますか？	**Excuse me. May I go first?** = Excuse me. May I go ahead of you? ➡️ 列で自分の前に並んでいる人などに言う。 🔁 Excuse me. May I go first? （すみません、先に行かせてもらえますか？） 🔁 Yes, go ahead. （ええ、どうぞ）
急いでいるんです。	**I'm in a hurry.** = I'm in a rush.
急いでください。	**Please hurry up.** = Please be quick.
どうしたの？	**What's the matter?** = What's the matter with you? = What happened? 🔁 What's the matter? （どうしたの？） 🔁 I can't find my wallet. （財布が見つからないんだ）
何か問題でもあるの？	**Is there any problem?** = Do you have a problem?

第5章 こんなとき何と言う

盗難にあったら

泥棒!	**Thief!**
	= Robber!
カバンを盗まれました。	**I had my bag stolen.**
	= My bag was stolen.
	= Somebody stole my bag.
カメラをひったくられました。	**I had my camera snatched away.**
	= I was robbed of my camera.
スリにやられました。	**I was pickpocketed.**
	➡ 「スリに遭う」は、be pickpocketed。
財布をすられました。	**I had my wallet lifted.**
	= Someone lifted my wallet.
強盗にあいました。	**I was held up.**
	= I've been robbed.
後ろから襲われたんです。	**I was attacked from behind.**
けがはありません。	**I have no injury.**
	= I'm not hurt.
	☏ Are you hurt? （けがはありますか？）
	☏ No, I have no injury. （いいえ、けがはありません）
外出中に部屋を荒らされました。	**Someone broke into my room while I was out.**
	➡ break into ...は「〜に侵入する」。
	= My room was broken into while I was out.
鍵が壊されました。	**The lock was broken.**
出かけるとき、鍵はかけました。	**I locked the door when I went out.**

第5章 こんなとき何と言う

III トラブルを切り抜ける

警備員を呼んでください。	**Call a security officer.**
	▶「警備員」は、security officerまたはsecurity guard。「警察官」は、police officer。

警察署はどこですか？	**Where's the police station?**

誰に知らせたらいいですか？	**Who should I report it to?**
	☪ Who should I report it to? （誰に知らせたらいいですか？） ☪ You need to go to the police station. （警察へ行く必要がありますね）

黒の旅行カバンです。	**It's a black overnight bag.**
	= It's a black traveling bag. ☪ What kind of bag was it? （どんなカバンでしたか？） ☪ It's a black overnight bag. （黒の旅行カバンです）

カメラと着替えが入っています。	**My camera and clothes are in it.**
	☪ What's in the bag? （カバンには何が入っていましたか？） ☪ My camera and clothes are in it. （カメラと着替えが入っています）

現金100ドルぐらいとクレジットカードが入っています。	**About 100 dollars in cash and my credit card are in it.**
	☪ How much money was in the wallet? （札入れにはいくら入っていましたか？） ☪ 100 dollars in cash and my credit card are in it. （現金100ドルぐらいとクレジットカードが入っています）

盗難証明書をつくってください。	**Please make a report on the theft.**
	= Please fill out a report on the theft.

保険会社への請求に必要なんです。	**I need it to make a claim to my insurance company.**
	▶「（補償などを）請求する」は、claim。 ＊ I need it to get compensation for my loss. （損害の補償を受けるために必要なんです。）

233

第5章 こんなとき何と言う

忘れ物・紛失をしたら

そちらのお店に財布を置き忘れました。	**I left my wallet in your store.** ➡「(ものを)置き忘れる」はleave。「置き忘れた」と言うには、leaveの過去形のleftを使う。
レジのところに置き忘れたのだと思います。	**I think I left it at the cashier.** 😊 Where did you leave it? (どこに忘れたのですか？) 🗨 I think I left it at the cashier. (レジのところに置き忘れたのだと思います)
確かめてください。	**Please check.**
すぐに取りにいきます。	**I'll come to pick it up right away.** ➡ ここでは、pick upは「受け取る」の意味。 = I'll come to get it right away.
レストランにコートを忘れてきたわ。	**I left my coat in the restaurant.** 😊 I left my coat in the restaurant. (レストランにコートを忘れてきたわ) 🗨 Call them now. Maybe it's still there. (すぐに電話するんだ。たぶん、まだそこにあるよ)
タクシーに忘れ物をしました。	**I left something in the taxi.**
書類が入った封筒です。	**It's an envelope with some papers in it.** 😊 What did you leave? (何を忘れたのですか？) 🗨 It's an envelope with some papers in it. (書類が入った封筒です)
乗ったのはABCホテルの前です。	**I got in the taxi in front of the ABC Hotel.**
飛行機の中に上着を置き忘れました。	**I left my jacket in the plane.**

第5章 こんなとき何と言う

III トラブルを切り抜ける

今日、ニューヨークに到着した011便です。	**I took flight 011 arriving New York today.** 🅒 Which flight did you take? （乗っていたのはどの便ですか？） 🅑 I took flight 011 arriving New York today. （今日、ニューヨークに到着した011便です）
遺失物係はどこですか？	**Where's the Lost and Found?**
見つかりましたか？	**Did you find it?** 🅒 Did you find it?（見つかりましたか？） 🅑 So far, we have no report of a white jacket. （今のところ、白い上着という報告はありませんね）
見つかったら連絡してください。	**Please call me when you find it.** 🅒 Please call me when you find it. （見つかったら連絡してください） 🅑 Write down your contact number. （連絡先の電話番号を書いてください）
日曜日の朝までABCホテルに滞在しています。	**I'll stay in the ABC Hotel until Sunday morning.**
クレジットカードをなくしました。	**I lost my credit card.**
カードを無効にしてください。	**Please cancel the card.** = I'd like you to cancel the card.
不正使用された場合はどうなりますか？	**What will happen if the card is used?** 🅒 What will happen if the card is used? （不正使用された場合はどうなりますか？） 🅑 You'll be compensated. （その分は補償されます）
カードの再発行をお願いします。	**I'd like the card reissued.** = Can I get the card reissued?

235

第5章 こんなとき何と言う

住まいのトラブル

停電だ。	**The power was cut off.**
	= The electricity is out.

電気がつかないわ。	**The light doesn't come on.**

たぶん、電球が切れているんだよ。	**Maybe the bulb is out.**
	➡ 「電球」は、light bulbまたはbulb。

取り替えなくちゃね。	**We have to replace it.**

ヒューズがとんじゃったよ。	**I've blown the fuse.**
	= The fuse has blown.

水が出ないよ。	**There's no water.**

断水なのよ。	**The water has been cut off.**

明日は朝9時から昼の12時まで断水だ。	**Water will be cut off from 9 a.m. to noon tomorrow.**

水を汲み置きしておかなくちゃ。	**We need to keep some water.**

ガス臭いわ。	**I smell gas.**

ガス警報機が鳴り出したよ。	**The gas alarm is going off.**

元栓を閉めて！	**Turn it off at the main!**

ガス会社に器具の点検を頼まなくちゃ。	**We have to ask the gas company to check the gas fittings.**
	➡ gas fittingsは「ガス器具、ガス配管」

エアコンが故障しているんだ。	**The air conditioner is out of order.**
	➡ 「エアコン」は、air conditionerを略してつくられた日本語。

第5章 こんなとき何と言う

III トラブルを切り抜ける

掃除機が壊れたわ。	**The vacuum cleaner broke down.** ➡「(機械などが)壊れる、故障する」は、break down。
冷蔵庫の調子が悪いのよ。	**There's something wrong with the refrigerator.** = The refrigerator isn't working well.
冷蔵庫がよく冷えないんだ。	**The refrigerator doesn't cool well.**
変な音がするの。	**It makes a strange noise.**
修理が必要だわ。	**It needs repairs.** ➡「修理(する)」は、repairまたはfix。 = It needs to be fixed.
もう寿命なんだよ。	**It's about time to replace it.** 😊 This is more than ten years old. (これは買ってから10年以上経つわ) 😊 It's about time to replace it. (もう寿命なんだよ)
新品を買った方が安いと思うよ。	**I think it's cheaper to buy a new one.** 😊 Should we have it repaired? (修理してもらうべきかしら?) 😊 I think it's cheaper to buy a new one. (新品を買った方が安いと思うよ)
とにかく、修理の見積りをとるべきだわ。	**We should get the estimate for the repair anyway.**
雨漏りがするわ。	**The roof leaks.** = There's a leak in the roof.
修理の人をよこしてください。	**Please send a repairperson.** ➡ repairpersonは「修理工」。 = Please send someone to fix it.
できるだけ早く直してほしいんです。	**We'd like it repaired as soon as possible.**

第5章 こんなとき何と言う

服のトラブル

ストッキングが伝線しているわよ。	**You've got a run in your stockings.** = There's a run in your stockings. 🗨 You've got a run in your stockings. （ストッキングが伝線しているわよ） 🗨 Oh, thank you for telling me. （あら、教えてくれてありがとう）
靴下に穴があいちゃった。	**I've got a hole in my sock.**
コートのボタンがひとつ取れちゃった。	**One of the buttons of my coat came off.** ➡「（ボタンなどが）取れる」は、come off。
シャツのいちばん上のボタンが取れかかっているよ。	**The top button of your shirt is loose.** = The top button of your shirt is almost coming off.
背中のファスナーが開いているわよ。	**The zipper on your back is open.** ➡「ファスナー」は、zipperまたはfastener。
セーターに染みをつけちゃった。	**I've got a stain on my sweater.**
この染み、とれるかしら？	**I wonder if this stain will come off.** 🗨 I wonder if this stain will come off. （この染み、とれるかしら？） 🗨 You'd better take it to the cleaner's. （クリーニング屋へ持って行った方がいいよ）
いやだ！ブラウスに値札がついたままだわ。	**Oh no! I still have the price tag on my blouse.** = Oh no! I forgot to remove the price tag from my blouse.
スカートがしわになっちゃった。	**My skirt is wrinkled.**

238

キーワード

緊急事態

緊急事態	emergency
危険	danger
事故	accident
災害	disaster
火事	fire
救急車	ambulance
警察官	police officer
警備員	security guard
消防士	fire fighter
救助隊員	lifesaver

盗難・紛失

盗難	theft/robbery
強盗	robber
スリ	pickpocket
被害	damage
盗難届	theft report
遺失物係	Lost and Found
紛失物	lost article
損害保険	property insurance

住まい

給水	water supply
停電	power outage
雨漏り	leak
故障する	break down
修理(する)	repair
修理工	repairperson
取り替える	replace

> これだけは覚えておこう

トイレに行きたい！

　旅行や出張で海外を訪れたとき、トイレの場所を尋ねる言い方を覚えておくことは大切です。状況に応じて、いくつかの表現をマスターしましょう。

　「トイレ」にはいろいろな単語がありますが、最も一般的に使われるのは、bathroom。欧米の住宅では浴槽やシャワーとトイレが同じ場所にあることが多いためですが、公共のトイレなど、浴室にはなっていないトイレも、bathroomと呼びます。また、rest room、washroom とも言います。toilet も「トイレ」の意味ですが、かなりストレートな表現になるため、会話ではあまり使われません。そこで、トイレの場所を尋ねる最も簡単な言い方は、

Where's the bathroom? (お手洗いはどこですか？)
Where's the rest room?

● 人の家を訪ねたときなどは、
May I use the bathroom?
(お手洗いをお借りできますか？)
と言います。

● 切羽詰った状況のときは、
I need to go to bathroom.
(お手洗いに行きたいのですが)
I have to go. (トイレに行かなくちゃ)
と言うこともあります。

● bathroom、rest room、という言葉を使わず、婉曲に言いたいときには、men's room、ladies' room という表現があります。また、女性用のお手洗いは、powder room とも言います。
婉曲な表現としてよく使われるのが、
Where can I wash my hands?
(手を洗う場所はどこですか？)

● 人と話をしているときにトイレに行きたくなったら、
Would you excuse me?
と言って席を立てば、その意図が相手に伝わります。

第6章
いろいろな場面で

I 食べる・飲む
II ショッピング
III 病気・ケガ

I 食べる・飲む

食べ物の話

どんな食べ物がお好きですか？	**What kind of food do you like?** = What's your favorite kind of food?
和食がいちばん好きですね。	**I like Japanese food best.**
何でもいただきます。	**I eat any kind of food.**
食べ物にはうるさくないんです。	**I'm not particular about food.** ▶ be particular aboutは「〜の好みがうるさい」の意味。 = I'm not picky about food. = I'm not choosy about what I eat.
こちらの食べ物にも慣れてきました。	**I'm getting used to the food here.** ▶「〜に慣れる」は、get used to...またはget accustomed to...。 = I'm getting accustomed to the food here.
羊の肉以外は何でも食べます。	**I eat anything except mutton.** ▶「〜以外は何でも」は、anything except...またはanything but...。 = I eat anything but mutton.
日本の食べ物はいかがですか？	**How do you like Japanese food?** ◎ How do you like Japanese food? （日本の食べ物はいかがですか？） 🗨 I like it very much. （とても好きです）

242

第6章 いろいろな場面で

すきやきは食べてみましたか？	**Have you tried sukiyaki?** = Have you had sukiyaki before? 🗨 Have you tried sukiyaki? （すきやきは食べてみましたか？） 🗨 Yes, it was delicious. （ええ、おいしかったです）
甘いものがお好きなんですね。	**You have a sweet tooth, don't you?** ➡ have a sweet toothは「甘党だ」の意味。
甘いものも辛いものも好きです。	**I like both sweet and hot foods.** ➡「辛い」は、hot。香辛料がきいて辛い場合は、spicyとも言う。
普段、家ではどんなものを食べているのですか？	**What do you usually eat at home?** 🗨 What do you usually eat at home? （普段、家ではどんなものを食べているんですか？） 🗨 We mostly eat fish. （たいてい魚を食べますね）
たくさん野菜を食べるようにしています。	**I try to eat a lot of vegetables.**
ベジタリアンなのですか？	**Are you a vegetarian?** 🗨 Are you a vegetarian? （ベジタリアンなのですか？） 🗨 No, I eat meat and fish. （いいえ、肉も魚も食べます）
おいしいですか？	**Is it good?**
残念ながら口に合いません。	**Unfortunately, it's not to my taste.** = Sorry, but I don't really like it.
これ、おいしい！	**This is delicious!** = This is very good!
これ、ひどい味。	**This tastes awful.** = This tastes horrible.
これ、しょっぱいよ。	**This is too salty.**

I 食べる・飲む

第6章 いろいろな場面で

食事・料理の話

朝食は毎朝とりますか？	**Do you have breakfast every morning?**
	ⓒ Do you have breakfast every morning? （朝食は毎朝とりますか？） ⓑ No, I just have coffee in the morning. （いいえ、朝はコーヒーだけです）

ときどき朝食を抜くことがあります。	**I sometimes skip breakfast.**

通勤の途中で、何か食べるものを買います。	**I buy something to eat on my way to the office.**
	▶ on one's way to...は「～に行く途中で」。

昼食は社員食堂でとります。	**I have lunch at the employees' cafeteria.**

会社の近くに手頃な店がたくさんあるんです。	**There are many reasonable restaurants near my office.**

会社にお弁当を持っていきます。	**I take my lunch box to the office.**
	ⓒ Where do you eat lunch? （昼食はどこで食べるのですか？） ⓑ I take my lunch box to the office. （会社にお弁当を持っていきます）

毎朝、子供たちのお弁当をつくります。	**I make lunch boxes for my children every morning.**

夕食は、普通は家で食べます。	**I usually have dinner at home.**

家族と話ができる唯一の時間ですからね。	**It's the only time for me to talk with my family.**

夕食はほとんど外食です。	**As for dinner, I mostly eat out.**
	▶「外食する」は、eat out。

第6章 いろいろな場面で

バランスのよい食生活をすることは難しいですね。	**It's difficult to have a balanced diet.** ◎ Do you eat right?（正しい食生活をしていますか？） ◎ Not really. It's difficult to have a balanced diet.（そうとは言えません。バランスのよい食生活をすることは難しいですね）
つい食べ過ぎてしまうんです。	**I tend to eat too much.** ▶ tend to...は「～の傾向がある」。 ◎ You need to control how much you eat.（食事の量を調節する必要がありますね） ◎ I know, but I tend to eat too much.（わかっていますが、つい食べ過ぎてしまうんです）
食事にはもっと注意するべきだよ。	**You should be more careful of what you eat.** = You should pay more attention to your diet.
料理はしますか？	**Do you cook?** ◎ Do you cook?（料理はしますか？） ◎ Sometimes I do.（たまにはしますよ）
普段は自炊しています。	**I usually cook for myself.**
料理はまったくしません。	**I don't cook at all.**
由美子はとても料理が上手なのよ。	**Yumiko is a very good cook.** = Yumiko cooks very well.
私、料理教室に通っているの。	**I take cooking classes.** ◎ How did you learn cooking?（料理はどうやって覚えたの？） ◎ I take cooking classes.（私、料理教室に通っているの）
お菓子づくりも好きなのよ。	**I like baking, too.**
日本の料理をつくってご馳走するよ。	**I'll make some Japanese food for you.**

I 食べる・飲む

第6章 いろいろな場面で

飲みに行く

お酒は飲めるの？	**Do you drink?** 🅒 Do you drink? （お酒は飲めるの？） 🅑 Yeah, I like to drink. （ええ、好きよ）
お酒は飲めないんです。	**I don't drink.**
お酒は弱いんです。	**I get drunk easily.** ➡ get drunkは「酔っ払う」。 = I get drunk quickly.
かなり飲めそうだね。	**You look like you can hold your liquor.** 🅒 You look like you can hold your liquor. （かなり飲めそうだね） 🅑 No, I don't drink so much. （いや、そんなには飲まないよ）
あいつは大酒飲みだ。	**He drinks like a fish.**
どんなお酒がいちばん好きですか？	**What's your favorite drink?** = What drink do you like best? 🅒 What's your favorite drink? （どんなお酒がいちばん好きですか？） 🅑 I like wine the best. （ワインがいちばん好きですね）
毎日、晩酌をするんですよ。	**I have a drink with my dinner everyday.**
家ではビールか日本酒を飲みますね。	**I drink beer or sake at home.** ➡「日本酒」は、sakeで通じる。
一杯飲みたいな。	**I need a drink.**
カウンターに座っていい？	**Can we sit at the counter?**

246

第6章 いろいろな場面で

とりあえずビールをください。	**I'll start with beer.**
	= I'll have beer first.
	ⓒ What would you like to drink? （飲み物は何にしますか？）
	ⓡ I'll start with beer. （とりあえずビールをください）

ビールはどの銘柄がありますか？	**What brands of beer do you have?**
	ⓒ What brands of beer do you have? （ビールはどの銘柄がありますか？）
	ⓡ We have almost all Japanese brands. （日本の銘柄はほとんど全部あります）

Ⅰ 食べる・飲む

生ビールはある？	**Do you have beer on tap?**
	= Do you have draft beer?

もう一杯どう？	**Would you like another?**
	= Would you like more?

ビールをもう1本ください。	**Another bottle of beer, please.**
	= One more bottle of beer, please.

酔っ払っちゃった。	**I'm drunk.**

ほろ酔いだ。	**I'm a little drunk.**
	= I'm slightly drunk.

飲みすぎたみたいだ。	**I think I drank too much.**

あいつ、べろんべろんだ。	**He's dead drunk.**
	⇔ He's stone sober. （彼はまったくしらふだ）

誰かあいつを家まで送ってやれよ。	**Somebody should take him home.**

もう一軒行こう。	**Let's go to another bar.**

今夜ははしご酒だ。	**Let's go barhopping tonight.**
	▶「はしご酒」は、barhopping。

君、昨夜はかなり酔っていたね。	**You were really drunk last night.**

247

第6章 いろいろな場面で

レストランを選ぶ

今夜はどこで食事をしようか。	**Where would you like to go for dinner tonight?** = Which restaurant shall we go to tonight?
特に行きたい店はある？	**Do you have any particular restaurant in mind?**
駅の近くにできた、新しい中華料理の店はどう？	**How about the new Chinese restaurant near the station?** = Shall we try the new Chinese restaurant near the station?
この間、すごくおいしい寿司屋へ行ったんだ。	**I went to a very good sushi bar the other day.** ▶ the other dayは「先日、この間」。 = I dined at a very good sushi bar the other day.
ネタがすごく新鮮なんだよ。	**They use very fresh seafood.**
ガイドブックでいい店を見つけよう。	**Let's find a good place in the restaurant guide.**
イタリア料理と中華料理ではどちらがいい？	**Which do you prefer, Italian or Chinese food?** ⊙ Which do you prefer, Italian or Chinese food? （イタリア料理と中華料理ではどちらがいい？） ⊡ I prefer Italian for tonight. （今夜はイタリア料理の方がいいな）
この店では、本格的なフランス料理を出すのよ。	**This restaurant serves real French food.** = You can have authentic French food at this restaurant.
ワインの種類もたくさんあるの。	**They also have a variety of wines.**

248

第6章 いろいろな場面で

近くにある、いいレストランを教えてください。	**Could you recommend some good restaurants around here?**

😊 Could you recommend some good restaurants around here?
（近くにある、いいレストランを教えてください）
😊 Sure, there are many.
（ええ、たくさんありますよ）

I 食べる・飲む

地元の人に人気がある店ですか？	**Is the place popular among local people?**

😊 You should try that restaurant.
（あのレストランには行ってみるべきですよ）
😊 Is the place popular among local people?（地元の人に人気がある店ですか？）

この近くで、まだ開いているレストランはありますか？	**Are there any restaurants still open near here?**

僕の行きつけの焼鳥屋に連れていってあげるよ。	**I'll take you to my favorite yakitori place.**

= I'll take you to the yakitori place where I regularly go.

そこの料理はすごくおいしいよ。	**The food there is very good.**

= They serve very good food.

今日は安い店に行こう。	**Let's go to an inexpensive place today.**

😊 Let's go to an inexpensive place today.
（今日は安い店に行こう）
😊 Yeah, I don't want to spend too much.
（うん、あまりお金を使いたくないからね）

あのレストランは期待はずれだったわ。	**That restaurant was not as good as I expected.**

= That restaurant was a disappointment.

宅配ピザをとろうよ。	**Let's have some pizza delivered.**

= Let's order some pizza for delivery.
😊 I don't feel like eating out.
（外食する気分じゃないわ）
😊 Then, let's have some pizza delivered.
（それなら宅配ピザをとろうよ）

第6章 いろいろな場面で

レストランへ行く

この店、予約がいるかな？	**Do we need a reservation at this restaurant?**
僕が予約をしておくよ。	**I'll make a reservation.** = I'll book a table.
明日の予約をしたいんですが。	**We'd like to reserve a table for tomorrow.**
7時にお願いします。	**We'd like to come at seven o'clock.** 🗨 What time? （何時でしょうか？） 🗨 We'd like to come at seven o'clock. （7時にお願いします）
4人です。	**We're a group of four.** 🗨 How many people? （何人様ですか？） 🗨 We're a group of four. （4人です）
何時なら空いているんですか？	**What time will a table be available?** 🗨 Sorry, all tables are booked at seven. （すみません、7時は満席なんです） 🗨 What time will a table be available? （何時なら空いているんですか？）
禁煙席はありますか？	**Do you have non-smoking tables?** 🗨 Do you have non-smoking tables? （禁煙席はありますか？） 🗨 We do, but they'll be full tomorrow. （ありますが、明日は満席なんです）
窓際のテーブルにしてもらえますか？	**Could we have a table by the window?**
上着とネクタイは必要ですか？	**Should I wear a jacket and tie?** 🗨 Should I wear a jacket and tie? （上着とネクタイは必要ですか？） 🗨 Yes, we have a dress code. （はい、服装のきまりがありますので）

250

第6章 いろいろな場面で

お店への行き方を教えてください。	**Could you tell me how to get there?**
予約している鈴木ですが、	**I have a reservation. My name is Suzuki.** = I'm Suzuki. I've booked a table.
予約はしていないんですが。	**We don't have a reservation.**
4人の席はありますか？	**Do you have a table for four?**
どれぐらい待ちますか？	**How long is the wait?** = How long do we have to wait? 😊 How long is the wait? （どれぐらい待ちますか？） 🗨 I suppose it's 15 or 20 minutes. （15分か20分だと思いますが）
前に何組待っているんですか？	**How many groups are waiting before us?**
こんなに込んでいるとは思わなかったな。	**I didn't expect this place would be so busy.** 😊 Wow, people are waiting. （わぁ、待っている人がいるわよ） 🗨 I didn't expect this place would be so busy.（こんなに込んでいるとは思わなかったな）
最近、こういう店は人気があるからね。	**This type of restaurant is very popular lately.**
ほかの店へ行こうか？	**Shall we go to another place?** = Would you like to go to another place?
バーで待っていよう。	**Let's wait at the bar.**
飲みながら待っていようか。	**Would you like to wait over a drink?**
すごくお腹が空いてきたわ。	**I'm getting really hungry.**

Ⅰ 食べる・飲む

251

第6章 いろいろな場面で

注文する

メニューを持ってきてください。	**May we see the menu?** = Would you bring us the menu? = Menu, please.
日本語のメニューはありますか？	**Do you have a menu in Japanese?**
食事の前に飲み物はどう？	**Would you care for a drink before dinner?** 😊 Would you care for a drink before dinner?（食事の前に飲み物はどう？） 😐 I'll have a sherry.（シェリーをいただくわ）
今日の特別料理は何ですか？	**What's today's special?** = What's your special today?
今日は何がお薦めですか？	**What would you recommend today?** 😊 What would you recommend today?（今日は何がお薦めですか？） 😐 We have some very fresh seafood.（とても新鮮な魚介類が入っていますよ）
それをもらいます。	**I'll have it.** 😊 Our special today is roasted lamb.（今日の特別料理は、子羊のローストです） 😐 I'll have it.（それをもらいます）
この地方の名物料理はありますか？	**Do you have any local dishes?**
前菜は何にしようかな。	**What should I order as an appetizer?**
前菜には野菜が食べたいわ。	**I'd like some vegetables as an appetizer.**
メインは魚にしよう。	**I'll have fish as the main dish.** = I'd like fish as the main dish.

252

第6章 いろいろな場面で

スズキはどのように料理するのですか？	**How is the sea bass cooked?** ◎ How is the sea bass cooked? （スズキはどのように料理するのですか？） ▷ It's either steamed or grilled. （蒸し焼きか網焼きにします）
これはどんな料理ですか？	**What kind of dish is this?**
ベジタリアン用の料理はありますか？	**Do you have vegetarian dishes?**
まだ決まっていません。	**We haven't decided yet.**
もう少し時間がかかります。	**We need some more time.** ◎ Are you ready to order? （お決まりですか？） ▷ We need some more time. （もう少し時間がかかります）
注文をお願いします。	**We're ready to order.** = We've decided.
勘定書を分けてもらえますか。	**Could we have separate checks?** = We'd like to have separate checks.
これとこれをください。	**I'll have this and this.** ▶ メニューを指差しながら言う。
私も同じものをください。	**I'll have the same.** = The same for me, please.
あの人が食べているのは何ですか？	**What's that person having?** ◎ What's that person having? （あの人が食べているのは何ですか？） ▷ That's veal scallopini. （あれは子牛肉のソテーです）
ワインを飲もうか。	**Would you like some wine?**
いいワインを選んでもらえますか？	**Could you recommend some good wine?**

I 食べる・飲む

第6章 いろいろな場面で

食事をしながら

いいにおい。	**It smells good.**
付け合せもおいしそうだよ。	**The garnish also looks good.** ⮕「(料理の)付け合せ」はgarnish。
それ、おいしい？	**Does it taste good?**
これ、ひとりで全部食べきれるかな。	**I wonder if I can finish this by myself.**
これ、少し食べてみる？	**Would you like to taste this?** ⮕ ここでは、tasteは「味見をする」の意味。 🗨 Would you like to taste this? （これ、少し食べてみる？） 🗨 Yes, taste mine, too. （うん、僕のも食べてみてよ）
水をください。	**May I have a glass of water?**
赤ワインをもう一杯ください。	**I'd like another glass of red wine.**
これはどうやって食べるのですか？	**How am I supposed to eat this?** = How should I eat this?
塩とコショウをとってくれる？	**Could you pass me the salt and pepper?** = Hand me the salt and pepper, please.
パンをもう少しください。	**May I have some more bread?**
箸で食べますか？	**Do you use chopsticks?** = Are you comfortable with chopsticks?
ナイフとフォークを持ってきてもらいましょうか？	**Shall I ask for a knife and fork?** ⮕ ask for...は、「〜を頼む」。

254

すみません、ナイフを落としてしまいました。	**Excuse me. I dropped my knife.** 🗣 Excuse me. I dropped my knife. （すみません、ナイフを落としてしまいました） 🗣 I'll bring a new one right away. （すぐに新しいものをお持ちします）
すみません、ワインをこぼしてしまいました。	**Excuse me. I spilled wine.** 🗣 Excuse me. I spilled wine. （すみません、ワインをこぼしてしまいました） 🗣 Let me change the tablecloth. （テーブルクロスを取り替えましょう）
料理はまだですか？	**What happened to our order?** = We're waiting for our order. 🗣 What happened to our order? （料理はまだですか？） 🗣 It will come in a few minutes. （まもなくお持ちします）
これは私が注文したものとは違います。	**This is not what I ordered.**
皆で分けて食べたいのですが。	**We'd like to share the dish.**
小皿を持ってきてもらえますか？	**Could we have small plates?** = Could you bring us small plates?
もっと注文しようか？	**Shall we order some more dishes?**
お皿を下げてください。	**Please take the plate.** 🗣 Have you finished? （お済みですか？） 🗣 Yes, please take the plate. （ええ、お皿を下げてください）
デザートは何がありますか？	**What do you have for dessert?** 🗣 What do you have for dessert? （デザートは何がありますか？） 🗣 I'll show you what we have. （用意しているものをお見せします）
私はチーズをもらいます。	**I'd like some cheese.**

支払い

お勘定をお願いします。	**Check, please.** = May I have the bill, please.
ここで支払えますか？	**Can I pay here?**
どこで支払えばいいのですか？	**Where should I pay?**
これは何の料金ですか？	**What is this for?** = What is this charge for?
勘定書に間違いがあるようですが。	**I think there's a mistake in the bill.**
サービス料は含まれていますか？	**Is a service charge included?**
チップはいくら払ったらいいかな？	**How much should the tip be?** Ⓒ How much should the tip be? （チップはいくら払ったらいいかな？） Ⓑ Normally, it's 15% of the bill. （普通は代金の 15%よね）
割り勘にしよう。	**Let's split the check.** = Let's split the bill.
僕が払っておくよ。	**I'll take care of the bill.** = I'll pay the bill.
ここは僕のおごりだよ。	**This is on me.** = This is my treat. = Let me get this one.
今回は私に払わせてください。	**Let me pay the bill this time.**
別々に支払いたいのですが。	**We'd like to pay separately.**

キーワード

食べる・飲む

空腹な	hungry
ひどく空腹な	starving
満腹な	full
酔った	drunk
しらふの	sober
甘い	sweet
辛い	hot/spicy
塩辛い	salty
酸っぱい	sour
油っこい	greasy

レストランで

軽食レストラン	coffee shop/snack bar
食前酒	aperitif
料理	food/dish
前菜	appetizer
メインディッシュ	main dish/entrée
肉	meat
鳥肉	poultry
魚介類	seafood
野菜	vegetable
(オーブンで) 焼いた	roasted
(グリルで) 焼いた	grilled
直火焼きの	barbecued
蒸した	steamed
ゆでた	boiled
炒めた	fried
揚げた	deep-fried

II ショッピング

店を探す

買い物に行こうよ。	**Let's go shopping.** ▶ 「買い物に行く」は、go shopping。 ＊ Let's go window-shopping. （ウィンドーショッピングに行こうよ）
カバンを見たいな。	**I want to see some bags.**
新しい靴が必要なのよ。	**I need to get a new pair of shoes.** = I need new shoes.
この町のショッピング街はどこですか？	**Where's the shopping area in town?**
いちばん大きいデパートはどこですか？	**Where's the largest department store?**
店は何時に開店ですか？	**What time does the store open?** ⇔ What time does the store close? （店は何時に閉店ですか？）
こちらの店は何時まで開いていますか？	**How late are you open?** ◎ How late are you open? （こちらの店は何時まで開いていますか？） ▷ We're open until seven. （7時までです）
営業時間は何時から何時までですか？	**What are your business hours?** ◎ What are your business hours? （営業時間は何時から何時までですか？） ▷ We're open from 10 a.m. to 6 p.m. （午前10時から午後6時までです）
日曜日も営業していますか？	**Are you open on Sundays?**

第6章 いろいろな場面で

II ショッピング

おみやげを買うのにいい店はありますか?	**Are there any good stores to buy souvenirs?**
おしゃれな洋服を買うにはどこへ行けばいいですか?	**Where should I go to buy some fashionable clothes?** = Where's a good place to buy some stylish clothes?
ここからいちばん近いコンビニはどこですか?	**Where's the nearest convenience store from here?**
電池はどこで買えますか?	**Where can I buy some batteries?**
この地方の特産品はありますか?	**Are there any unique products made in this area?**
すごく込んでいるなぁ。	**It's very crowded here.** = This place is very busy.
化粧品売場はどこですか?	**Where's the cosmetics department?** ☺ Where's the cosmetics department?(化粧品売場はどこですか?) ☹ It's on the fourth floor. (4階です)
エレベーターに乗ろうよ。	**Let's take the elevator.**
上りですか?	**Going up?** ⇔ Going down? (下りですか?)
エスカレーターはあそこだよ。	**The escalator is over there.**
ウィンドーの中の靴、すごく高いよ。	**These shoes in the show window are so expensive.** ☺ These shoes in the show window are so expensive. (ウィンドーの中にある靴、すごく高いよ) ☹ They really are. Look at those! (本当ね。あれを見てよ!)
中に入ろう。	**Let's go inside.**

259

第6章 いろいろな場面で

品物を選ぶ

いらっしゃいませ。	**Hello. May I help you?** ➡ 店に入ると、店員からこのように声をかけられる。
ちょっと見ているだけです。	**I'm just looking.** = I'm just browsing. 🗨 Are you looking for anything? （何かお探しですか？） 🗨 No, I'm just looking. （いいえ、ちょっと見ているだけです）
ちょっとお店の中を見せてもらえますか？	**May I look around the store?** 🗨 May I look around the store? （ちょっとお店の中を見せてもらえますか？） 🗨 Sure. Let me know if you need any help. （どうぞ。何かあれば、声をかけてください）
カバンを探しているんです。	**I'm looking for a bag.** 🗨 What are you looking for? （何をお探しですか？） 🗨 I'm looking for a bag. （カバンを探しているんです）
黒い、中型のカバンが欲しいんです。	**I want a black, midsize bag.** ➡ 色、デザインなど具体的なイメージがあるときは、できるだけ伝えるようにする。 🗨 Do you have anything particular in mind? （何か具体的に考えているものがありますか？） 🗨 I want a black, midsize bag. （黒い、中型のカバンが欲しいんです）
仕事用なんです。	**It's for my work.** = I'm going to use it for work.
これは女性用ですか？	**Is this for ladies?**
ショーケースの中にある指輪を見せてもらえますか？	**Can you show me a ring in the showcase?** = May I see a ring in the showcase?

260

第6章 いろいろな場面で

II ショッピング

手前の列の、左から2番目のものです。	**It's in the front row, the second one from the left.** 💬 Which one would you like to see? （どれがご覧になりたいのですか？） 💬 It's in the front row, the second one from the left. （手前の列の、左から2番目のものです）
これ、ステキ！	**This is nice!** = This is great!
あそこにあるのも、すごくいいよ。	**That one over there is very nice, too.**
このスカーフ、私にぴったりよ。	**This scarf suits me perfectly.** ➕ suit...は「〜に似合う、〜に合う」の意味。
これ、長い間欲しいと思っていたのよ。	**I've wanted this for a long time.**
どちらがいいと思う？	**Which do you think is better?** 💬 Which do you think is better? （どちらがいいと思う？） 💬 I like this one better. （僕はこっちの方が好きだよ）
どちらにしようかな。	**I wonder which one I should get.**
ひとつを選ぶのは難しいなぁ。	**It's difficult to choose one.** = It's hard to decide on one.
これは何でできているんですか？	**What is this made of?** 💬 What is this made of? （これは何でできているんですか？） 💬 It's made of leather. （皮製です）
これは水洗いできますか？	**Is this washable?**
ほかの種類のものはありますか？	**Do you have any other kind?**

第6章 いろいろな場面で

試着する

| 夏のスーツを探しています。 | **I'm looking for a suit for summer.** |

| サイズは40だと思います。 | **I think my size is 40.**
= I think I wear size 40. |

| 正確なサイズがわかりません。 | **I'm not sure of my size.**
= I don't know my size exactly.
🗨 I'm not sure of my size.
（正確なサイズがわかりません）
🗨 Let me measure you.
（お測りしましょう） |

| このデザイン、好きだな。 | **I like this design.**
🗨 I like this design.
（このデザイン、好きだな）
🗨 It's our new design for this summer.
（この夏の新作ですよ） |

| このデザイン、僕に合うかな？ | **Does this design suit me?** |

| これ、僕のサイズはありますか？ | **Do you have this in my size?**
＊ Do you have this in size 40?
（これのサイズ40はありますか？） |

| これ、別の色はありますか？ | **Do you have this in different colors?**
🗨 Do you have this in different colors?
（これ、別の色はありますか？）
🗨 We have it in blue, red, and white.
（青、赤、白があります） |

| 試着できますか？ | **May I try it on?**
➡「〜試着する」は、try...on。 |

| このセーターは試着できますか？ | **Can I try on this sweater?**
🗨 Can I try on this sweater?
（このセーターは試着できますか？）
🗨 Sorry, you can't try on sweaters.
（すみませんが、セーターは試着できないんです） |

第6章 いろいろな場面で

II ショッピング

試着室はどこですか？	**Where's the fitting room?**
サイズはちょうどいいです。	**This is just my size.** ⇨ How does it fit?（いかがですか？） ⇦ This is just my size.（サイズはちょうどいいです）
サイズが合いません。	**It doesn't fit.** = It's not my size.
私には小さすぎます。	**It's too tight for me.** ＊ It's too loose for me.（私には大きすぎます） ＊ It's too long for me.（私には長すぎます） ＊ It's too short for me.（私には短すぎます）
サイズを直してもらえますか？	**Can you alter it?** ▶ alterは「(衣服をからだに合うように)直す」。 ⇨ Can you alter it?（サイズを直してもらえますか？） ⇦ Yes, how would you like it altered?（はい、どのように直しましょうか？）
すそを少し長くしてください。	**I'd like the hem a little longer.**
袖を少し短くしてください。	**I'd like the sleeves a little shorter.**
いつできますか？	**When will it be ready?** = How long will it take?
派手すぎるかしら？	**Is this too flashy?** = Is this too loud?
地味すぎるかしら？	**Is this too plain?** = Is this too quiet?
このシャツは洗濯したら縮みますか？	**Will this shirt shrink when I wash it?** ⇨ Will this shirt shrink when I wash it?（このシャツは洗濯したら縮みますか？） ⇦ Yes, it will shrink a little.（ええ、少し縮みます）

第6章 いろいろな場面で

支払い

いくらですか？	**How much is it?** 🅐 How much is it? （いくらですか？） 🅑 It's 55 dollars plus tax. （55ドルに税金がつきます）
税金は含まれていますか？	**Does the price include tax?** = Is tax included?
少し高いわね。	**It's a little expensive.**
私には高すぎるわ。	**It's too much for me.**
予算オーバーだよ。	**That's over my budget.**
少し安くなりませんか？	**Can you give me a little discount?** 🅐 Can you give me a little discount? （少し安くなりませんか？） 🅑 No, we can't. The price is already reduced. （無理です。すでに割引になっていますから）
2つ買ったら値引きしてもらえますか？	**Can you give me a discount if I buy two of these?**
これは20%引かれた後の値段ですか？	**Is this the price after the 20% discount?** 🅐 This skirt is 20% off. （このスカートは20%引きですよ） 🅑 Is this the price after the 20% discount? （これは20%引かれた後の値段ですか？）
もう少し安いものはありますか？	**Do you have anything less expensive?**
これは手頃な値段だね。	**This one is reasonable.** 🅐 This one is reasonable. （これは手頃な値段だね） 🅑 Yes, it's within our budget. （そうね、予算の範囲内だわ）

これに決めたわ。	**I decided on this one.** = I settled on this
これをください。	**I'll take this one.** = I'll get this one. = I'd like this one.
全部でいくらですか？	**How much is it all together?**
現金で払います。	**I'll pay in cash.** ↪ How would you like to pay? （お支払いはどうなさいますか？） ↩ I'll pay in cash.（現金で払います）
クレジットカードで払います。	**I'll pay by credit card.** ↪ Will you pay by cash or credit card? （お支払いは現金ですか、クレジットカードですか？） ↩ I'll pay by credit card. （クレジットカードで払います）
このカードは使えますか？	**Can I use this credit card?** = Do you take this credit card?
日本円で支払えますか？	**Can I pay in Japanese yen?** = Do you take Japanese yen?
トラベラーズチェックは使えますか？	**Do you accept traveler's checks?** = Can I pay by traveler's check?
領収書をください。	**Can I have a receipt?**
税金払い戻しの手続きを教えてください。	**Could you tell me how to get a tax refund?**
税金払い戻しのための書類をつくってください。	**Could you make out a tax refund form?** = Could you prepare a tax refund form?
もう、ドルの現金が少ししかないよ。	**I don't have much cash left in dollars.** ＊ I've spent most of cash I had in dollars. （ドルの現金はほとんど使っちゃたよ）

第6章 いろいろな場面で

II ショッピング

第6章 いろいろな場面で

プレゼントを買う

家族へのおみやげを探しているんです。	**I'm looking for souvenirs for my family.**
夫のためにネクタイを買いたいんです。	**I'd like to buy a tie for my husband.**
誕生日のプレゼントなの。	**It's a birthday present.** = It's for his birthday.
明るい色のネクタイが好きみたい。	**I think he likes ties in bright colors.** ⊂ What kind of ties does your husband like? （ご主人はどんなネクタイがお好きなのですか？） ▷ I think he likes ties in bright colors. （明るい色のネクタイが好きみたい）
母に贈るセーターを探しているんです。	**I'm looking for a sweater for my mother.** ⊂ Is it for yourself? （ご自分用ですか？） ▷ No, I'm looking for a sweater for my mother. （いいえ、母に贈るセーターを探しているんです）
母は50代前半です。	**My mother is in her early 50's.** ➡「…歳代前半」は、in early …'s. ＊ My mother is in her late 50's. （母は50代後半です）
でも、年齢より若く見えるんです。	**But she looks young for her age.**
予算は100ドルぐらいです。	**My budget is around 100 dollars.** ⊂ Do you have any particular price range in mind? （値段はどれぐらいをお考えですか？） ▷ My budget is around 100 dollars. （予算は100ドルぐらいです）

第6章 いろいろな場面で

II ショッピング

サイズが合わなければ、交換できますか？	**Can she exchange it if it doesn't fit?** = Can she exchange it if it isn't her size?
ニックの結婚祝いは何がいいのか、わからないよ。	**I don't know what to get for Nick's wedding gift.** = I don't know what would be good for Nick's wedding gift.
あいつの好みを知らないからね。	**I don't know what he likes.** = I don't know his taste.
商品券にしようかな。	**Should I get gift certificates?**
スカーフは箱に入れてください。	**Please put the scarf in a box.**
プレゼント用に包んでもらえますか？	**Could you gift wrap it?** ▶ gift wrapは、「贈り物用にきれいに包装する」。
リボンをつけて包装してください。	**Please wrap it with a ribbon.** 🗨 Is this a gift?（贈り物ですか？） 🗨 Yes, please wrap it with a ribbon.（ええ、リボンをつけて包装してください）
プレゼント用の包装には代金がかかりますか？	**Do you charge for gift wrapping?** 🗨 Do you charge for gift wrapping?（プレゼント用の包装には代金がかかりますか？） 🗨 No, it's free.（いいえ、無料です）
この住所に配送してもらえますか？	**Can you deliver it to this address?**
配送はいつになりますか？	**When will it be delivered?**
配送料はいくらですか？	**How much does delivery cost?**
日本へ送ってもらうことはできますか？	**Can you send this to Japan?**

第6章 いろいろな場面で

食料品の買い物

普段、食料品の買い物はどこでしますか？	**Where do you usually go to buy groceries?** = Where do you usually shop for groceries? ⏵ Where do you usually go to buy groceries? （普段、食料品の買い物はどこでしますか？） ⏴ I mostly go to ABC Store. （たいていABCストアへ行きます）
食品を買いに行かなくちゃ。	**I need to go grocery shopping.**
普通、スーパーへ行くのは週に1度なの。	**I usually go to the supermarket once a week.**
週末に1週間分の食品を買います。	**We buy groceries for the whole week on the weekend.** ⏵ Do you go grocery shopping every day? （食品の買い物は毎日しますか？） ⏴ No, we buy groceries for the whole week on the weekend. （いいえ、週末に1週間分の食品を買います）
XYZフードでは、とても新鮮な野菜を扱っているわよ。	**XYZ Food carries very fresh vegetables.** ➡ carryは「（品物を）店に置く、売る」。
今日はたくさん買い物がある？	**Do we have a lot of things to buy today?** = Do we have a lot of shopping today?
カートを取ってくるよ。	**I'll go and get a shopping cart.**
缶詰コーナーはどこですか？	**Where's the canned food section?**
肉売場へ行こう。	**Let's go to the meat counter.**

第6章 いろいろな場面で

煮込み用の牛肉を1ポンドください。	**Can I have a pound of stewing beef?** 🅠 What would you like?（何にしますか？） 🅐 Can I have a pound of stewing beef? （煮込み用の牛肉を1ポンドください）
スモークハムを6枚ください。	**I'd like six slices of smoked ham.**
鶏のもも肉を400グラムください。	**May I have 400 grams of chicken thigh?**
骨と皮はとってください。	**Please remove the bone and skin.**
このソーセージはいつまでもちますか？	**How long will these sausages be good?** = How long can I keep these sausages? 🅠 How long will these sausages be good? （このソーセージはいつまでもちますか？） 🅐 They'll be good for two or three days. （2－3日もちますよ）
サバを1匹ください。	**I'd like a mackerel.**
魚をおろしてもらえますか？	**Can you fillet a fish?** 🅠 Can you fillet a fish? （魚をおろしてもらえますか？） 🅐 Yes, which one would you like? （はい、どれにしますか？）
このイカは冷凍できますか？	**Can I freeze these squid in?**
これより大きいエビはありますか？	**Do you have shrimps bigger than these?**
今はカキが旬だね。	**Oysters are at their best now.** = This is the best time for oysters.
このレタス、新鮮そうじゃないわ。	**This lettuce doesn't look very fresh.**

II ショッピング

269

第6章 いろいろな場面で

返品・交換

これを返品したいのですが。	**I'd like to return this.**
これを取り替えてください。	**Could you exchange this?**
サイズを間違えたんです。	**I bought the wrong size.**
返金してもらえますか?	**Can I have a refund?** = I'd like to get a refund.
昨日買ったのですが。	**I bought it yesterday.**
これがレシートです。	**Here's the receipt.**
レシートはありません。	**I'm afraid I don't have the receipt.**
ここに染みがあるんです。	**I found a stain here.** = It has a stain here. 🄒 Why are you returning it? (返品の理由は何ですか?) 🄑 I found a stain here. (ここに染みがあるんです)
ここが壊れています。	**It's broken here.**
全然動かないんです。	**It doesn't work at all.**
何回か使っただけで、壊れてしまいました。	**It broke after I use it only a few times.**
正しい使い方をしましたよ。	**I used it properly.** = I used it in the proper way.
不良品だと思います。	**I think it's defective.** ▶ defectiveは「欠陥のある」。

キーワード

買い物

食料品店	grocery store
広告	ad/advertisement
特価で	on sale
通常価格	regular price
割引価格	reduced price
割引券	discount coupon
セール品	sale item
営業時間	business hours
店員	salesperson
会計係	cashier
(スーパーの) レジ	register
包装	wrapping
返品 (する)	return
交換 (する)	exchange
返金 (する)	refund

試着

試着する	try on
試着室	fitting room
Sサイズ	small size
Mサイズ	medium size
Lサイズ	large size
LLサイズ	extra-large size
寸法直し	alteration
ゆるい	loose
きつい	tight
合う	fit
似合う	suit

III

病気・ケガ

健康の話

私、すごく健康よ。	**I'm very healthy.** = I'm very well.
体調はいいの？	**Are you of good shape?** ▶ be in good shapeは「体調がいい」。
健康には自信があるんだ。	**I'm confident of my health.** = I have confidence in my health.
体力をつけなくちゃ。	**I need to build up my strength.** ⓒ Let's run in the half-marathon next year. （来年はハーフマラソンを走ろうよ） ⓑ Okay. I need to build up my strength. （いいよ。体力をつけなくちゃ）
健康のために何かやってる？	**Are you doing anything for your health?** ⓒ Are you doing anything for your health? （健康のために何かやってる？） ⓑ I jog every morning. （毎朝、ジョギングをしているよ）
できるだけ歩くように心がけているのよ。	**I try to walk as much as I can.**
この頃、体力の衰えを感じるよ。	**I feel my strength declining these days.**
トシだからね。	**I'm getting old.**

第6章 いろいろな場面で

病気・ケガ

階段を上ると息がきれるんだ。	**I get out of breath when I go up stairs.** ▶「息がきれる」は、get out of breath。
酒を減らそうと心がけているんだ。	**I'm trying to drink less.** = I'm trying to reduce my drinking. 👤 Would you like another drink? （もう一杯どう？） 👥 No, thank you. I'm trying to drink less. （やめておくよ。酒を減らそうと心がけているんだ）
医者から酒をやめるように言われたんだ。	**My doctor told me to quit drinking.** ▶ quit …ingは、「〜をやめる」。 = My doctor told me to refrain from drinking. 👤 Let's go and have a drink. （飲みに行こうよ） 👥 I can't. My doctor told me to quit drinking. （ダメなんだよ。医者から酒をやめるように言われたんだ）
禁煙したんだ。	**I gave up smoking.** = I quit smoking.
もう3か月も吸っていないんだよ。	**I haven't smoked for three months now.** 👤 I haven't smoked for three months now.（もう3か月も吸っていないんだよ） 👥 Really? Good for you. （本当？いいことだね）
今、ダイエットをしているの。	**I'm on a diet now.**
どれぐらい体重を減らしたいの？	**How much weight do you want to lose?** ▶「体重を減らす」は、lose weight。 👤 How much weight do you want to lose? （どれぐらい体重を減らしたいの？） 👥 I want to lose at least three kilograms. （最低でも3キロは減らしたいわ）

第6章 いろいろな場面で

体調を気づかう

気分はどう？	**How are you feeling?**
	🗨 How are you feeling? （気分はどう？） 🗨 I feel okay. Thank you. （大丈夫だよ。ありがとう）

元気がないみたいだね。	**You don't look very well.**
	🗨 You don't look very well. （元気がないみたいだね） 🗨 Yeah, I feel sick. （うん、気分が悪いんだ）

大丈夫？	**Are you all right?**
	➡ "Are you all right?"は相手の体調以外に、感情や置かれている状況を気づかうときにも使う。

気分はよくなった？	**Are you feeling better?**
	🗨 Are you feeling better? （気分はよくなった？） 🗨 Yes, I'm all right now. （ええ、もう大丈夫です）

| 顔色が悪いよ。 | **You look pale.** |

医者に診てもらうべきだよ。	**You should see the doctor.**
	🗨 You should see the doctor. （医者に診てもらうべきだよ） 🗨 No, maybe I'm just tired. （いや、たぶん疲れているだけなんだ）

家に帰って寝たほうがいいよ。	**You'd better go home and get some sleep.**
	🗨 I don't feel well （気分が悪いの） 🗨 You'd better go home and get some sleep. （家に帰って寝たほうがいいよ）

少し休まなくちゃダメよ。	**You should take a rest.**
	➡ take a restは「ひと休みする」。

| しばらく横になったら？ | **Why don't you lie down for a while?** |

第6章 いろいろな場面で

仕事は休んだほうがいいと思うよ。	I think you should take the day off.
熱ははかったの？	**Did you take your temperature?** 👂 Did you take your temperature?（熱ははかったの？） 🗣 Yes, it was 37 degrees.（うん、37度だったよ）
何か薬は飲んだ？	**Have you taken any medicine?** 👂 Have you taken any medicine?（何か薬は飲んだ？） 🗣 I've had cold medicine.（かぜ薬を飲んだわ）
何か食べた方がいいよ。	You'd better eat something.
お互いに身体には気をつけなくちゃ。	**We have to look after ourselves.** 👂 We have to look after ourselves.（お互いに身体には気をつけなくちゃ） 🗣 Yes, we can't be too careful.（ええ、いくら注意しても、しすぎることはないわね）
どうぞお大事に。	**Take care of yourself.** = Take care.
早くよくなるといいね。	**I hope you'll get better soon.** = I hope you'll recover soon. = I hope for your quick recovery.
何かしてほしいことはある？	**Is there anything you want me to do?** = Is there anything I can do for you?
仕事のことは心配しないで。	Don't worry about work.
よくなったら取り戻せるよ。	You can catch up when you get better.
僕たちができるだけカバーするから。	We'll cover for you as much as we can.

III 病気・ケガ

第6章 いろいろな場面で

風邪をひいたとき

風邪をひいちゃった。	**I have a cold.** = I've caught a cold.
少し風邪気味なの。	**I have a slight cold.** * I have a terrible cold. （ひどい風邪をひいているの）
あなたの風邪がうつったみたい。	**I think I've caught a cold from you.**
家族中が風邪をひいているんです。	**Everybody in my family has a cold.**
インフルエンザにかかったんだと思うわ。	**I think I've got the flu.** ➡ 「インフルエンザ」は、flu。
彼女、風邪で寝込んでいるんだ。	**She's in bed with a cold.** 😀 Is Elaine off today? （エレインは今日、休みなの？） 😀 She's in bed with a cold. （彼女、風邪で寝込んでいるんだ）
風邪がなかなか抜けなくてね。	**I can't shake off this cold.** ➡ shake off...は「(病気などを)直す、追い払う」。
悪い風邪がはやっているんだよ。	**There's a bad cold going around.**
風邪をひかないように気をつけてね。	**Be careful not to catch a cold.**
暖かくしているんだよ。	**Keep yourself warm.**
風邪をひいていて、味がわからないんだ。	**I've got a cold and can't taste what I'm eating.**

第6章 いろいろな場面で

寒気がします。	**I feel chilly.** = I've got chills.
熱っぽいんです。	**I'm a little feverish.** = I have a slight fever.
熱が38度あります。	**My temperature is 38 degrees.**
鼻がつまっているんです。	**My nose is stuffed up.** = My nose is stuffy.
鼻水が出ます。	**I have a runny nose.**
せきがとまりません。	**I can't stop coughing.**
のどが痛いんです。	**I have a sore throat.** = My throat is sore.
のどがいがらっぽいんです。	**My throat feels rough.**
関節が痛みます。	**My joints ache.**
吐き気がします。	**I feel like throwing up.** = I feel like vomiting.
風邪薬を飲んでいますが、まったく効きません。	**I'm taking cold medicine, but it doesn't work at all.**
もう1週間も風邪をひいているんだ。	**I've had this cold for a week now.** ☞ Have you got rid of your cold? （風邪はもう治った？） ☞ Not yet. I've had this cold for a week now. （まだだよ。もう1週間も風邪をひいているんだ）
これ以上悪くならないといいんだけど。	**I hope it won't get any worse.** ＊ Don't make it any worse. （それ以上悪くしてはダメよ）

III 病気・ケガ

第6章 いろいろな場面で

病院へ行く

気分が悪いんです。	**I feel sick.** = I don't feel well.
医者に診てもらいたいのですが。	**I want to see a doctor.**
この近くに病院はありますか？	**Is there a hospital near here?**
病院へ連れて行ってください。	**Please take me to a hospital.**
お腹がひどく痛むんだ。	**I have a terrible stomachache.**
これ以上、がまんできない。	**I can't take this pain any more.** = I can't stand this pain any more.
救急病院へ行かなくちゃ。	**I have to go to an emergency hospital.**
日本語が話せる医者はいますか？	**Is there a doctor who speaks Japanese?**
予約は必要ですか？	**Do I need an appointment?**
リード先生の診察の予約をしたいのですが。	**I'd like to make an appointment to see Dr. Reed.**
今日の午後、診ていただけますか？	**Is he available in this afternoon?** ◎ Is he available in this afternoon? （今日の午後、診ていただけますか？） ◯ He's available at 2:30 or 3:00 this afternoon. （今日の午後は、2時半か3時なら空いています）

第6章 いろいろな場面で

診ていただくのは今日が初めてです。	**This is my first visit.** ◯ Have you been here before? （以前、こちらにいらしたことはありますか？） ◯ No, this is my first visit. （いいえ、診ていただくのは今日が初めてです）
ローズ先生の紹介を受けました。	**Dr. Rose referred me to you.**
眼科の先生に診ていただきたいのですが。	**I'd like to see an eye doctor.** = I'd like to see an eye specialist.
予約はしていませんが、内科の診察を受けられますか？	**I don't have an appointment, but could I see a physician?** ➡ physicianは「内科医」。「外科医」は、surgeon。
健康診断のために来ました。	**I've come for a checkup.** ➡ 「健康診断」は、checkup
前回、健康診断を受けたのは2年前です。	**I had my last checkup two years ago.**
かかりつけの医師は誰ですか？	**Who's your family doctor?**
いい歯医者さんを知っている？	**Do you know a good dentist?** ◯ Do you know a good dentist? （いい歯医者さんを知っている？） ◯ Yes, I've seen my dentist for more than 10 years. （ええ、私は10年以上、今の歯医者さんに診てもらっているわよ）
歯の健診は定期的に受けているんだ。	**I have dental checkups regularly.**
おかげで、虫歯はないんだよ。	**So I don't have any cavities.** ➡ 「虫歯」はcavity、またはdecayed tooth。

III 病気・ケガ

第6章 いろいろな場面で

症状を説明する

どうしましたか？	**What seems to be the matter?**
	= What seems to be the problem?

頭痛がするんです。	**I have a headache.**
	▶ headacheの"ache"は、「痛み、うずき」の意味。
	＊ I have a stomachache.（胃が痛いんです）
	＊ I have a toothache.（歯が痛いんです）

胃の調子が悪いんです。	**My stomach is upset.**

この頃、胃がもたれるんです。	**Lately, I have a heavy feeling in my stomach.**

あまり食欲がありません。	**I have little appetite.**
	= My appetite is poor.

胸やけがします。	**I have heartburn.**

下痢がひどいんです。	**I have terrible diarrhea.**

べつに変わったものは食べていません。	**I didn't eat anything unusual.**
	ⓒ What did you eat yesterday?（昨日、何を食べましたか？）
	ⓑ I didn't eat anything unusual.（べつに変わったものは食べていません）

食中毒でしょうか？	**Is it food poisoning?**

胃がしくしく痛みます。	**I have a gripping pain in my stomach.**
	＊ I have a sharp pain in my stomach.（胃が刺すように痛みます）
	＊ I have a dull pain in my stomach.（胃に鈍い痛みがあります）

昨夜から痛くなりました。	**The pain started last night.**

第6章 いろいろな場面で

2週間ぐらいこの痛みが続いています。	**I've been suffering from this pain for about two weeks.** ◎ Since when have you felt that pain? （いつ頃から痛いのですか？） 🗨 I've been suffering from this pain for about two weeks. （2週間ぐらいこの痛みが続いています）
ここが痛いんです。	**It hurts right here.**
このあたりを押すと痛みます。	**This part hurts when I press it.** = It hurts when I press around here.
夜、痛みで目が覚めることがあります。	**Sometimes, the pain wakes me up at night.**
最近、疲れやすくて。	**Lately, I get tired very easily.** ◎ Lately, I get tired very easily. （最近、疲れやすくて） 🗨 Have you been getting enough sleep? （睡眠は充分にとっていますか？）
身体がだるいんです。	**I feel sluggish.** = I feel tired.
めまいがします。	**I feel dizzy.** ＊ I have dizzy spells. （立ちくらみがします）
よく眠れません。	**I can't sleep well.**
耳鳴りがします。	**My ears are ringing.**
目がかゆいんです。	**My eyes feel itchy.** ＊ My eyes are sore.（目が痛いんです）
メガネをつくるための処方箋を書いてください。	**Please write a prescription to make glasses.**
親知らずが痛みます。	**My wisdom tooth aches.**

III 病気・ケガ

第6章 いろいろな場面で

診察を受ける

私はどこが悪いのですか？	**What's wrong with me?** ⓒ What's wrong with me? （私はどこが悪いのですか？） 🄱 It seems to be flu. （インフルエンザのようですね）
ただの風邪ですか？	**Is it only a cold?**
この痛みの原因は何ですか？	**What is the cause of this pain?**
薬を飲む必要がありますか？	**Do I need to take any medicine?** ⓒ Do I need to take any medicine? （薬を飲む必要がありますか？） 🄱 Yes, I'll prescribe some for you. （ええ、薬を処方しましょう）
抗生物質にアレルギーがあります。	**I'm allergic to antibiotics.** = I have an allergy to antibiotics. ⓒ Do you have any allergies? （何かアレルギーはありますか？） 🄱 I'm allergic to antibiotics. （抗生物質にアレルギーがあります）
今、薬を飲んでいます。	**I'm on medication now.** ▶ be on medicationは「投薬を受けている」。
今まで、大きな病気をしたことはありません。	**I haven't had any serious diseases.**
健康診断はしばらく受けていません。	**I haven't had any medical checkups for a while.**
健康診断では、異状はありませんでした。	**I didn't have any disorders at the checkup.** = There was nothing wrong at the checkup.

第6章 いろいろな場面で

検査を受ける必要がありますか？	**Do I need to have tests?**
	❓ Do I need to have tests? （検査を受ける必要がありますか？） 💬 Yes, you'll have blood and urine tests. （ええ、血液と尿の検査をします）
検査の結果を教えてください。	**Could you give me the results of the examination?**
どんな治療をするのですか？	**What kind of treatment will I have?** = Could you explain about the treatment?
すぐによくなりますか？	**Will I be able to get well soon?** = Will I be able to recover quickly?
どれぐらいでよくなりますか？	**How long will it take before I get well?** ❓ How long will it take before I get well? （どれぐらいでよくなりますか？） 💬 I can't tell you exactly now. （今は、はっきりとは言えません）
今度はいつ来ればいいのですか？	**When should I come back?**
入院する必要がありますか？	**Do I need to be hospitalized?** = Do I need to go into the hospital?
歯を抜かなければなりませんか？	**Do you have to extract the tooth?** ❓ Do you have to pull the tooth? （歯を抜かなければなりませんか？） 💬 No, it needs only a filling. （いいえ、詰めものをするだけで大丈夫です。）
お酒は飲んでも構いませんか？	**Is it all right to drink?** ❓ Is it all right to drink? （お酒は飲んでも構いませんか？） 💬 You have to refrain from taking any alcohol. （お酒は控えてください）
運動をしてもいいですか？	**Is it all right to exercise?**

III 病気・ケガ

第6章 いろいろな場面で

ケガをしたとき

痛い!	**Ouch!**
	⊙ Ouch! (痛い!) ☒ What happened? (どうしたの?)

指を切っちゃった。	**I cut my finger.**

ここを切っちゃったわ。	**I've got a cut here.**

血が出ているよ。	**It's bleeding.**

血が止まらない。	**It won't stop bleeding.**

痛む?	**Does it hurt?**
	⊙ Does it hurt? (痛む?) ☒ It hurts so badly. (すごく痛いよ)

絆創膏をちょうだい。	**Can you give me bandage?**
	⊙ Can you give me a bandage? (絆創膏をちょうだい) ☒ Here. Do you want me to apply it? (はい。貼ってあげようか?)

傷口を縫わなければなりませんか?	**Do you have to suture the cut?**
	⊙ Do you have to suture the cut? (傷口を縫わなければなりませんか?) ☒ Yes, the wound is rather large. (そうですね、傷口がかなり大きいので)

傷跡が残りますか?	**Will there be a scar?**
	⊙ Will there be a scar? (傷跡が残りますか?) ☒ No, it'll disappear after a while. (いいえ、しばらくすれば消えますよ)

腕を3針縫ったよ。	**I had three stitches in my arm.**

第6章 いろいろな場面で

転んで膝をすりむいちゃった。	**I fell down and had a scratch on my knee.**
傷口を消毒した？	**Did you sterilize the wound?** 👉 Did you sterilize the wound? （傷口を消毒した？） 👈 No, I just rinsed it with water. （いや、水で洗っただけだよ）
指をやけどしちゃった。	**I burned my finger.**
水ぶくれになったわ。	**I've got a blister on it.**
足首をねんざしました。	**I sprained my ankle.** 👉 I sprained my ankle. （足首をねんざしました） 👈 It looks swollen. （腫れているようですね）
膝をひねってしまいました。	**I twisted my knee.**
冷やしたほうがいいのですか？	**Should I keep it cool?** 👉 Should I keep it cool? （冷やしたほうがいいのですか？） 👈 You should apply a cold compress for a few days. （2-3日は冷湿布を貼ってください）
ぎっくり腰になっちゃった。	**I strained my back.**
腕を骨折したんだ。	**I broke my arm.**
1か月はギプスをはめていなければならないんだ。	**I have to be in a cast for a month.** = I have to wear a cast for a month.
虫に刺されちゃった。	**I was bitten by a bug.** = I got stung by a bug.
すごくかゆいよ。	**It itches so much.**

III 病気・ケガ

第6章 いろいろな場面で

薬局で

調剤はしてもらえますか？	**Can you fill my prescription?** = Can you prepare my medicine?
この処方箋で調剤してください。	**Can you make up this prescription, please?**
この薬は一日に何回飲むのですか？	**How many times a day should I take this medicine?** 🇬 How many times a day should I take this medicine? （この薬は一日に何回飲むのですか？） 🇯 Take one tablet after each meal. （毎食後、1錠ずつ飲んでください）
痛み止めはどれですか？	**Which one is the pain-killer?**
これは何の薬ですか？	**What is this medicine for?**
かぜ薬が欲しいのですが。	**I'd like to have something for a cold.** = I'd like to have cold medicine.
頭痛に効く薬はありますか？	**Do you have anything for a headache?**
よく効くせき止めはありますか？	**Do you have any good cough medicine?** 🇬 Do you have any good cough medicine? （よく効くせき止めはありますか？） 🇯 This one is most commonly taken. （これがいちばん一般的なものです）
消化不良には何がいいですか？	**What would you recommend for indigestion?**
絆創膏と包帯をください。	**Can I have some plasters and bandages?**

286

第6章 いろいろな場面で

キーワード

健康

健康	health
健康な	healthy
病気の	sick
体調	physical condition
健康診断	checkup
血圧	blood pressure
脈拍	pulse
食欲	appetite

病院

病院	hospital
診療所	clinic
救急病院	emergency hospital
一般医	general practitioner
専門医	specialist
看護婦	nurse
病気	disease
けが	injury/wound
検査	test/examination
診断	diagnosis
診断書	medical certificate

薬局

薬局	drugstore/pharmacy
薬	medicine/drug
処方箋	prescription
錠剤	tablet
水薬	liquid medicine
塗り薬	ointment

III 病気・ケガ

> イキのいいところをお願い！

外国人と寿司屋に行く

健康ブームの中で、欧米人にもsushi、sashimiのファンが増えています。外国人と寿司屋に行ってみましょう。

● 店に入ったら、
Can we sit at the counter? (カウンターに座りたいのですが)
おしぼり（hot towel）で手を拭いて、板前さん（chef）に尋ねます。
What do you recommend today? (今日のお薦めは何?)
We have very good fatty tuna.
(トロのいいのが入ってますよ)

● 初めは、刺身を肴にお酒を飲みましょう。
Could we have some sashimi and cold sake to start? (まず、刺身と冷酒をください)
What would you like for your sashimi?
(お刺身は何にしますか?)
と板前さんに聞かれたら、
Whatever you recommend. (お任せします)
などと答えれば、いい感じです。

● そろそろ握りを頼みましょう。
I'd like yellowtail nigiri. (ハマチを握ってください)
Could I have ark shell nigiri?
(赤貝の握りをお願いします)
巻き寿司を注文するときは、
I'd like a cucumber roll. (カッパ巻きをください)
Fatty tuna with scallion in a hand-roll, please.
(ねぎトロを手巻きでください)
わさびが苦手な外国人と一緒だったら、
Don't put wasabi in her sushi, please.
(彼女にはさび抜きでお願いします)
と言ってあげましょう。

●「がり」はvinegared ginger、「お椀」はsoup、「あがり」はgreen teaです。

ごちそうさまでした。

第7章
英語で
ビジネス

- I 職場でのコミュニケーション
- II 取引先とのコミュニケーション
- III 人事・就職

職場での コミュニケーション

スケジュールの確認

今日のスケジュールはどうなっているかな?	**What's on the agenda for today?** ▶ on the agendaは「予定に入っている」の意味。 = What's today's schedule?
11時にXYZ社のデイビスさんを訪問することになっています。	**We'll visit Mr. Davis of XYZ Company at eleven o'clock.** = We'll go to XYZ Company to see Mr. Davis at eleven o'clock.
新しい秘書の候補者の面接があります。	**I'll have an interview with a candidate for the new secretary.**
ハントさんと昼食の約束があります。	**I have a lunch appointment with Mr. Hunt.**
午後はずっと外出します。	**I'll be out all afternoon.** 🗨 I'll be out all afternoon. (午後はずっと外出します) 🗨 Then, let's have a meeting now. (それなら、いまのうちに打ち合わせをしよう)
君は今日、XYZ社との会議に出るの?	**Are you going to attend the meeting with XYZ Company today?** 🗨 Are you going to attend the meeting with XYZ Company today? (君は今日、XYZ社との会議に出るの?) 🗨 No, I'll visit my client today. (いや、今日はクライアントを訪問するんだ)

僕の代わりにジェフが出席するよ。	**Jeff is going to attend on my behalf.** ➡ 「〜の代わりに」と言うには、on …'s behalf、in place of …などの言い方がある。 = Jeff is going to attend in place of me. = Jeff is going to attend for me.
あなたの来週の予定はどうなっていますか？	**What's your schedule next week?**
来週は、かなり予定が詰まっています。	**My schedule is pretty tight next week.** = I'll be pretty busy next week.
来週は比較的余裕があります。	**I'll have more time next week.** = I'll be rather flexible next week.
来月、香港に出張します。	**I'll go on a business trip to Hong Kong next month.**
香港のクライアントをまわるんです。	**I'll make the rounds of our customers in Hong Kong.** ➡ make the roundsは「一定のコースをまわる」の意味。 ❓ What's the purpose of your trip? （出張の目的は何ですか？） 💬 I'll make the rounds of our customers in Hong Kong. （香港のクライアントをまわるんです）
まだ予定がはっきりしていません。	**My schedule isn't fixed yet.** = My schedule hasn't firmed up yet. = My schedule still isn't set.
トーマスさんからの返事待ちです。	**We're waiting for a reply from Mr. Thomas.** ❓ When are we going to visit XYZ Company? （XYZ社を訪問するのはいつかな？） 💬 We don't know yet. We're waiting for a reply from Mr. Thomas. （まだわかりません。トーマスさんからの返事待ちです）

第7章 英語でビジネス

I 職場でのコミュニケーション

仕事の進行状況

状況はどう？	**How're things going?** = What's the status? 🗨 How're things going? （状況はどう？） 🗨 Generally, they're going well. （全般的には順調です）
いまのところ順調です。	**So far, so good.** ▶「いまのところ」は、so far。 🗨 How're the sales of the new product? （新製品の売上げはどう？） 🗨 So far, so good. （いまのところ順調です）
予想より順調に進んでいます。	**It's going better than we expected.** = It's going better than our expectation.
新しい企画にはいつからとりかかれますか？	**When can you start working on the new project?** ▶ work onは「〜に取りかかる」。 🗨 When can you start working on the new project? （新しい企画にはいつからとりかかれますか？） 🗨 As soon as we make the contract with XYZ Company. （XYZ社と契約を結んだら、すぐに始めます）
新しいプロジェクトはどうなっているの？	**What's happening to the new project?** 🗨 What's happening to the new projcet? （新しいプロジェクトはどうなっているの？） 🗨 We've organized a task force for it. （そのための専門チームをつくりました）
何か展開はありましたか？	**Has there been any development?** 🗨 Has there been any development? （何か展開はありましたか？） 🗨 No, nothing has changed. （いいえ、何も変わっていません）
その契約は今、保留になっています。	**The contract is on hold now.** ▶ on holdは「保留になって」。

第7章 英語でビジネス

部長の決定を待っています。	**We're waiting for the decision of the Manager.**

見本市まで、あと2週間しかないよ。	**We have only two weeks before the trade fair.** = The trade fair is just two weeks ahead.

すべての準備を整えなければ。	**We must have everything ready for that.** = We must prepare everything for that. 😃 We must have everything ready for that.（すべての準備を整えなければ） 😐 I'm trying as hard as I can.（全力でやっていますよ）

準備完了です。	**It's all set.** = Everything is ready.

その仕事はいつ終わりますか？	**When can you finish that job?** 😃 When can you finish that job?（その仕事はいつ終わりますか？） 😐 I think it'll be done before lunch time.（昼休みまでにはできると思います）

市場分析の締め切りはいつですか？	**When is the deadline for the market analysis?** = When should the market analysis be ready?

いまのところ、予定より早く進んでいます。	**So far, we're ahead of schedule.** 「予定より早く進んでいる」は、be ahead of schedule。逆に、「予定より遅れている」は、be behind schedule。 ⇔ We're behind schedule.（予定より遅れています）

もう少しで終わります。	**We're almost finished.** = We're almost there.

期限には間に合いそうにありません。	**I don't think we can make the deadline.** ➡ make the deadline は、「期限に間に合う」。meet the deadline とも言う。 = We won't be able to meet the deadline.

Ⅰ 職場でのコミュニケーション

手助けを求める

この仕事、手伝ってくれない？	**Could you help me with this job?** = Could you give me a hand to do this job? = Would you mind giving me a hand to do this job?
スケジュールがとてもきついのよ。	**The schedule is very tight.**
ひとりでは無理だわ。	**I can't do it by myself.** ➡ by myselfは「私ひとりで」の意味。
僕の手に余るよ。	**It's more than I can manage.** 🗨 You've got a lot of work to do. （仕事をたくさんかかえているのね） 🗨 Yes, it's more than I can manage. （そうなんだ、僕の手に余るよ）
この部分をやってくれるとありがたいのですが。	**I'd appreciate it if you could do this part for me.** = I'd be grateful if you take over this part.
この調査を手伝ってくれる時間はありますか？	**Do you have time to help me do this research?** ➡ Do you have time to ...?は「〜してくれる時間はありますか？」と頼みごとをするときの表現。 ＊ Do you have time to total up the sales figures? （売上げの数字を集計してくれる時間はありますか？）
プレゼンテーションの資料づくりに人手が必要なんだ。	**I need a hand to make materials for the presentation.** = I need some help to prepare materials for the presentation.
セミナーの準備を手伝ってくれる人はいる？	**Is there anybody who can help prepare for the seminar?**

第7章 英語でビジネス

君の専門知識が必要なんだ。	**I need your expertise.** ➡ expertiseは「専門知識、専門技能」。
マーケティング部に応援を頼もう。	**Let's ask the Marketing Department for help.** 🗨 We need some market data. （市場データが必要です） 🗨 Let's ask the Marketing Department for help. （マーケティング部に応援を頼もう）
あなたが手伝ってくれなければ、締め切りに間に合わないの。	**Unless you help me, I can't make the deadline.** ➡ unless ...は「～でなければ」の意味。 = I can't meet the deadline without your help.
人手不足ですよね。	**We're shorthanded.** ➡「人手不足である」は、be shorthanded。
その仕事をお手伝いします。	**Let me help you with that job.** = I'll help you with that job.
今、手が空いているんです。	**I'm free at the moment.** 🗨 Do you have time to help me? （手伝ってくれる時間はある？） 🗨 Yes, I'm free at the moment. （ええ。今、手が空いているんです）
今日は残業できるんです。	**I can work late today.** = I don't mind working late today.
二人でやれば、今日中に終わりますよ。	**It should be done today if we work together.** = By working together, we can finish it today.
悪いけれど、今は手一杯なの。	**Sorry, but I've got my hands full right now.** = Sorry, but my hands are full at the moment.
急な仕事で手が離せないんだ。	**I'm tied up with something urgent.**

Ⅰ 職場でのコミュニケーション

会議

企画部との会議を設定してください。	**Could you arrange a meeting with the Planning Department?**
会議を始めましょう。	**Let's start the meeting.** = Shall we start the meeting?
今日の議題は、来期の営業戦略です。	**Today, we'll talk about the sales strategy for the next term.** = Today's main topic is the sales strategy for the coming term.
この会議の目的は、宣伝活動について話し合うことです。	**The purpose of this meeting is to discuss our promotional activities.** = Our objective in this meeting is to discuss our promotional activities.
率直なご意見をお聞かせください。	**Let me hear your frank opinions.** = Give me your frank ideas.
売上げ実績の検討から始めましょう。	**Let's start with reviewing our sales performance.** = First of all, I'd like to review our sales performance. = First on our agenda is the review of our sales performance.
この件に関してどう思いますか？	**What's your opinion on this matter?** = What do you think about this?
何かご意見はありますか？	**Do you have any comments?** = Do you have anything to say?
提案したいことがあります。	**I have a suggestion.** = I want to make a suggestion.
思い切った戦略の転換が必要です。	**We need a drastic change in our strategies.**

第7章 英語でビジネス

計画の実行方法について検討しましょう。	**Let's discuss how we will carry out the plan.** = We need to discuss how we will implement the plan.
問題点を挙げてみましょう。	**I'll tell you what the problem is.** = Let's clarify the problem we have.
基本的には賛成です。	**I agree with the basic idea.** = I agree with the idea in principle. ⦿ Are you for or against the plan? （計画に賛成ですか、反対ですか？） ⦿ I agree with the basic idea. （基本的には賛成です）
その点については賛成できません。	**I can't go along with you on that point.** ▶ go along with …は、「～に賛成する」。 = I can't agree with you on that point.
その計画は修正が必要です。	**The plan needs some modifications.** = We need to modify the plan. ⦿ Do you think this is a feasible plan? （これは実行可能な計画だと思いますか？） ⦿ The plan needs some modifications. （その計画は修正が必要です）
そんなリスクはとれませんよ。	**We can't take that risk.** ▶ take a riskは「リスクを冒す」。 ⦿ I think we should consider direct sales.（直接販売を検討するべきだと思います） ⦿ We can't take such a risk. （そんなリスクはとれませんよ）
別の観点から検討してみましょう。	**Let's look at it from another point of view.**
議論をまとめましょう。	**Let's wrap up the discussion.** ▶ wrap up は、「まとめる、決着をつける」。
この件について採決しましょう。	**Let's take a vote on this matter.**

Ⅰ 職場でのコミュニケーション

第7章 英語でビジネス

出社・退社・休暇

毎朝、9時に出勤します。	**I come to the office at nine o'clock every morning.**
けさもかろうじて間に合ったぞ。	**I came just in the nick of time again this morning.** ➡ just in the nick of timeは「きわどい時に、折よく」の意味。 = I barely made it again this morning.
タイムカードは押した？	**Have you punched your time card?** 🅰 Have you punched your time card? （タイムカードは押した？） 🅱 Oh, I almost forgot. （あっ、もう少しで忘れるところだったよ）
毎朝、仕事の前にコーヒーを飲むんだ。	**I have a cup of coffee before starting work every morning.**
デビッドはまだ出社していないの？	**Hasn't David come in yet?** 🅰 Hasn't David come in yet? （デビッドはまだ出社していないの？） 🅱 He's visiting XYZ Company in this morning. （午前中はXYZ社を訪問しています）
中井さんは今日、病気で休むそうです。	**Ms. Nakai called in sick today.** ➡ call in sickは「病欠の電話をする」、「病欠している」は、be off sick。 ＊ Ms. Nakai is off sick today. （中井さんは病気で休んでいます）
ひと休みしよう。	**Let's take a break.**
今日はこれで切り上げよう。	**Let's call it a day.** ➡ call it a dayは「切り上げる、おしまいにする」。
残りは明日やるよ。	**I'll do the rest tomorrow.** = I'll leave the rest for tomorrow.

第7章 英語でビジネス

I 職場でのコミュニケーション

今日、仕事は何時に終わる？	**What time do you get off work today?**
	➡ get off work は、「仕事を終える」。 ❓ What time do you get off work today? （今日、仕事は何時に終わる？） 💬 I should be off around seven o'clock. （7時頃には終わるはずだよ）

今日は6時ちょうどに失礼します。	**I'm going to leave at six o'clock sharp today.**
	➡ ... o'clock sharp は、「〜時ちょうどに」。

今日は残業しなくちゃ。	**I have to work overtime today.**
	➡ 「残業する」は、work overtime。 = I have to work late today. ❓ What time will you come home tonight? （今夜は何時に帰るの？） 💬 I'm not sure. I have to work overtime today. （わからないな。今日は残業しなくちゃ）

今週は毎日残業だよ。	**I've been working late every day this week.**

明日は半休をとります。	**I'll take a half-day off tomorrow.**
	➡ 「一日の休暇」は a day off、「半休」は a half-day off。

今度の金曜日、休みを取りたいのですが。	**I'd like to take the day off this Friday.**

8月1日から1週間、休暇をとってもいいですか？	**May I take a week off starting August 1st?**
	= May I take a vacation for a week from August 1st?

8月8日から出社します。	**I'll come back to work on August 8th.**

休暇中は、久保さんが私の仕事を引き継ぎます。	**During my vacation, Mr. Kubo will take over my job.**
	= Mr. Kubo will take care of my job while I'm on vacation.

第7章 英語でビジネス

同僚との会話

今日は仕事がはかどったね。	**We got a lot of work done today.** = The work went on at a good pace today.
この調子で頼むよ。	**Keep up the good work.**
今日は調子がでないよ。	**I just can't get going today.** ➡ get goingは「取りかかる、動き出す」。
仕事が進まないなぁ。	**I haven't made any progress with my work.**
仕事に集中できないんだ。	**I just can't concentrate on my work.** 😊 I just can't concentrate on my work. （仕事に集中できないんだ） 😀 Do you have any problems? （何か問題でもあるの？）
何かいい企画を思いついた？	**Have you come up with any good plans?** ➡ come up with ...は「～を考えだす」。
頼りにしているよ。	**I'm counting on you.** = I'm depending on you.
あの書類、どこに置いた？	**Where did you put those papers?** 😊 Where did you put those papers? （あの書類、どこに置いた？） 😀 I think you have them in your file. （あなたがファイルに入れて持っていると思うわ）
また部長に叱られちゃったよ。	**The Manager let me have it again.** ➡ let ... have itは「～をやっつける、とっちめる」の意味。 = The Manager chewed me out again.
部長はどうして僕にはこんなに厳しいのかな？	**I wonder why the Manager is so hard on me.** ➡ be hard on ...は「～につらく当たる」。

第7章 英語でビジネス

課長はエレンをひいきしていると思わない？	**Don't you think the Section Chief favors Ellen?** 😊 Don't you think the Section Chief favors Ellen? （課長はエレンをひいきしていると思わない？） 😠 You're imagining things. （君の思い過ごしだよ）
何もかも私に押しつけないでよ。	**Don't force everything on me.** 😊 Can you write the report? （報告書を書いておいてくれる？） 😠 Don't force everything on me. （何もかも私に押しつけないでよ）
この頃、ストレスがたまっているんだ。	**The stress keeps building up lately.** ➡ stress builds upは「ストレスがたまる」の意味。 = I've been under a lot of stress lately.
それも仕事のうちだよ。	**It's part of the job.** 😊 I'm tired of making copies. （コピーとりなんて、もううんざり） 😠 Don't complain. It's part of the job. （文句を言わないで。それも仕事のうちだよ）
部のゴルフコンペは来月だよ。	**We'll have the departmental golf competition next month.**
参加者は何人なの？	**How many people will participate?**
幹事をやってくれない？	**Can you organize the event?** 😊 Can you organize the event? （幹事をやってくれない？） 😠 Why me?（なんで僕なんだよ？）
休暇はどうだった？	**How was your vacation?** 😊 How was your vacation? （休暇はどうだった？） 😠 It was very relaxing. （すごくリラックスできたよ）
休暇はどうやって過ごしたの？	**How did you spend your vacation?** = What did you do on your vacation?

Ⅰ 職場でのコミュニケーション

コンピューターの操作

このソフトウェアの使い方を教えてください。	**Will you show me how to use this software?** 🗣 Will you show me how to use this software? （このソフトウェアの使い方を教えてください） 🗣 Sure. It's not difficult. （いいわよ。難しくはないわ）
このソフトウェア、少し複雑なのよ。	**This software is a little tricky.** = This software is a little complicated.
慣れれば問題ないと思うわ。	**There should be no problem once you get used to it.** = You should be okay once you get used to it.
パスワードは持っている？	**Have you got your password?** 🗣 Have you got your password? （パスワードは持っている？） 🗣 Do I need a password to use this software? （このソフトを使うのにパスワードが必要なの？）
このデータベースを使ったことはありますか？	**Have you used this database before?** = Are you familiar with this database?
このデータベースの使い方がわからないのですが。	**I can't figure out how to use this database.** ➡ can't figure out ...は「～がわからない、～が理解できない」の意味。 🗣 What's the problem? （どうしたの？） 🗣 I can't figure out how to use this database. （このデータベースの使い方がわからないのですが）
操作方法を忘れちゃった。	**I forgot how to operate it.** = I don't remember how to use it.

第7章 英語でビジネス

複雑すぎて覚えられないよ。	This is too complicated for me to remember.
このソフト、便利な機能がたくさんあるんだよ。	This software has a lot of handy functions.
あれ、コンピューターがフリーズしちゃった。	Oh no, the computer froze. = Oh no, the computer is frozen. = Oh no, the computer crashed.
まったく動かないぞ。	It won't respond at all.
再起動するしかないわよ。	All you can do is to restart the system. = All you can do is to reboot.
再起動したら、データは全部なくなってしまうよ。	If I restart it, all the data will be lost. 🗨 If I restart it, all the data will be lost. （再起動したら、データは全部なくなってしまうよ） 🗨 That's why you have to save it frequently. （だからまめに保存しておかなければいけないのよ）
このコンピューター、メモリーが足りないよ。	This computer doesn't have enough memory.
このコンピューター、ウィルスに感染しています。	This computer is infected by a computer virus. 🗨 This computer is infected by a computer virus. （このコンピューター、ウィルスに感染しています） 🗨 Damn! It happened again. （しまった！またか）
セキュリティ対策を強化しなければ。	We have to strengthen the security measures.

Ⅰ 職場でのコミュニケーション

第7章 英語でビジネス

eメール・インターネット

あとでメールを送ります。	I'll send you an e-mail later. = I'll e-mail you later.
詳しいことはメールでお知らせします。	I'll let you know the details by e-mail.
メールに添付されたファイルを開けないのですが。	I can't open the file attached to your e-mail.
夜のうちにメールが20件も入っているぞ。	I received 20 e-mails overnight.
会社のコンピューターから私用メールを送らないように。	Don't send personal e-mail from the computers in the office. = Don't use the computers in the office to send personal e-mails.
知らない人からのメールは開かないほうがいいよ。	You shouldn't open e-mail from strangers.
御社にはホームページがありますか？	Do you have a company website? ➡「ホームページ」は website。
詳しいことは、弊社のホームページをご覧ください。	Please see our website for details.
この情報は、インターネットで集めたんです。	I collected this information on the Internet.

キーワード

職場

職場	workplace/office
仕事	work/job
職務	duty
上司	boss/supervisor
同僚	colleague
事務員	clerk
秘書	secretary
指示する	instruct/direct
指示	instruction/direction
報告(する)	report
有給休暇	paid vacation
病気休暇	sick leave
産休	maternity leave
育児休暇	nursing leave

会社の組織

組織	organization
本社	head office/headquarters
支社・支店	branch
営業所	sales office
現地法人	local subsidiary
関連会社	affiliated company
部	department
課	section
経営者	management
会長	chairman
社長	president
役員	director/executive

II 取引先とのコミュニケーション

取引先を訪問する

クーパーさんとお会いする約束をしたいのですが。	**I'd like to make an appointment with Mr. Cooper.**
お話ししたいことがあるのですが。	**There's something I'd like to discuss with you.** = I have something to discuss with you.
御社との契約の更新についてお話ししたいと思います。	**I'd like to discuss the renewal of the contract with you.**
新製品をお見せしたいと思います。	**I'd like to show you our new products.**
新しい担当者をご紹介したいと思います。	**I'd like to introduce our new account officer.** = I'd like you to meet our new account officer.
お時間があれば、明日お会いしたいのですが。	**If you have time, I'd like to meet with you tomorrow.** = Would it be possible for me to come see you tomorrow?
明日の2時はいかがでしょうか？	**How about two o'clock tomorrow?** = Would two o'clock tomorrow be convenient for you? 🅒 How about two o'clock tomorrow? （明日の2時はいかがでしょうか？） 🅑 That would be fine.（結構です）

第7章 英語でビジネス

II 取引先とのコミュニケーション

それでは、明日の2時に御社におうかがいします。	Then, I'll come to your office at two o'clock tomorrow.
こんにちは。ABC社の深田と申します。	Good afternoon, I'm Fukada of ABC Corporation. = My name is Fukada from ABC Corporation.
企画部のグリーンさんにお会いしたいのですが。	I'd like to see Mr. Green of the Planning Department. = I'm here to see Mr. Green of the Planning Department.
お約束はありますか？	Do you have an appointment? = Is he expecting you?
タイラーさんと10時にお約束しています。	I have an appointment with Mr. Tyler at ten o'clock.
お客様がいらっしゃったことを伝えます。	I'll tell him that you are here. = I'll let him know that you are here.
すぐに参ります。	He'll be here right away. = He'll be with you in a moment. = He'll come to see you in a minute.
タイラーには、ただいま別の来客がありまして…。	Mr. Tyler is in a meeting with another client. = Mr. Tyler is with another client right now.
少しお待ちいただけますか？	Would you mind waiting for a few minutes?
お忙しいようであれば、明日出直します。	If he's busy, I'll come again tomorrow.
彼と同じ部署の方にお会いできますか？	Could I see someone in his department? = Is it possible to see someone working with him?

307

会社・製品の紹介

それでは、仕事の話に入りましょうか。	**Shall we get down to business?** = Let's get down to business.
まず、当社の概要と事業についてご説明します。	**First of all, let me explain about our company and its business.** = I'd like to start with an introduction of our company.
ABC社は、日本の大手食品会社です。	**ABC Corporation is one of the largest food companies in Japan.** = ABC Corporation is a leading food company in Japan.
XYZ社は、革新的なネットワーク事業会社です。	**XYZ Company is an innovative network business company.**
プリンターの販売では、日本で第3位です。	**We're ranked third in the sale of printers in Japan.** = We're the third largest company in the sale of printers in Japan.
当社は各種の革新的なサービスで知られています。	**We're known for a variety of innovative services.** ▶ be known for ...は、「〜で知られている」。 ＊ We're known for many unique products. （当社は多くのユニークな製品で知られています）
当社は、業務用ソフトウェアを専門としています。	**We're specialized in business software.** ▶ specialize in ...は、「〜を専門とする」。 = Our specialty is business software.
大手自動車メーカーに製品を供給しています。	**We supply products to major automobile companies.** = Our clients include major automobile companies.

第7章 英語でビジネス

II 取引先とのコミュニケーション

全国規模のサービス網を整備しています。	**We have an extensive nationwide service network.** = We have organized our service network all over the country.
今年は中国市場に進出しました。	**We extended our business into the Chinese market this year.** = We advanced into the Chinese market this year.
アメリカのXYZ社の日本総代理店を務めています。	**We are the exclusive agent for XYZ Company in the U.S.**
おそらく、当社の製品名はお聞きになったことがあると思います。	**Perhaps you've heard our product's name.** = Maybe our product's name is familiar to you.
これに似た製品をお使いになったことはありますか？	**Have you used any products similar to this?** ❓ Have you used any products similar to this? （これに似た製品をお使いになったことはありますか？） 💬 Yes, but we are not satisfied with any of them. （ええ、でも満足できるものはありません）
今日は、当社の新製品をご紹介したいと思います。	**Today, I'd like to introduce our new product to you.**
これが当社の最新製品です。	**This is our newest product.**
先週、発売されたばかりです。	**It was just put on the market last week.** ➡「発売する」は、put on the marketまたはlaunch。 = We just launched it last week.
こちらが製品のカタログです。	**Here's our product catalog.**

製品を勧める

この製品の特長についてご説明します。	Let me explain the features of this product.
これは革新的な製品です。	This is an innovative product.
最先端の技術を取り入れています。	It employs the most advanced technology. = The most advanced technology has been applied.
この製品にはかなりの需要が見込まれます。	A great demand is expected for this product. = There should be a great demand for this product.
大きな注目を集めています。	It has been attracting a great deal of attention.
この製品で、市場シェアの拡大を見込んでいます。	We expect to increase our market share with this product.
この製品が広く受け入れられることを確信しています。	We're confident that this product will be widely accepted.
たくさんの新機能が追加されています。	A number of new functions have been added.
この製品が御社のニーズを満たすことを確信しています。	I'm sure that this product will satisfy your needs. = I'm certain that this product will meet your demands.
この製品は、20代から30代の人に人気があります。	This product is popular among people in their 20's and 30's. ▶ be popular among (with) ...は、「～の間で人気がある」。

あらゆる年齢層の方にお使いいただけます。	**It can be used by people of all ages.** 🗨 Who are the main users of this product? （この製品の主なユーザーはどういう層ですか？） 🗨 It can be used by people of all ages. （あらゆる年齢層の方にお使いいただけます）
他社の製品に比べ、耐久性がすぐれています。	**It's more durable than the products of our competitors.** ➡ competitorは「競争相手」。
操作はとても簡単です。	**The operation is very simple.** 🗨 Could you explain how to use it? （使い方を説明してもらえますか？） 🗨 The operation is very simple. （操作はとても簡単です）
驚くほど効率が高いのです。	**It's amazingly efficient.** = You'll be surprised to see how efficient it is.
この製品を使えば、ビジネスの効率が向上します。	**With this product, the efficiency of your business will be improved.** = This product will make your business more efficient.
この製品の有効性は実証されています。	**The efficiency of this product has been proved.**
きっとご満足いただけることと思います。	**I'm sure you'll be pleased with this.** = I'm sure you'll be satisfied with this.
アフターサービスが充実しています。	**We'll provide extensive after-sales service.** ➡ 「アフターサービス」は、after-sales service。
当社の製品は海外でもよく売れています。	**Our products are also selling well in foreign countries.** = Our products are also doing well overseas.

II 取引先とのコミュニケーション

売り込みへの対応

興味深いご提案です。	**Your proposal sounds interesting.**
確認したい点がいくつかあります。	**There're some points I need to clarify.** 🔁 There're some points I need to clarify. （確認したい点がいくつかあります） 🔁 Please ask me anything about our service. （当社のサービスについて、何でもお尋ねください）
製品の特徴について、もう少し詳しく説明してください。	**Could you explain the features of the product in more detail?** = I'd like to hear more about the features of the product.
前のモデルに比べて、どんな点が向上しているのですか？	**How is it improved from your previous model?** 🔁 How is it improved from your previous model? （前のモデルに比べて、どんな点が向上しているのですか？） 🔁 It has many new functions. （たくさんの新しい機能が備わっています）
例を挙げていただけますか？	**Could you give us some examples?** = Could you explain it with some examples?
もっと具体的に説明していただけますか？	**Could you be more specific?** 🔁 Our product is much more powerful than others. （当社の製品は、ほかのものよりはるかにすぐれています） 🔁 Could you be more specific? （もっと具体的に説明していただけますか？）
ほかのメーカーも同じような製品を出していますね。	**I think other manufacturers have similar products.** = I think other manufacturers have products of this kind.

第7章 英語でビジネス

これとほかの製品との違いは何ですか？	**What's the difference between this and other products?**

- What's the difference between this and other products?
 (これとほかの製品との違いは何ですか？)
- I'll explain it with specific data.
 (具体的なデータを使ってご説明します)

この製品の耐用年数はどれぐらいですか？	**What's the service life of this product?**

- 「耐用年数」は、service life。

それを証明するデータはありますか？	**Do you have any data to prove it?**

- Do you have any data to prove it?
 (それを証明するデータはありますか？)
- Yes, please take a look at this chart.
 (はい、このグラフを見てください)

この製品に対する消費者の反応はどうですか？	**What's been the reaction of consumers to this product?**

- What's been the reaction of consumers to this product?
 (この製品に対する消費者の反応はどうですか？)
- It's attracting a lot of attention.
 (高い関心が集まっています)

ほかの会社からも売り込みがきています。	**We've also received offers from other companies.**

= Other companies also contacted us to sell their products.

各社のオファーを比較する必要があります。	**We need to compare offers from different companies.**

- We need to compare offers from different companies.
 (各社のオファーを比較する必要があります)
- We're confident that our product will serve you best.
 (当社の製品が、御社にとって最高のものだと確信しています)

今、そのようなサービスに興味はありません。	**We're not interested in such services at the moment.**

= We have no need for such services right now.

II 取引先とのコミュニケーション

価格・条件の交渉

価格についてお話ししたいのですが。	**We'd like to discuss the price.** = Let's, let's talk about the price.
価格についてはどれぐらいをお考えですか？	**As for the price, what do you have in mind?**
御社の最低価格を提示してください。	**Please offer your best price.** = We'd like to ask for your best price.
見積りをつくってください。	**We'd like to have an estimate.** ➡ 見積り(書)は、estimate。 = Please draw up an estimate.
単価はいくらですか？	**What's the unit price?** = How much do you charge per unit?
1台当たり20万円でいかがでしょうか？	**How about 200,000 yen per unit?** = Our offer to you is 200,000 yen per unit.
その価格ではお受けできません。	**I'm afraid we can't accept that price.** ☞ How about three million yen for ten units? （10台で300万円というのはどうでしょう?） ☞ I'm afraid we can't accept that price. （その価格ではお受けできません）
値引きをお願いします。	**We'd like you to offer us a discount.**
割引率を上げてください。	**We're hoping for a higher discount rate.**
10台以上のご注文であれば、5%値引きします。	**We can give you a 5% discount if you order 10 units or more.** = A 5% discount is possible for orders of 10 units or more.

第7章 英語でビジネス

10%の値上げを考えています。	**We're thinking of a 10% price increase.**
その他の条件を決定したいのですが。	**We'd like to finalize other conditions.** ▶ finalize は、「最終的に決定する」。
前回の注文と同じ条件でお願いします。	**We'd like the same conditions as our last order.** = Can we keep the same conditions as our last order?
配送料はどちらの負担になりますか？	**Who assumes delivery cost?** = Who will bear delivery cost? ☜ Who assumes delivery cost? （配送料はどちらの負担になりますか？） ☞ It should be borne by the manufacturer. （メーカーの負担でお願いします）
納品はいつになりますか？	**When could we expect delivery?** = When can you deliver them?
納品にはどれぐらい時間がかかりますか？	**How long will it take you to deliver them?**
この条件でよろしければ、すぐに発注します。	**If you accept these conditions, we'll place an order immediately.** ▶ place an order は、「発注する」。
保証は納品後1年間とします。	**The warranty will be for one year after delivery.** = The term of warranty is one year after delivery.
別料金で、保証期間の延長も可能です。	**For an additional charge, it's also possible to extend the warranty period.**
アフターサービスはどうなっていますか？	**What after-sale service do you provide?** = Tell us about your after-sale service.

II 取引先とのコミュニケーション

契約

大筋で合意できましたね。	**We're in agreement on the whole.** ➡ on the whole は、「大筋で」。 = We're in general agreement.
合意した内容にはご満足ですか？	**Are you satisfied with the contents of our agreement?** 🗨 Are you satisfied with the contents of our agreement? （合意した内容にはご満足ですか？） 🗨 We'd like to reconsider the volume of the order. （注文の数量についてもう一度検討したいのですが）
すべての点で合意できたようですね。	**We seem to have agreed on everything.** = We seem to have reached an overall agreement.
契約の詳細について話し合いましょう。	**Let's discuss the details of the contract.**
契約条件を再検討したいのですが。	**We'd like to reconsider the conditions of the contract.**
この契約は3年間有効です。	**This contract is valid for three years.** 🗨 What's the term of the contract? （契約期間はどれくらいでしょうか？） 🗨 This contract is valid for three years. （この契約は3年間有効です）
契約の発効日はいつですか？	**When will the contract become effective?** = What's the effective date of the contract?
御社との契約を終了させたいのですが。	**We'd like to terminate the contract with you.**

第7章 英語でビジネス

契約の更新についてはどのようにお考えですか？	**What do you think about the renewal of the contract?** ↪ What do you think about the renewal of the contract? （契約の更新についてはどのようにお考えですか？） ↪ We'll consider it and get back to you later. （検討の上、後日ご連絡します）
契約業者に関する規定が承諾できないのですが。	**We're not satisfied with the provisions on subcontractors.** ➡ provisionは「（法律、契約などの）規定」。 = We still need to discuss the provisions on subcontractors.
この条項にいくつか付け加えたいことがあるのですが。	**We'd like to add a few things to this article.** ➡「（契約の）条項」は article、clause。
機密保持に関する規定を付け加える必要があります。	**We need to add the provisions on confidentiality.**
この条項は、合意した内容とは違うと思います。	**I think this article isn't what we've agreed on.**
この件については、弁護士に相談してみます。	**We need to discuss this matter with our lawyer.**
もう契約書にサインできると思います。	**I think we're ready to sign the contract.**
御社と契約ができて、とてもうれしいです。	**We're very happy to make a contract with you.**
今後、御社との関係が発展していくことを願っています。	**We hope our relationship will develop in the future.**

II 取引先とのコミュニケーション

問い合わせ・クレーム

御社の製品についてうかがいたいのですが。	**I'd like to inquire about your products.** = I have inquiries about your products.
御社の業務用プリンターの最新モデルは何ですか？	**What's the latest model of your printer for business use?** ➡ for business useは「業務用の」。
RC-707は在庫がありますか？	**Do you have any RC-707 in stock?** ➡ have ... in stock は、「〜の在庫がある」。 😊 Do you have any RC-707 in stock? (RC-707は在庫がありますか？) 😊 I'll check our stock immediately. (すぐに在庫をお調べ致します)
金曜日までに10台納品していただけますか？	**Could you deliver ten units by Friday?** = Is it possible for us to receive ten units by Friday?
いつ納品してもらえますか？	**When will you be able to deliver them?** = How long will it take before they are delivered?
できるだけ早く必要なのですが。	**We need to have them as soon as possible.**
今、CF-303は在庫が切れています。	**CF-303 is out of stock right now.** ➡ out of stockは「品切れで」。
来週には入荷する予定です。	**We expect it to come in next week.** 😊 Will you have the component sometime soon? (その部品はすぐに入荷しますか？) 😊 We expect it to come in next week. (来週には入荷する予定です)

第7章 英語でビジネス

XU002が入荷したら、すぐに5台送ってください。	**Would you send five units of XU002 as soon as they come in?**
クレームがあるのですが。	**I'd like to make a complaint.** ➡ 「クレームをつける」は、make a complaint。英語のclaimには「苦情」の意味はない。
クレームを扱っているのはどなたですか?	**Who handles complaints?** = Who's in charge of handling complaints?
御社の製品に問題があります。	**We have a problem with your products.** = There's a problem with your products.
責任者と話をしたいのですが。	**I'd like to speak with the person in charge.** = I'd like to speak with someone responsible for this.
先週注文した商品がまだ届きません。	**We haven't received the merchandise we ordered last week.** = The merchandise we ordered last week hasn't arrived yet.
注文した品物が届きましたが、1ケース足りません。	**Our order was delivered one case short.**
至急対応してください。	**We want you to deal with it immediately.** ➡ deal with ...は、「〜に対処する」。 = Please do something about it right away.
なぜこんなことが起きたのかを説明してください。	**We want to know how that happened.** = We want you to explain how that happened.

II 取引先とのコミュニケーション

第7章 英語でビジネス

クレーム処理

お調べして、折り返しご連絡します。	I'll check into it and call you back.
すぐにそう致します。	We'll do that immediately.
その問題は、私どもで処理致します。	We'll take care of the problem.
手違いで別の商品をお送りしてしまいました。	We sent you the wrong merchandise by mistake. ➡ by mistake は、「誤って」。
すぐに正しい商品をお送り致します。	We'll send you the correct items immediately. ☞ What we received isn't what we ordered. （注文とは違う品物が送られてきました） ☞ We're very sorry. We'll send you the correct items immediately. （申し訳ありません。すぐに正しい商品をお送り致します）
すぐに不足分をお送り致します。	We'll deliver the missing items to you right away.
破損しているものをご返送いただけますか？	Could you please send the damaged items back to us?
直ちに代替品をお送りします。	We'll send you a replacement immediately. ➡ replacement は、「代わりのもの」。
私どもの手違いでした。	It was our mistake. = The mistake was on our end.
ご迷惑をおかけして申し訳ありません。	We're very sorry for the inconvenience.

キーワード

製品の説明

製品	product
特長	feature
機能	function
長所	advantage
改良	improvement
高度な	advanced
革新的な	innovative

商談

商談	business talk
交渉	negotiation
申し出	offer／proposal
見積り	estimate
見積り価格	quoted price
妥協	compromise
合意	agreement
請求書	invoice
注文	order
納品	delivery
アフターサービス	after-sale service

契約

契約	contract／agreement
条項	article
規定	provision
条件	condition／terms
責任	responsibility
当事者	party
署名	signature

III 人事・就職

職場での評価

あいつは仕事ができる。	**He's good at his job.** = He knows his job.
君はいい仕事をしているよ。	**You've been doing some good work.**
いい仕事をしたね。	**You've done a great job.** = You've done an excellent job.
発想がユニークだね。	**You have unique ideas.**
彼はとても有能だよ。	**He's very capable.** = He's very competent.
優秀な技術者だ。	**He's an excellent engineer.**
彼女は仕事熱心だ。	**She's a hard worker.** ➡ hard workerは「働き者」。 = She works hard.
彼は飲み込みが早いんだ。	**He's quick on the uptake.** ➡ uptakeは「理解」で、quick on the uptakeは「理解がはやい」の意味。 = He's quick to learn. = He's a fast learner. ⇔ He's slow on the uptake. （彼は飲み込みが遅いんだ）
今度の部長はなかなかのやり手だよ。	**The new manager is quite a go-getter.** ➡ 「やり手」は、go-getter。

第7章 英語でビジネス

彼は実行力があるんだ。	**He gets things done.** 🗨 Can I leave this job to Paul? （ポールにこの仕事を任せられるのかな？） 🗨 You can trust him. He gets things done. （信用していいよ。彼は実行力があるんだ）
彼女はプロだよ。	**She's a professional.** = She's competent as a professional.
仕事が速いんだ。	**She's quick to get things done.** = She handles things quickly. = She works fast.
彼は経験豊かだ。	**He's very experienced.** = He has a lot of experience.
彼はすごく計算高いんだ。	**He's so calculating.** ➡ calculatingは「打算的な」。
売上げの増加は、彼の手柄だよ。	**He should get the credit for the increase in sales.**
あいつは使いものにならないよ。	**He's useless.** = He's good for nothing.
彼って自信過剰だわ。	**He has too much confidence in himself.** = He's overconfident.
偉そうなことばかり言うのよ。	**He's always talking big.** ➡ talk bigは「自慢する、大きなことを言う」。
彼女、仕事が雑だよ。	**She does careless work.** = She's sloppy at her job.
彼には責任感がまったくないんだ。	**He has no sense of responsibility.** = He's completely irresponsible.
まったく頼りにならないよ。	**He's not reliable at all.** = You can never depend on him.

III 人事・就職

仕事に取り組む

その仕事、私にやらせてください。	**Let me do that job.** = I'd like to do that job.
こういった仕事は得意なんです。	**I'm good at this kind of work.** = I think I'm very capable of doing this kind of work. 🗨 Are you sure you can handle this job? (君、本当にこの仕事を処理できるの？) 🗨 Yes, I'm good at this kind of work. (はい、こういった仕事は得意なんです)
私、数字には強いんです。	**I'm good at numbers.** = I'm good with figures.
やってみましょう。	**Let me give it a try.**
やりがいのある仕事です。	**It's challenging work.**
任せてください。	**Leave it to me.** 🗨 Can you do the presentation? (プレゼンテーションをやってくれるかな？) 🗨 Yes, leave it to me. (はい、任せてください)
長い間やりたかった仕事なんです。	**I've wanted to do this job for a long time.**
ベストを尽くします。	**I'll do my best.** = I'll give it my best.
期待を裏切らないように頑張ります。	**I'll do my best not to let you down.** 🗨 I'm going to leave everything to you. (すべて君に任せるよ) 🗨 I'll do my best not to let you down. (期待を裏切らないように頑張ります)
簡単な仕事だよ。	**It's a piece of cake.**

第7章 英語でビジネス

何てことないよ。	**No sweat.** = No problem. 👂 Can you really do the job by yourself? （その仕事、本当にひとりでできるの？） 🗣 Sure. No sweat. （もちろん。何てことないよ）
この仕事は、私ひとりでは無理です。	**I can't handle this work by myself.** = This work is more than I can manage by myself.
誰かに手伝わせようか？	**Shall I assign someone to help you?** = Do you need someone to help you?
それほど簡単じゃないよ。	**It's not as easy as you think.** = It's not as easy as it looks.
口で言うのは簡単だけどね。	**Easier said than done.** = It's easy for you to say so.
難しい交渉になりますよ。	**It will be a tough negotiation.** 👂 Do you think we can make a contract with XYZ Company? （XYZ社との契約はとれそうかな？） 🗣 Well, it will be a tough negotiation. （そうですね、難しい交渉になりますよ）
コンピューターは苦手なんだ。	**I'm not good at computers.** = I'm bad with computers.
経理の仕事は性に合わないんだ。	**Accounting isn't my cup of tea.** ▶ one's cup of teaは「性に合ったもの」の意味。
その仕事には、中田さんが適任だと思います。	**I think Mr. Nakata is the right person for that job.** 👂 Who should we appoint for this project? （このプロジェクトは、誰に任せたらいいだろう？） 🗣 I think Mr. Nakata is the right person for that job. （その仕事には、中田さんが適任だと思います）

III 人事・就職

異動・昇進・退職

来月、大阪支社に転勤するんだ。	**I'll be transferred to the Osaka branch next month.** ➡ 「〜に転勤になる」は、be transferred to ...。
ほかの部署へ異動したいなぁ。	**I want to be transferred to another section.** 🗨 I want to be transferred to another section.（ほかの部署へ異動したいなぁ） 🗨 Why don't you request a transfer?（異動の申請をしてみたら？）
海外拠点への異動を希望します。	**I want to be transferred to an overseas office.** 🗨 I want to be transferred to an overseas office.（海外拠点への異動を希望します） 🗨 Which office are you interested in?（どこの拠点に興味があるの？）
本社から異動してきたばかりです。	**I've just been transferred here from the head office.**
彼、田舎の支店にとばされたのよ。	**He was packed off to a local branch.** ➡ be packed offは「追いやる」。
課長に昇進したよ!	**I was promoted to Section Chief!** ➡ 「〜に昇進する」は、be promoted to ...。
彼女の昇進は意外だわ。	**Her promotion was unexpected.** = I didn't think she would be promoted.
私の昇進を考えていただきたいのですが。	**I'd like you to consider my promotion.**
昇進おめでとう!	**Congratulations on your promotion!**

彼、クビになったのよ。	**He got fired.** ➡ 「クビになる」は、get fired。
この契約がまとまらなければ、僕はクビかもしれないな。	**I may lose my job if I can't make this contract.** 😊 This is a very important deal for the company. （これは会社にとって、とても重要な取引だね） 😊 Right. I may lose my job if I can't make this contract. （うん。この契約がまとまらなければ、僕はクビかもしれないな）
田中さんは来月、定年退職されます。	**Mr. Tanaka will be retiring next month.** ➡ 「定年退職する」は、retire。
私は定年後も非常勤で仕事を続けます。	**I'll continue to work after retirement on a part-time basis.**
当社の定年は60歳です。	**The retirement age in this company is 60.**
武井さん、ライバル会社に引き抜かれたのよ。	**Mr. Takei was headhunted away to a competitor.**
山田は先月、退職しました。	**Mr. Yamada resigned last month.** = Mr. Yamada left the company last month.
退職することにしましたので、ご報告します。	**I need to tell you that I've decided to quit.** = I have to tell you that I'm leaving the company.
退職の理由は何ですか？	**What's the reason for your resignation?** = Why have you decided to quit? 😊 What's the reason for your resignation? （退職の理由は何ですか？） 😊 I'll go to the U.S. to study at college. （アメリカの大学に留学するんです）

求人に応募する

新聞に掲載された求人の件でお電話しました。	**I'm calling about the position you offered in the newspaper.**
御社の求人について伺いたいのですが。	**I'd like to inquire about the position you are offering.**
どんな職種に空きがあるのですか?	**What kind of openings do you have?** = What kind of positions are available? 🅒 What kind of openings do you have? (どんな職種に空きがあるのですか?) 🅑 Now, we are offering the position of sales representative. (今は営業担当者を募集しています)
秘書の職に空きはありますか?	**Do you have any openings in the position of secretary?**
経理の仕事に興味があるのですが。	**I'm interested in the position of accountant.** = I'd like to ask about the position of accountant. 🅒 Which position are you inquiring about? (どの職種へのお問い合わせですか?) 🅑 I'm interested in the position of accountant. (経理の仕事に興味があるのですが)
まだ募集していますか?	**Is the position still open?** = Is the position still available?
管理職を募集しているのですか?	**Are you recruiting a manager?**
広報の職に応募したいのですが。	**I'd like to apply for the position in PR.**

第7章 英語でビジネス

応募の条件は何ですか？	**What are the requirements to apply for the position?**
	◐ What are the requirements to apply for the position? （応募の条件は何ですか？） ◑ You must have over three years' experience. （3年以上の経験が必要です）

その職種の経験が必要ですか？	**Does the position require experience?**
	◐ Does the position require experience? （その職種の経験が必要ですか？） ◑ Experience is not required. （経験は問いません）

勤務はいつからになりますか？	**When will the position start?**
	◐ When will the position start? （勤務はいつからになりますか？） ◑ It's an immediate position. （すぐに入社していただきます）

応募するためにはどうすればいいのですか？	**What do I need to do to apply?**
	◐ What do I need to do to apply? （応募するためにはどうすればいいのですか？） ◑ Please send your resume with a photo. （写真を貼った履歴書を送ってください）

英語と日本語の履歴書が必要ですか？	**Do I need to send the resume in both English and Japanese?**

eメールで履歴書を受け付けてますか？	**Do you accept resumes by e-mail?**

面接はいつですか？	**When will you have interviews?** = When are you interviewing?

面接の予約をしたいのですが。	**I'd like to make an appointment for an interview.**

お会いする方はどなたですか？	**Whom am I going to meet?** = Who's going to interview me?

III 人事・就職

面接を受ける

人事部のジャクソンさんにお会いしたいのですが。	I'd like to see Mr. Jackson of the Personnel Department.
面接にうかがいました。	I'm here for an interview.
御社の事業には、ずっと興味を持っていました。	I've always been interested in your business.
御社は、とても革新的な技術をお持ちだと思います。	I think you have very innovative technologies. ❓ What do you think of our company?（当社についてどう思いますか？） 💬 I think you have very innovative technologies.（御社は、とても革新的な技術をお持ちだと思います）
今はABC社で営業をしています。	Now, I work for ABC Company as a sales representative. ❓ Would you tell us about your present job?（現在の仕事についてお話しください） 💬 Now, I work for ABC Company as a sales representative.（今はABC社で営業をしています）
会社の重要なプロジェクトに関わってきました。	I was involved in some important projects for the company. = I participated in some major projects for the company.
業務用ソフトウェアの営業では5年の経験があります。	I have five years' experience in the sales of business software. = I've been in the sales of business software for five years.
担当は市場調査です。	I'm in charge of market research.

この業界についてはよく知っています。	I know a lot about the industry.
3年間、営業のアシスタントをしています。	I've been working as a sales assistant for three years.
もっと責任のある仕事がしたいのです。	I want to take on a job with more responsibility. ▶ take on a jobは「仕事を引き受ける」。
それはどのような仕事ですか？	**What kind of job is it?** 🅒 We're looking for an assistant for the Accounting Manager. （経理部長のアシスタントを探しているのです） 🅑 What kind of job is it? （それはどのような仕事ですか？）
どのような職務になるのですか？	**What are the responsibilities of the job?**
残業は多いですか？	**Does the job require much overtime work?**
どのような肩書きになりますか？	**What title will the position have?** 🅒 What title will the position have? （どのような肩書きになりますか？） 🅑 The title will be assistant manager. （肩書きは副部長です）
健康状態は良好です。	I'm in good health.
英語を話すことに大きな問題はありません。	I have no major problem communicating in English.
TOEICのスコアは700点です。	I have a score of 700 on the TOEIC. 🅒 What's your English level? （英語力はどれぐらいですか？） 🅑 I have a score of 700 on the TOEIC. （TOEICのスコアは700点です）

III 人事・就職

応募者を面接する

面接に来ていただき、ありがとうございます。	Thank you for coming for the interview.
簡単に自己紹介をしていただけますか？	Would you briefly tell me about yourself?

現在のお仕事についてうかがいたいのですが。
May I ask you about your present job?

- May I ask you about your present job?
  （現在のお仕事についてうかがいたいのですが）
- Yes, I'm an accountant at ABC Company.
  （はい、ABC社で経理を担当しています）

あなたの業務経験についてお話しください。
Would you tell me about your business experience?

転職を考えているのはなぜですか？
Why are you thinking of changing jobs?

これは当社の新規事業のために新設されたポストです。
This is a position created for our new business.

- Could you explain about the job?
  （仕事について説明していただけますか?）
- This is a position created for our new business.
  （これは当社の新規事業のために新設されたポストです）

あなたの経歴はこの仕事にぴったりです。
Your background fits this position well.
= Your background satisfies the requirements for this job.

この仕事には、幅広い能力が求められます。
This job requires a wide range of skills.
= You need to have a wide range of skills for this job.

第7章 英語でビジネス

III 人事・就職

お客様との接触が多い仕事です。	**There's a lot of customer contact in this job.** = This job involves a lot of customer contact.
この仕事で、あなたの能力をどのように活用しますか？	**How would you use your skills in this job?**

↩ How would you use your skills in this job?
(この仕事で、あなたの能力をどのように活用しますか？)

↪ My skill of handling figures should be useful in this job.
(数字の管理に関する私の能力は、この仕事に役立つはずです)

市場開発の仕事に興味はありますか？

Are you interested in market development?

↩ Are you interested in market development?
(市場開発の仕事に興味はありますか？)

↪ Yes, I have some experiences in it.
(はい、それについては多少経験があります)

コンピューターの操作は得意ですか？

Are you good at operating computers?

↩ Are you good at operating computers?
(コンピューターの操作は得意ですか？)

↪ Yes, I can operate most of the major office software.
(はい、事務用の主なソフトは、たいてい操作できます)

日本語はどれぐらい話せますか？

How well can you speak Japanese?

英語以外の外国語は話せますか？

Do you speak any foreign language besides English?

▶ besides ...は「〜のほかに」。

いつから仕事を始められますか？

When can you start working?

↩ When can you start working?
(いつから仕事を始められますか？)

↪ I can start immediately.
(すぐに始められます)

333

条件の説明

直属の上司は営業部長になります。	**You'll report to the Sales Manager.** = Your immediate supervisor will be the Sales Manager.
就業時間はどうなっていますか？	**What are the working hours?** 🗨 What are the working hours?（就業時間はどうなっていますか？） 🗨 They're nine to five, Monday through Friday.（月曜日から金曜日の9時から5時までです）
福利厚生について教えてください。	**I'd like to ask about your benefits and welfare system.**
転勤の可能性はありますか？	**Is there any possibility of being transferred to another office?**
就業規則について説明しましょう。	**Let me explain our office regulations.**
入社した年の有給休暇は10日間です。	**You'll have 10 days paid vacation in your first year.**
賞与は年2回です。	**You'll be paid a bonus twice a year.**
現在の給料はいくらですか？	**How much is your present salary?** = How much do you earn now? 🗨 How much is your present salary?（現在の給料はいくらですか？） 🗨 My annual income is six million yen including tax.（税込みで年収600万円です）
給料の希望はどれぐらいですか？	**What's your expectation for salary?**
最初の3カ月は試用期間です。	**The first three months is a probation period.**

キーワード

人事

人事担当	personnel
従業員	employee
雇用主	employer
〜に転勤する	be transferred to ...
〜に昇進する	be promoted to ...
昇進	promotion
退職する	resign
退職	resignation
定年退職する	retire
定年退職	retirement
解雇する	fire
勤務評価	evaluation

就職

雇用	employment
求人	job offer
採用する	hire/recruit
職	position/job
履歴書	resume
応募する	apply
応募者	applicant
学歴	educational background
職歴	work experience
面接	interview
候補者	candidate
給与	salary
肩書き	title
福利厚生	benefits and welfare

> ただいま、電話に出られません…

留守番電話の英語

外国人にから電話がかかってきたときのために、留守番電話（answering machine）のメッセージを英語にしてみましょう。

● 家庭の電話では、

You have reached 123-4567. I am unable to come to the phone right now. Please leave your message after the tone. I'll get back to you as soon as I can.

（こちらは123-4567番です。ただいま、電話に出られません。発信音の後でメッセージをお話しください。折り返しご連絡します）

というようなメッセージが一般的です。

● オフィスの電話の場合は、まず会社名を言います。

This is ABC Electric. （こちらはABC電機です）

以下は、営業時間終了後に流すメッセージ例です。

Our office hours are 9 am to 5 pm, Monday through Friday. Please call again during these hours.

（当社の営業時間は、月曜日から金曜日の午前9時から午後5時となっております。この時間内にもう一度おかけください）

● オフィスに個人用のボイスメールがある場合は、

This is Keiko Sato of XYZ Insurance. Please leave your name, number and message after the tone. Thank you.

（XYZ保険の佐藤恵子です。発信音の後でお名前、電話番号、メッセージをお話しください。ありがとうございました）

といったメッセージがいいでしょう。

● 外国人に電話をかけたら留守番電話につながった、というときには緊張するものですが、落ち着いて名前と用件をゆっくり、はっきり話しましょう。

Hello, Cathy. This is Masaya Kimura. I'm calling you regarding the party on Saturday. Please call me back.

（こんにちは、キャシー。木村雅也です。土曜日のパーティーのことで電話しました。折り返し電話をください）

といった簡潔なメッセージを残しましょう。

第8章
気軽に海外旅行

- I 移動する
- II 泊まる
- III 街を歩く

I

移動する

旅行の手配・空港で

東京発ロンドン行きの便を予約したいのですが。	**I'd like to reserve a ticket for the flight from Tokyo to London.** ◎ I'd like to reserve a ticket for the flight from Tokyo to London. （東京発ロンドン行きの便を予約したいのですが） ▷ On what day? （何日の便ですか？）
キャンセル待ちをしたいのですが。	**I want to be on the waiting list.** ➡「キャンセル待ちをする」は、be on the waiting list。 ◎ Sorry, but the flight is fully booked. （申し訳ありませんが、その便は満席です） ▷ I want to be on the waiting list. （キャンセル待ちをしたいのですが）
今回は奮発して、ビジネスクラスにするぞ。	**This time, I'll treat myself to a business-class ticket.** ➡ treat oneself to ...は「～を奮発する」。 ＊ I'm going to treat myself to a glass of champagne. （奮発してシャンパンを飲もう）
ダラス行きの次の便に空席はありますか？	**Is there a seat available on the next flight to Dallas?**
キャンセル待ちをするしかないな。	**I'll just have to try standby.** ➡ standbyは「（空港での）キャンセル待ち」。on standbyは「キャンセル待ちして」の意味。 ＊ Ten people are on standby for Flight 401. （401便には10人がキャンセル待ちをしています）

第8章 気軽に海外旅行

何時までに空港に行かなければなりませんか？	**By what time should I get to the airport?**
	ⓈBy what time should I get to the airport? (何時までに空港に行かなければなりませんか？) ⓇPlease come to the airport at least two hours before the departure time. (出発時間の2時間前までに空港に来てください)

チェックインは何時からですか？	**What time do you start check-in?**

スカイ・アメリカのカウンターはどこですか？	**Where's the counter of Sky America?**

AT075便は定刻に出発しますか？	**Will AT075 leave on time?**
	▶ on time は、「定刻に」。

どれぐらい遅れるのですか？	**How long will the flight be delayed?**

シアトルまで乗り継ぐのですが。	**I have a connecting flight to Seattle.**

乗り継ぎ便に間に合いますか？	**Can I make the connecting flight?**
	ⓈCan I make the connecting flight? (乗り継ぎ便に間に合いますか？) ⓇI'm afraid not. We'll arrange the next flight for you. (無理です。次の便に乗れるように手配しましょう)

預ける荷物は2個です。	**I'll check two pieces of baggage.**
	= I have two pieces of baggage to check.

このカバンは機内に持ち込めますか？	**Can I carry this bag into the cabin?**
	ⓈCan I carry this bag into the cabin? (このカバンは機内に持ち込めますか？) ⓇThat's too large to take into the cabin. (機内に持ち込むには大きすぎます)

Ⅰ 移動する

第8章 気軽に海外旅行

機内で

このカバン、荷物棚に入りません。	I can't put this bag into the overhead storage.
もう、ほかの人の荷物でいっぱいなんです。	It's already full of other people's baggage.
どこかに預かっておいてください。	**Can you keep it somewhere?** 🗨 Can you keep it somewhere? （どこかに預かっておいてください） 🗨 Sure. I'll find some space to put it. （はい。置ける場所を探します）
友人が後ろの方の席に座っているんです。	My friend is sitting in the back row.
席を替わってもいいですか？	**Can I change seats?** 🗨 Can I change seats? （席を替わってもいいですか？） 🗨 Sorry, but this flight is full. （すみませんが、この便は満席なんです）
このヘッドホンは壊れているようです。	This headset doesn't work. = It seems like this headset is broken.
日本の新聞か雑誌はありますか？	Do you have Japanese newspapers or magazines?
機内でコンピューターを使ってもいいですか？	May I use my computer in the cabin?
毛布をください。	May I have a blanket? = Will you bring me a blanket?
すみません。ちょっと通してください。	Excuse me. May I go through?

340

食事は何度出るのですか？	**How many meals will be served?**
	ⓒ How many meals will be served? （食事は何度出るのですか？） Ⓑ We'll serve dinner and breakfast. （夕食と朝食をお出しします）

朝食はいりません。	**I don't need breakfast.** = I'll skip breakfast.

映画は何が見られるのですか？	**What movies will be shown?**

免税品の販売はありますか？	**Do you sell duty-free goods on the flight?**

ニューヨークまでの飛行時間はどれぐらいですか？	**What's the flight time to New York?** = How long does it take to get to New York?

ロンドンには、あとどれぐらいで到着しますか？	**How much longer will it take to get to London?** = How long will it take before we get to London?

ロサンゼルスには定刻に到着しますか？	**Will this flight get to Los Angeles on time?** = Will this flight arrive in Los Angeles on time?

長く飛行機に乗っているのは疲れるなぁ。	**Sitting on a plane for a long time is exhausting.**

膝が痛くなってきたよ。	**My knees have started to ache.**

私、飛行機の中では眠れないのよ。	**I can't sleep on planes.**
	ⓒ Let's try to get some sleep. （なんとかして眠ろうよ） Ⓑ I can't sleep on planes. （私、飛行機の中では眠れないのよ）

時差ボケは確実だな。	**I'm sure I'll suffer jet lag.** ➡ 「時差ボケ」は、jet lag。

第8章 気軽に海外旅行

Ⅰ 移動する

第8章 気軽に海外旅行

入国・乗り換え

もうすぐ到着だよ。	**We'll arrive soon.** = We'll be there shortly.
入国カードをください。	**Can I have an immigration form?**
日本とイギリスとの時差は何時間ですか？	**What's the time difference between Japan and England?** 👂 What's the time difference between Japan and England?（日本とイギリスとの時差は何時間ですか？） 🗨 It's nine hours.（9時間です）
観光で来ました。	**I'm here for sightseeing.** 👂 What's the purpose of your visit?（訪問の目的は？） 🗨 I'm here for sightseeing.（観光です） ＊ I'm here on business.（商用で来ました）
10日間滞在します。	**I'm going to stay for ten days.**
日本へ帰国するときの飛行機のチケットです。	**Here's my plane ticket back to Japan.**
マジソンホテルに泊まります。	**I'll stay at the Madison Hotel.**
ロンドンにいる友人の家に泊まります。	**I'm going to stay at my friend's place in London.**
荷物が見つかりません。	**I can't find my baggage.** = My baggage is missing.
大型のスーツケースで、色は赤です。	**It's a large suitcase and the color is red.** 👂 What does it look like?（どんな荷物ですか？） 🗨 It's a large suitcase and the color is red.（大型のスーツケースで、色は赤です）

第8章 気軽に海外旅行

名札がつけてあります。	It has my name tag.
これが手荷物の引換証です。	Here's my claim tag.
すぐに調べてください。	Please check on it immediately.
荷物が見つかったら、すぐにこの住所に届けてください。	Please deliver my baggage to this address as soon as you find it.
日本酒を3本持っています。	I have three bottles of sake. ◎ Do you have anything to declare? （申告するものはありますか？） 🗨 I have three bottles of sake. （日本酒を3本持っています）
贈答用です。	They're gifts.
自分用です。	It's for my personal consumption.
申告するものはありません。	I have nothing to declare.
これをドルに替えてください。	Please change this to dollars.
小銭もまぜてください。	I'd like some small change. ➡「小銭」は、small change。
20ドル札にしてください。	Can I have 20-dollar bills? ➡ billは「紙幣」で、「1ドル札」はdollar bill、「5ドル札」はfive-dollar bill。
これを細かくしてもらえますか？	Can you change this into small money?
トラベラーズ・チェックを現金にしてください。	Please cash this traveler's check. = I'd like to cash this traveler's check.
交換レートはいくらですか？	What's the exchange rate?

Ⅰ 移動する

第8章 気軽に海外旅行

タクシーに乗る

タクシーで行こうよ。	**Let's take a taxi.** = Let's go by taxi.
タクシーはどこで拾えますか？	**Where can I get a taxi?** = Where can I catch a taxi?
タクシー乗り場はどこですか？	**Where's a taxi stand?**
タクシーを呼んでください。	**Call me a taxi, please.** = Could you get me a taxi?
流しのタクシーは走っていますか？	**Are there cruising taxies on the street?** = Can I catch a cruising taxi on the street?
この通りには空車が走っていないなぁ。	**There's no vacant taxi cruising this street.**
ここから市内までの運賃はいくらですか？	**What's the fare from here to downtown?** = How much does it cost to go downtown? = How much do you charge to go downtown?
トランクを開けてください。	**Open the trunk, please.**
荷物を運ぶのを手伝ってもらえますか？	**Could you help me carry my baggage?**
ダウンタウンのプラザホテルへ行ってください。	**The Plaza Hotel downtown, please.** = Please go to the Plaza Hotel downtown.
51丁目にあります。	**It's on 51st Street.**

第8章 気軽に海外旅行

この住所までお願いします。	**Go to this address, please.** ⓒ Where are you going?（どちらまで？） ⓑ Go to this address, please. （この住所までお願いします）
オペラ劇場まで何分ぐらいかかりますか？	**How long does it take to get to the opera house?**
かなり乱暴な運転だなぁ。	**His driving is pretty rough.**
すごい渋滞だ。	**This traffic jam is terrible.**
急いでいるので近道をしてください。	**I'm in hurry, so please take a shortcut.** ▶「近道をする」は、take a shortcut。 ⓒ I'm in hurry, so please take a shortcut. （急いでいるので近道をしてください） ⓑ The back road will be crowded, too. （裏道も混んでいますよ）
次の角を右に曲がってください。	**Turn to the right at the next corner, please.**
ここで止めてください。	**Stop here, please.**
ここで降ります。	**I'll get off here.** ▶「(乗り物から)降りる」は、get off。
ここで待っていてください。	**Could you wait for me here?**
すぐに戻ります。	**I'll be back in a minute.**
いくらですか？	**How much is the fare?**
50ドルからお釣りがありますか？	**Do you have a change for 50 dollars?**
お釣りは結構です。	**You can keep the change.** = The change is yours.

Ⅰ 移動する

第8章 気軽に海外旅行

電車に乗る

ここから ロンドンへは 電車で行け ますか?	**Can I go to London from here by train?**
駅はどこですか?	**Where's the railroad station?**
シカゴまで、大人2枚ください。	**Two adults to Chicago, please.**
片道をください。	**One-way, please.** ◎ One-way or round-trip? （片道ですか？往復ですか？） ☞ One-way, please.（片道をください） ◇ Round-trip, please.（往復をください）
ボストン行きの次の電車は、何時に出ますか?	**What time will the next train for Boston leave?** = What's the departure time of the next train for Boston?
指定席をとる必要がありますか?	**Do I need to reserve a seat?** ◎ Do I need to reserve a seat? （指定席をとる必要がありますか？） ☞ As the train might be crowded, I suggest you do so. （電車が混んでいるかもしれないので、そうしたほうがいいと思いますよ）
次のニューヨーク行きの電車に空席はありますか?	**Are there any seats available on the next train for New York?**
禁煙車をお願いします。	**Non-smoking car, please.** ◇ Smoking car, please. （喫煙車をお願いします）
エジンバラまで寝台車を予約したいのですが。	**I'd like to reserve a sleeper to Edinburgh.**

第8章 気軽に海外旅行

食堂車はついていますか？	**Is there a dining car on the train?** = Does the train have a dining car?
途中下車はできますか？	**Can I stop over on the way?**
ボストンへの接続はありますか？	**Is there a connection to Boston?**
この電車はセントルイス直通ですか？	**Is this a direct train to St. Louis?** = Does this train go directly to St. Louis? ◎ Is this a direct train to St. Louis? （この電車はセントルイス直通ですか？） ⊡ No, you need to change trains. （いいえ、乗換えが必要です）
どこで乗り換えるのですか？	**Where should I change trains?**
乗換えの時間は充分にありますか？	**Is there enough time to change trains?** ◎ Is there enough time to change trains? （乗換えの時間は充分にありますか？） ⊡ You'll have more than 20 minutes. （20分以上ありますよ）
急行電車はこの駅に停まりますか？	**Do express trains stop at this station?**
電車はどれぐらいの頻度で来るのですか？	**How often does the train come?** ◎ How often does the train come? （電車はどれぐらいの頻度で来るのですか？） ⊡ It comes every 20 minutes. （20分おきに来ます）
電車は何番ホームから出るのですか？	**What platform does the train leave from?**
乗り遅れてしまいました。	**I missed my train.**
乗り越してしまいました。	**I missed my station.**

Ⅰ 移動する

第8章 気軽に海外旅行

地下鉄・バスに乗る

いちばん近い地下鉄の駅はどこですか？	**Where's the nearest subway station?**
地下鉄の路線図をください。	**Can I have a subway map?**
近代美術館へは地下鉄で行けますか？	**Can I go to the Museum of Modern Art by subway?** 😊 Can I go to the Museum of Modern Art by subway? （近代美術館へは地下鉄で行けますか？） 🗨 Yes, get off at 5th Avenue. （はい、フィフス・アヴェニューで降りてください）
トークンはどこで買うのですか？	**Where can I buy tokens?** ▶「トークン（token）」は、地下鉄やバスの乗車券として使うコインのこと。 😊 Where can I buy tokens? （トークンはどこで買うのですか？） 🗨 You can buy them from the machine. （自動販売機で買えますよ）
地下鉄は終夜運転ですか？	**Does the subway run all night?** 😊 Does the subway run all night? （地下鉄は終夜運転ですか？） 🗨 Yes, it runs 24 hours a day. （ええ、24時間動いています）
地下鉄は何時まで動いていますか？	**How late does subway run?** 😊 How late does subway run? （地下鉄は何時まで動いていますか？） 🗨 The last train leaves here at midnight. （最終電車はここを12時に出ます）
急行は23丁目に停まりますか？	**Do express trains stop at 23rd Street?** 😊 Do express trains stop at 23rd Street? （急行は23丁目に停まりますか？） 🗨 No, you have to take a local train. （いいえ、各駅停車に乗ってください）

第8章 気軽に海外旅行

この電車は各駅停車ですか？	Is this a local train?
大英博物館への出口はどれですか？	Which exit should I take to go to the British Museum?
サウスフェリーへ行くのは何号線ですか？	Which line should I take to go to South Ferry? ◎ Which line should I take to go to South Ferry? （サウスフェリーへ行くのは何号線ですか？） ▷ Take the 1st or the 9th line. （1号線か9号線に乗ってください）
ピカデリーまではいくらですか？	How much is the fare to Piccadilly?
空港へ行くバスはありますか？	Is there a bus to the airport?
バス乗り場はどこですか？	Where's the bus stop?
バスの路線図はありますか？	Do you have a bus route map?
このバスはリンカーンセンターへ行きますか？	Does this bus go to Lincoln Center?
乗換えが必要ですか？	Do I have to transfer?
どこで乗り換えるのですか？	Where should I transfer?
乗換券をください。	Transfer, please.
そこに着いたら教えてください。	Could you tell me when we get there? = Could you tell me when to get off?
バスは出たばかりなのかな？	Has the bus just left? ＊ Has the bus already left? （バスはもう行ってしまったのかな？）

I 移動する

第8章 気軽に海外旅行

レンタカーを利用する

| 車を借りたいのですが。 | I'd like to rent a car. |

| 今、借りられる車はありますか? | Do you have a car available now? |

| レンタカーを予約したいのですが。 | I'd like to reserve a rent-a-car. |

🗨 I'd like to reserve a rent-a-car.
(レンタカーを予約したいのですが)
🗨 Okay, from what day?
(はい、いつからですか?)

| 6月10日から3日間、車を借りたいのですが。 | Can I rent a car for three days from June 10th? |

| 小型車をお願いします。 | I'd like a compact. |

🗨 What type would you like?
(どのような車をご希望ですか?)
🗨 I'd like a compact.
(小型車をお願いします)
＊ I'd like a mid-size car.
(中型車をお願いします)

| オートマチック車はありますか? | Do you have an automatic shift? |

| 6月10日の朝、ヒースロー空港で借りたいのですが。 | I'd like to pick it up at Heathrow Airport on the morning of June 10th. |

| 6月12日の午後、同じ空港で返します。 | I'll be returning it at the same airport on the afternoon of June 12th. |

| 明日の朝、グランドホテルに車を持ってきてもらえますか? | Can you send a car to the Grand Hotel tomorrow morning? |

ロンドン市内で乗り捨てできますか？	**Can I drop the car off in downtown London?** 🅰 Can I drop the car off in downtown London? （ロンドン市内で乗り捨てできますか？） 🅱 You can do that with an additional charge.（できますが、追加料金になります）
乗り捨て料金はいくらですか？	**How much is the charge for dropping off?**
1日当たりの料金はいくらですか？	**How much does it cost per day?** = What's the rate for a day? 🅰 How much does it cost per day? （1日当たりの料金はいくらですか？） 🅱 It's 80 dollars plus tax. （80ドルと、税金が別にかかります）
料金に保険は含まれていますか？	**Does the charge include insurance?**
保険は全部かけてください。	**I want full insurance.** 🅰 Do you want insurance? （保険をかけますか？） 🅱 I want full insurance. （保険は全部かけてください）
運転するのは私だけです。	**I'll be the only driver.** = Only I'll be driving.
ほかの人が運転することもできますか？	**Can somebody else drive the car, too?**
ガソリンは満タンにして返すのですか？	**Do I need to fill up the tank when I return?** ➡「（ガソリンを）満タンにする」は、fill up the tank。
走行距離は無制限ですか？	**Is the mileage unlimited?**
事故の場合は、どこに連絡すればいいのですか？	**Where should I contact in case of an accident?**

第8章 気軽に海外旅行

ドライブをする

ガソリンがなくなってきたな。	I'm running out of gas.
この近くにガソリンスタンドはありますか?	Is there a gas station around here?
満タンにしてください。	Fill it up, please.
レギュラーを30リットル入れてください。	30 litters of regular gas, please.
タイヤの空気を調べてください。	Can you check the air of the tires?
タイヤがパンクしました。	I have a flat tire. = I've got a flat.
バッテリーがあがってしまいました。	The battery went dead.
車が故障しました。	My car has broken down.
エンジンがかからないな。	The engine won't catch. = I can't start the engine.
このあたりは一方通行ばかりだ。	There're too many one-way streets around here.
駐車場は満車だ。	The parking lot is full.
路上駐車するしかないな。	I have to park on the street. ◎ I have to park on the street. (路上駐車するしかないな) ☒ Don't do that. It's no parking here. (やめて。ここは駐車禁止よ)

352

キーワード

飛行機

飛行機	plane/airplane
便名	flight number
航空券	air ticket
搭乗券	boarding pass
搭乗口	boarding gate
国際線	international flight
国内線	domestic flight
乗り継ぎ便	connecting flight
出発時間	departure time
到着時間	arrival time
機内持ち込み荷物	carry-on baggage
入国管理	immigration
税関	customs
両替所	money exchange

電車・バス

時刻表	timetable/train schedule
ホーム	platform
片道切符	one-way ticket
往復切符	round-trip ticket
周遊券	excursion ticket
特急	limited express
急行	express
各駅停車	local
食堂車	dining car
寝台車	sleeper
乗換え	transfer
バス停	bus stop

II 泊まる

ホテルを探す

ニューヨークではどこに泊まろうか？	**Where are we going to stay in New York?**
シドニーのホテルはどこがいいですか？	**Can you recommend a good hotel in Sydney?** = Which hotel do you recommend in Sydney? = Where do you recommend to stay in Sydney? = Do you know any good hotels in Sydney?
ロンドンでは、たいていパークホテルに泊まります。	**I usually stay at the Park Hotel in London.**
こぢんまりした、居心地のいいホテルですよ。	**It's a cozy and comfortable hotel.** ⓺ What's the hotel like? （どんなホテルですか？） ⓻ It's a cozy and comfortable hotel. （こぢんまりした、居心地のいいホテルですよ）
ホテルの予約をしてもらえますか？	**Could you book a hotel room for me?**
今晩泊まるホテルを予約したいのですが。	**I'd like to reserve a hotel for tonight.**
ダウンタウンにある、手頃な値段のホテルを探してください。	**Please find a reasonable hotel in downtown.** = I'd like to stay at a reasonable hotel in downtown.

第8章 気軽に海外旅行

空港の近くにあるホテルを予約してください。	Please book a hotel near the airport.
街の中心部にあるホテルがいいのですが。	I'd like to stay at a hotel in the center of the city.
予算は1泊150ドルぐらいです。	My budget is around 150 dollars a night.
1泊100ドル以下のホテルはありますか？	Is there a hotel that costs under 100 dollars a night?

観光に便利な場所のホテルですか？

Is the hotel located in a convenient place for sightseeing?

- Is the hotel located in a convenient place for sightseeing?
  （観光に便利な場所のホテルですか？）
- Yes, it's in Soho.
  （ええ、ソーホーにあります）

2人用の部屋をお願いします。	I'd like a twin room.
部屋代はいくらですか？	How much is the room charge?
バス付きのシングルルームはいくらですか？	How much is a single room with a bath?

税金とサービス料は入っていますか？

Does the rate include tax and service charge?

- Does the rate include tax and service charge?
  （税金とサービス料は入っていますか？）
- No, they'll be added to the room charge.
  （いいえ、それは部屋代に加算されます）

もう少し安いホテルを探してください。

Could you find a less expensive hotel?

= Could you find a more reasonable hotel?

II 泊まる

第8章 気軽に海外旅行

チェックイン

予約しているのですが、到着が遅れます。
I have a reservation, but I'll arrive late.
- I have a reservation, but I'll arrive late.
  (予約してありますが、到着が遅れます)
- I see. We'll keep your reservation.
  (わかりました。予約を残しておきます)

チェックインをお願いします。
Check in, please.

シングルルームを5泊予約しています。
I've reserved a single room for five nights.
= I have a reservation for a single room for five nights.
- I've reserved a single room for five nights.
  (シングルルームを5泊予約しているのですが)
- You'll check out on Saturday, June 22nd, right?
  (6月22日の土曜日にご出発ですね？)

旅行会社を通じて予約しました。
I made a reservation through a travel agency.

宿泊料は前払いしてあります。
I paid for the room in advance.
- I paid for the room in advance.
  (宿泊料は前払いしてあります)
- May I have your voucher?
  (宿泊券をいただけますか？)

予約はしていませんが、シングルルームは空いていますか？
I don't have a reservation, but do you have a single room available?

ダブルの部屋でもいいです。
A double room is fine.
- Sorry, but single rooms are fully booked.
  (申し訳ありませんが、シングルルームは満室です)
- Then, a double room is fine.
  (それなら、ダブルの部屋でもいいです)

上の方の階にある部屋をお願いします。	**I'd like a room on an upper floor.**
眺めのいい部屋をお願いします。	**I'd like a room with a nice view.**
海がよく見える部屋にしてください。	**I'd like a room with a good view of the sea.**
公園に面した部屋にしてください。	**I'd like a room facing the park.**
禁煙の部屋をお願いします。	**I'd like a non-smoking room.**
もう少し安い部屋はありますか？	**Do you have a less expensive room?** ◎ Do you have a less expensive room? （もう少し安い部屋はありますか？） ▷ No, this is the least expensive room available. （いいえ、これがご用意できる中でいちばん安い部屋です）
朝食付きの料金ですか？	**Is that the rate with breakfast?** = Is breakfast included?
その部屋にします。	**I'll take that room.** ◎ We have a single room with bath for 120 dollars a night. （バス付きのシングルで、1泊120ドルの部屋がありますが） ▷ I'll take that room.（その部屋にします）
クレジットカードで支払います。	**I'll pay by credit card.** ◎ How will you pay the bill? （お支払いはどうなさいますか？） ▷ I'll pay by credit card. （クレジットカードで支払います）
荷物を部屋まで運んでください。	**Could you have my baggage sent up?**

第8章 気軽に海外旅行

サービスを利用する

貴重品をセーフティーボックスに預けたいのですが。	**I'd like to leave my valuables in the safety box.** ☻ I'd like to leave my valuables in the safety box. （貴重品をセーフティーボックスに預けたいのですが） ☻ Please put your things in this envelop and seal it. （この封筒に入れて、封をしてください）
部屋にセーフティーボックスはありますか？	**Is there a safety box in the room?** ☻ Is there a safety box in the room? （部屋にセーフティーボックスはありますか？） ☻ Yes, it's in the closet. （はい、クローゼットの中にあります）
円からドルへの両替をお願いします。	**I'd like to exchange yen to dollars.**
この100ドル札をくずしてもらえますか？	**Could you break this hundred-dollar bill?** ☻ Could you break this hundred-dollar bill? （この100ドル札をくずしてもらえますか？） ☻ How would you like to break it? （どのようにしますか？）
20ドル札5枚にしてください。	**Can I have five twenties?**
朝食はどこで食べられますか？	**Where can I have breakfast?** ☻ Where can I have breakfast? （朝食はどこで食べられますか？） ☻ There's a coffee shop on the first floor.（1階にコーヒーショップがあります）
朝食は何時までですか？	**Until what time is breakfast served?** ☻ Until what time is breakfast served? （朝食は何時までですか？） ☻ It's served from 7:00 to 9:30. （7時から9時半までです）

第8章 気軽に海外旅行

明日の朝、7時にモーニングコールをお願いします。	Wake-up call at seven o'clock tomorrow morning, please.
部屋を掃除してください。	**Please have my room made up.** = Please clean my room.
ドライヤーを借りたいのですが。	I'd like to borrow a hair dryer.
明日の朝食を注文したいのですが。	**I'd like to order breakfast for tomorrow.** ◎ I'd like to order breakfast for tomorrow. （明日の朝食を注文したいのですが） ☒ What would you like to have? （何になさいますか？）
朝食は7時半に持ってきてください。	Bring my breakfast at 7:30, please.
クリーニングをお願いします。	Laundry service, please.
明日の朝9時までにできますか？	**Will it be ready by nine o'clock tomorrow morning?** ◎ Will it be ready by nine o'clock tomorrow morning? （明日の朝9時までにできますか？） ☒ It will be delivered to you tonight. （今夜中にお届けします）
私宛てのメッセージはありますか？	Is there any message for me?
この書類をコピーしてもらえますか？	Could you make a copy of this document?
この小包を日本に送りたいのですが。	I'd like to send this parcel to Japan.

II 泊まる

第8章 気軽に海外旅行

ホテルでのトラブル

部屋の電気がつきません。	The light in my room doesn't work.
部屋が掃除してありません。	The room is not cleaned.
浴槽からお湯があふれてしまいました。	The hot water ran over the bathtub.
お湯がでません。	There's no hot water.
お湯がぬるいのですが。	The hot water isn't hot enough.
バスタブの栓が壊れています。	The plug in the bathtub is broken.
トイレの水が流れません。	The toilet doesn't flush.
洗面所の排水口が詰まっています。	The sink in the bathroom is clogged.
誰かをよこしてください。	Could you send someone up?
新聞が届いていません。	I haven't received a newspaper. = The newspaper wasn't delivered to my room.
長距離電話はどうやってかけるのですか?	How can I make a long distance call?
部屋にあるファックスの使い方がわかりません。	I can't figure out how to use the fax machine in my room.
部屋からカメラがなくなりました。	My camera was taken from the room.

部屋の温度はどうやって調節するのですか？	**How can I adjust the temperature in the room?** ◎ How can I adjust the temperature in the room? （部屋の温度はどうやって調節するのですか？） ▷ There's an operation panel for the air conditioner on the wall. （壁に空調の操作パネルがあります）
朝食がまだ届かないのですが。	**My breakfast hasn't been delivered yet.** = I haven't got my breakfast yet. = I'm waiting for my breakfast.
すぐに持ってこられないなら、キャンセルします。	**If you can't bring it now, I'll have to cancel it.**
洗濯物が戻ってきません。	**I haven't got my laundry back.**
けさ、9時までに届くはずだったのですが。	**It was supposed to be delivered by nine o'clock this morning.**
カギを部屋の中に置き忘れました。	**I locked myself out.** = I left the room key in my room.
部屋のカギをなくしてしまいました。	**I've lost my room key.**
隣りの部屋がうるさいのですが。	**The room next door is too noisy.** ◎ The room next door is too noisy. （隣りの部屋がうるさいのですが） ▷ I'm sorry, I'll send someone to check. （申し訳ありません、誰かを行かせて確認します）
部屋の周りがうるさいのですが。	**It's too noisy around this room.**
部屋を替えてください。	**I'd like to change rooms.**

第8章 気軽に海外旅行

チェックアウト

滞在をもう1泊延長したいのですが。	**I'd like to extend my stay for one more night.** ☺ I'd like to extend my stay for one more night. （滞在をもう1泊延長したいのですが） ☺ So you'll check out on the 23rd. No problem. （では、23日にご出発ですね。承知しました）
1日早く出たいのですが。	**I'd like to leave one day earlier.**
チェックアウトの時間は何時ですか？	**What's your check-out time?**
明日の朝、チェックアウトします。	**I'll check out tomorrow morning.**
今夜のうちに請求書を用意しておいてください。	**Would you prepare the bill tonight?** = Would you have my bill ready tonight?
空港へのシャトルバスはありますか？	**Do you have a shuttle bus service to the airport?**
シャトルバスは朝、何時からありますか？	**What time does the shuttle bus service start in the morning?** ☺ What time does the shuttle bus service start in the morning? （シャトルバスは朝、何時からありますか？） ☺ The first bus leaves here at six o'clock.（最初のバスは6時にここを出ます）
7時にタクシーを手配してください。	**Please arrange a taxi for seven o'clock.**
荷物を下まで運んでください。	**Would you send someone to bring down my baggage?**

第8章 気軽に海外旅行

これはワレモノなので、気をつけてください。	Please be careful, this is fragile.
チェックアウトをお願いします。	Check-out, please.
ミニバーのビールを1本飲みました。	I had a bottle of beer from the mini-bar.

😃 I had a bottle of beer from the mini-bar.
（ミニバーのビールを1本飲みました）
😐 Okay, I'll add it to your bill.
（わかりました、料金を請求に追加します）

全部でいくらですか？	What's the grand total?

= How much is it all together?

この料金は何ですか？	What is this charge for?
この料金について説明してください。	Can you explain this charge?

😃 Can you explain this charge?
（この料金について説明してください）
😐 It's your mini-bar consumption.
（ミニバーのご利用です）

請求書に間違いがあるようです。	I think there's a mistake in this bill.
この宿泊料は、聞いていたものと違います。	This rate isn't what you quoted.

= This rate is different from what I was quoted.

室料は1泊150ドルと聞きましたが。	I was told that the room charge is 150 dollars a night.
セーフティーボックスに入れたものを出したいのですが。	I'd like to get my things from the safety box.
5時頃まで荷物を預かってください。	Please keep my baggage until around five o'clock.

II 泊まる

第8章 気軽に海外旅行

家庭に滞在する

お出迎えありがとう。	**Thank you for coming to see me.** 🇨 Welcome to San Francisco! （サンフランシスコへようこそ！） 🇧 Thank you for coming to see me. （お出迎えありがとう）
お宅に泊めていただき、ありがとうございます。	**Thank you for letting me stay at your house.** = It's very nice of you to let me stay at your house. 🇨 Thank you for letting me stay at your house. （お宅に泊めていただき、ありがとうございます） 🇧 It's our pleasure to have you with us. （来てくださってうれしいわ）
これ、日本からのおみやげです。	**This is something I brought from Japan.** = It's a small gift from Japan.
皆さんのことをファーストネームで呼んでいいんですか？	**May I call all of you by your first names?** 🇨 May I call all of you by your first names? （皆さんのことをファーストネームで呼んでいいですか？） 🇧 Sure. What shall we call you? （もちろん。あなたのことはどう呼べばいいの？）
お皿は私が洗います。	**Let me do the dishes.** = Let me wash up after dinner.
洗濯をさせてもらえますか？	**May I wash my clothes?** = May I do my laundry?
本当に楽しく過ごさせていただきました。	**I really enjoyed staying with you.**
いつかぜひ、日本に来てください。	**Please come to Japan someday.**

第8章 気軽に海外旅行

キーワード

ホテル

宿泊（する）	stay
宿泊設備	accommodation
室料	room charge
宿泊料	hotel charges
前金	deposit
フロント	front desk/reception
ボーイ	bellboy
ボーイ長	bell captain
メイド	room maid
コンシェルジュ	concierge
客室係	housekeeping
警備係	security

ホテルの施設

客室	guest room
一人部屋	single room
二人部屋	twin room/double room
スイートルーム	suite
食堂	dining room
宴会場	banquet hall
クローク	cloakroom
貸金庫	safety box/safe deposit
貴重品	valuables
館内電話	house phone
暖房	heating
冷房	air conditioning
食事券	meal ticket
チップ	tip/gratuity

II 泊まる

III 街を歩く

道をたずねる

すみません、道をおたずねしたいのですが。	**Excuse me. Could you give me directions?**
	= Excuse me. I'd like to ask you for directions.
	➡ directionは「方向」。ask directionsで「道をたずねる」の意味になる。
	ⓒ Excuse me. Could you give me directions? (すみません、道をおたずねしたいのですが)
	ⓑ Sure. Where do you want to go? (いいですよ。どこへ行きたいのですか?)

ABCタワーはどのビルですか?	**Which building is ABC Tower?**
	ⓒ Which building is ABC Tower? (ABCタワーはどのビルですか?)
	ⓑ It's the one right behind you. (すぐ後ろにあるビルですよ)

タイムズスクエアへ行きたいのですが。	**I'd like to go to Times Square.**

どうやって行けばいいのですか?	**How do I get there?**

ユニオン・スクエアへの行き方を教えてください。	**Could you tell me how to get to Union Square?**
	ⓒ Could you tell me how to get to Union Square? (ユニオン・スクエアへの行き方を教えてください)
	ⓑ Go straight and turn to the right at the next corner. (まっすぐ行って、次の角を右に曲がってください)

366

第8章 気軽に海外旅行

III 街を歩く

この住所へはどう行けばいいのですか？	**How can I get to this address?**
ニューヨーク大学へ行くにはこの道でいいのですか？	**Is this the right way to New York University?** = Am I going the right way for New York University?
州議事堂へ行く道を教えてください。	**Could you tell me the way to the State Capitol?**
薬局を探しているのですが。	**I'm looking for a drug store.** = I'm looking for a pharmacy.
この近くにありますか？	**Is there one near here?** 🅠 I'm looking for a drug store. Is there one near here? （薬局を探しているのですが。この近くにありますか？） 🅐 There's one in that shopping mall. （あのショッピングセンターの中にありますよ）
道に迷ってしまいました。	**I'm lost.** = I don't know where I am.
私がいるのは、この地図のどこになりますか？	**Where am I on this map?** 🅠 Where am I on this map? （私がいるのは、この地図のどこになりますか？） 🅐 You're right here, on Houston Street. （ここ、ハウストン・ストリートですよ）
ここに来るのは初めてなんです。	**It's my first time here.**
方向を間違えているみたいよ。	**I think we're going in the wrong direction.**
私、方向音痴なの。	**I have a bad sense of direction.** = I don't have a good sense of direction.

第8章 気軽に海外旅行

観光案内所で

観光案内所はどこですか?	**Where's the tourist information center?**
無料の市内地図はありますか?	**Do you have a free city map?** ◎ Do you have a free city map? (無料の市内地図はありますか?) 🗨 Sure, we also have a map in Japanese. (ええ、日本語の地図もありますよ)
市内の観光パンフレットはありますか?	**Do you have a sightseeing brochure for the city?**
この街の見どころを教えてください。	**Could you recommend some interesting places to visit in this town?** ◎ Could you recommend some interesting places to visit in this town? (この街の見どころを教えてください) 🗨 Okay, what are you interested in? (ええ、どんなものに興味があるのですか?)
美術や工芸品に興味があります。	**I'm interested in arts and crafts.**
きれいな景色が見たいです。	**I want to see beautiful scenery.**
史跡を訪ねたいです。	**I want to visit some historic sites.**
衛兵の交代式が見たいのですが。	**I'd like to see the Changing of the Guard.**
何時にあるのですか?	**What time is it held?** ◎ What time is it held? (何時にあるのですか?) 🗨 It's held at 11:30 every day. (毎日11時半にあります)

早めに行って待っている必要がありますか？	Do I need to get there early and wait?
シェイクスピアの生家はどこですか？	Where's Shakespeare's birthplace?
ここからどれぐらい遠いですか？	How far is it from here? 😊 How far is it from here? （ここからどれぐらい遠いですか？） 😨 It's about 10 minutes on foot. （歩いて10分ぐらいです）
ヘミングウェイの家は公開されていますか。	Is Hemingway's house open to the public? ➡ be open to the publicは「一般に公開されている」。
ここから歩いていける距離ですか？	Is it within walking distance from here? = Can I walk from here? 😊 Is it within walking distance from here?（ここから歩いていける距離ですか？） 😨 You'd better take a taxi. （タクシーを使った方がいいですよ）
往復でどれぐらい時間がかかりますか？	How long does it take to get there and back?
そこへ行くバスはありますか？	Is there a bus to go there? 😊 Is there a bus to go there? （そこへ行くバスはありますか？） 😨 Yes, the bus runs every hour. （ええ、バスは1時間ごとにでています）
博物館の割引券はありますか？	Do you have discount coupons for museums?
市電がどこを走っているかを知りたいのですが。	I'd like to know the route of the streetcar. 😊 I'd like to know the route of the streetcar. （市電がどこを走っているかを知りたいのですが） 😨 It's shown on this map. （この地図に書いてあります）

第8章 気軽に海外旅行

観光ツアー

観光ツアーに参加したいのですが。	I'd like to take a sightseeing tour.
ここで観光ツアーの予約はできますか？	**Can I make a reservation for a sightseeing tour here?** 🇬 Can I make a reservation for a sightseeing tour here? （ここで観光ツアーの予約はできますか？） 🇯 Yes. Which tour would you like to take?（はい。どのツアーに参加されますか？）
どんなツアーがあるのですか？	**What kind of tours do you have?** 🇬 What kind of tours do you have? （どんなツアーがあるのですか？） 🇯 We offer many kinds of tours. （いろいろなツアーを実施していますよ）
コースのパンフレットを見せてください。	Can you show me a brochure for tour courses?
半日のコースがいいのですが。	**I'd like a half-day tour.** ＊ I'd like a full-day tour. （1日のコースがいいのですが）
夜のコースはありますか？	**Do you have night tours?** = Do you have tours at night?
アーリントン墓地へ行くツアーはありますか？	Are there any tours that visit Arlington Cemetery?
このツアーではどこをまわるのですか？	**Where will we visit on this tour?** 🇬 Where will we visit on this tour? （このツアーではどこをまわるのですか？） 🇯 You'll visit most of the major sightseeing spots in the city. （市内の主な観光地のほとんどへ行きます）
時間はどれぐらいかかりますか？	How long does the tour take?

370

第8章 気軽に海外旅行

何時に出発するのですか？	**What time does the tour leave?**

🔵 What time does the tour leave?
（何時に出発するのですか？）
🔷 The bus leaves Central Station at nine o'clock.
（バスは中央駅を9時に出発します）

昼食はついていますか？	**Does it include lunch?**

= Is lunch included?

バスはどこから出るのですか？	**From where does the bus leave?**

リバティーホテルから乗れますか？	**Can you pick me up at the Liberty Hotel?**

🔵 Can you pick me up at the Liberty Hotel? （リバティーホテルから乗れますか？）
🔷 Yes, the bus will come to pick you up at your hotel.
（はい、バスがお泊まりのホテルまで迎えに行きます）

日本語のガイドはつきますか？	**Will we have a Japanese-speaking tour guide?**

ここではどれぐらい時間をとりますか？	**How long do we stop here?**

🔵 How long do we stop here?
（ここではどれぐらい時間をとりますか？）
🔷 We'll stop here for an hour, until eleven thirty.
（ここには1時間、11時半までいます）

国連本部には停まりますか？	**Will we stop at the United Nations Headquarters?**

🔵 Will we stop at the United Nations Headquarters?
（国連本部には停まりますか？）
🔷 No, we'll see it from the bus.
（いいえ、バスの中から見ます）

バッキンガム宮殿で自由時間はありますか？	**Will we have free time at Buckingham Palace?**

何時までにバスに戻ればいいのですか？	**What time should we be back to the bus?**

III 街を歩く

第8章 気軽に海外旅行

美術館・博物館で

入場料はいくらですか?	**How much is the admission?**
この割引券は使えますか?	**Can I use this coupon?** © Can I use this coupon? (この割引券は使えますか?) ☞ Yes, you can get a discount of two dollars. (はい、2ドル割引になります)
開館は何時ですか?	**What time does the museum open?** ⇔ What time does the museum close? (閉館は何時ですか?)
このカバンは預けなければなりませんか?	**Do I need to check this bag?**
荷物はどこに預けるのですか?	**Where can I check my baggage?** © You can't take that bag with you. (そのカバンは持ち込めません) ☞ Where can I check my baggage? (荷物はどこに預けるのですか?)
何か特別展をやっていますか?	**Are there any special exhibitions?** © Are there any special exhibitions? (何か特別展をやっていますか?) ☞ We have an exhibition of Matisse. (マチス展をやっています)
特別展を見るには、別のチケットが必要なのですか?	**Do I need a separate ticket for the special exhibition?**
エジプト美術はどこにありますか?	**Where are the Egyptian arts?**

372

第8章 気軽に海外旅行

この博物館でいちばん有名な展示品は何ですか？	**What's the most famous exhibit in this museum?** 🗨 What's the most famous exhibit in this museum? （この博物館でいちばん有名な展示品は何ですか？） 🗨 Our dinosaur exhibition is the most well-known. （恐竜の骨がいちばん有名ですよ）
この壺はどれぐらい古いものですか？	**How old is this jar?** 🗨 How old is this jar? （この壺はどれぐらい古いものですか？） 🗨 It's more than 4000 years old. （4000年以上前のものです）
この彫刻は、いつつくられたのですか？	**When was this sculpture made?** 🗨 When was this sculpture made? （この彫刻は、いつつくられたのですか？） 🗨 It was made in the 5th century. （5世紀につくられました）
ピカソの展示はどこですか？	**Where is the exhibit of Picasso?**
印象派に興味があるんです。	**I'm interested in impressionism.** 🗨 I'm interested in impressionism. （印象派に興味があるんです） 🗨 There're some great impressionism paintings here. （ここには印象派のすばらしい絵がありますよ）
抽象画が多いね。	**There are a lot of abstract paintings.**
どうも現代美術はわからないなぁ。	**I don't quite understand modern art.**
ギフトショップはどこですか？	**Where's the gift shop?**
モネの絵の絵ハガキはありますか？	**Do you have postcards of Monet's paintings?**

III 街を歩く

第8章 気軽に海外旅行

観光地で

行きたいところがたくさんあるわ。	There are many places I want to visit.
3日間では、全部に行くことはできないわね。	I can't visit all of them in just three days. = Three days is not enough to visit all of them.
絶対に見るべきところはどこかな?	Which places are must-sees? ➡ must-seeは「必見のもの」。
もっと時間があればいいのに。	I wish I had more time.
このビルに展望台はありますか?	Is there an observatory in this building?
展望台へのぼるのは有料ですか?	Is there a charge to go up to the observatory? ⓒ Is there a charge to go up to the observatory (展望台へのぼるのは有料ですか?) ⓡ Yes, you need to buy a ticket at the wicket. (はい、窓口で切符を買ってください)
見学者用の入口はどこですか?	Where's the entrance for visitors?
すごくいい景色!	What a wonderful view! ⓒ What a wonderful view! (すごくいい景色!) ⓡ Yeah, we can get a view of the whole city. (うん、街全体が見えるね)
夜景を見るにはどこがいいですか?	Where do you recommend to see a night view of the city? ➡「夜景」はnight view。

第8章 気軽に海外旅行

飲みながら夜景を楽しめたらステキね。	It would be nice to enjoy a night view with a drink.
このビルは、上の階にバーはありますか？	Is there a bar on an upper level of this building?
湖の遊覧船はありますか？	Are there any excursion boats on the lake?
観光クルーズはやっていますか？	Do you have any sightseeing cruises?

- Do you have any sightseeing cruises?
  （観光クルーズはやっていますか？）
- Yes, there are cruises of 60 minutes and 90 minutes.
  （はい、60分と90分のクルーズがあります）

停泊中に船を下りることはできますか？	Can I get off the ship while it's in port?
島を歩きたいんです。	I want to walk around the island.
私、船酔いしたみたい。	I think I'm seasick.
このあたりには、有名人の家がたくさんあるんだよ。	There are many celebrities' houses around here.

- There are many celebrities' houses around here.
  （このあたりには、有名人の家がたくさんあるんだよ）
- Really? Let's walk around to see them.
  （本当？見てまわりましょうよ）

映画の撮影によく使われる場所はどこですか？	Where are some places that are often used to shoot movies?
このあたりの見学ツアーはありますか？	Is there a guided tour in this area?

III 街を歩く

第8章 気軽に海外旅行

写真を撮る

ここで写真を撮ってもいいですか？	**May I take pictures here?** = Is it all right to take pictures here? 🗨 May I take pictures here? （ここで写真を撮ってもいいですか？） 🗨 Yes, but you can't use a tripod. （ええ、でも三脚は使えません）
フラッシュをたいてもいいですか？	**May I use a flash?**
私たちの写真を撮っていただけますか？	**Could you take a picture of us?**
あの像が入るように写真を撮ってください。	**Please take a picture of us with that statue.**
このボタンを押すだけです。	**Just press this button.**
もう1枚お願いします。	**One more, please.**
一緒に写真に入ってもらえますか？	**Would you pose with me?**
あなたの写真を撮らせてもらえますか？	**May I take your picture?**
あの山をバックにして撮ってあげるよ。	**I'll take your picture with that mountain for a background.**
みんなの写真を撮ってあげよう。	**I'll take a picture of everybody.**
にっこり笑って。	**Give me a big smile.**

第8章 気軽に海外旅行

ジェフ、はみ出しているよ。	Jeff, you're out of the frame.
みんな、もっと近づいて。	Everybody, get closer.
撮るよ。	Are you ready?
はい、チーズ。	Say cheese.

➡ 写真を撮るときの決まり文句。

フィルムはどこで買えますか？	Where can I get film?

= Are there any stores that carry film?

24枚撮りのフィルムを2本ください。	Two rolls of 24-exposure film, please.

➡ フィルムを数えるときの「〜本」という単位には、rollを使う。

現像はどこでできますか？	Where can I have this film developed?
このフィルムの現像とプリントをお願いします。	Develop and print this film, please.
この写真を焼き増ししてください。	Could you make copies of these pictures?
普通サイズでお願いします。	Regular size, please.
光沢仕上げにしてください。	Glossy finish, please.

＊ Matte finish, please.
（つや消し仕上げにしてください）

いつできますか？	When will it be done?

ⓒ When will it be done?
（いつできますか？）
ⓢ It will be done by tomorrow at ten o'clock. （明日の10時にはできます）

カメラの電池を替えてください。	Could you replace the batteries of this camera?

III 街を歩く

第8章 気軽に海外旅行

エンターテイメントを楽しむ

催し物の情報はどうすれば手に入りますか？	How can I get information on city events?
この街のイベントが載っている雑誌はありますか？	Is there any magazine of city events?
今夜、コンサートホールでは何があるのですか？	What's at the concert hall tonight?
開演は何時ですか？	What time does it begin?
チケットはどこで買えるのですか？	**Where can I get tickets?** ◎ Where can I get tickets? （チケットはどこで買えるのですか？） ☒ You can call this number and ask. （この番号に電話してたずねてください）
S席を2枚ください。	**I'd like two tickets for S-section.** ◎ I'd like two tickets for S-section. （S席を2枚ください） ☒ Sorry, there are no S seats left. （残念ながら、S席は残っていません）
では、A席を2枚でいいです。	Then, two A seats would be fine.
中央の席がいいのですが。	I'd like a seat somewhere in the middle.
今、ブロードウェイで人気があるのは何ですか？	What's popular now on Broadway?
芝居よりもミュージカルがいいのですが。	**I prefer a musical to a straight play.** ➡ prefer A to Bは「AよりBを好む」。

378

第8章 気軽に海外旅行

ダンスがたくさんあるミュージカルが観たいんです。	**I'd like to see a musical with a lot of dance numbers.**
明日、昼の公演はありますか？	**Is there a matinee tomorrow?** 🅒 Is there a matinee tomorrow? （明日、昼の公演はありますか？） 🅑 Yes, it'll start at one o'clock. （はい、1時開演です）
チケットはまだ買えますか？	**Can I still get tickets?** 🅒 Can I still get tickets? （チケットはまだ買えますか？） 🅑 Go to the box office and check. （会場のチケット売場へ行って確かめてください）
夜の部のチケットはありますか？	**Do you have tickets for the evening performance?**
オーケストラ席を2枚お願いします。	**Can I have two seats in Orchestra?** ➡ ミュージカルや芝居の劇場では、1階席をOrchestra、2階席をMezzanine、3階席をBalconyと呼ぶところが多い。
当日券の販売はありますか？	**Are there any same-day tickets?** = Do you sell same-day tickets?
立ち見席はありますか？	**Do you have any standing room?**
途中で休憩はありますか？	**Is there an intermission?** 🅒 Is there an intermission? （途中で休憩はありますか？） 🅑 Yes, there's an intermission of 20 minutes. （はい、20分間の休憩があります）
オペラグラスを借りたいのですが。	**I'd like to borrow opera glasses.** 🅒 I'd like to borrow opera glasses. （オペラグラスを借りたいのですが） 🅑 It's 5 dollars plus a 30-dollar deposit. （料金は5ドル、預り金が30ドルです）

III 街を歩く

第8章 気軽に海外旅行

スポーツ観戦

大リーグの試合が観たいのですが。	I'd like to go to see a Major League baseball game.
今日か明日、試合がありますか？	Is there a game today or tomorrow?
どのチームの試合ですか？	Who's playing whom? = What teams are playing? 🗨 Who's playing whom? （どのチームの試合ですか？） 🗨 It's Yankees against Blue Jays. （ヤンキースとブルージェイズです）
今週、プロバスケットの試合は観られますか？	Can I see a professional basketball game this week? 🗨 Can I see a professional basketball game this week? （今週、プロバスケットの試合は観られますか？） 🗨 Yes, there's a game on Saturday night. （ええ、土曜日の夜に試合がありますよ）
球場は何という名前ですか？	What's the name of the stadium?
チケットを手配してもらえますか？	Could you get the tickets for me?
チケットはどこで引き取るのですか？	Where can I pick up the tickets? 🗨 Where can I pick up the tickets? （チケットはどこで引き取るのですか？） 🗨 Pick them up at the box office of the stadium. （球場のチケット売場で引き取ってください）
支払いは引き取りのときでいいのですか？	Can we pay when we pick up the tickets?
内野席を2枚ください。	Two tickets in the infield stand, please.

3塁側の席をお願いします。	**I'd like to sit on the third base side.**
試合の後は、どうやってダウンタウンに戻るのですか？	**How can we come back downtown after the game?** 😊 How can we come back downtown after the game? （試合の後は、どうやってダウンタウンに戻るのですか？） 😃 There's a shuttle bus service to the station.（駅までシャトルバスがあります）
どちらが勝っているの？	**Which team is leading?** = Who is ahead?
今、スコアはいくつ？	**What's the score right now?** 😊 What's the score right now? （今、スコアはいくつ？） 😃 It's 1 to 0, Yankees are leading. （1対0でヤンキースが勝っているよ）
アイスホッケーの試合を観るのは初めてなんだ。	**This is my first time to see an ice hockey game.**
みんな興奮しているなぁ。	**People are so excited.**
スタジアムは超満員だ。	**The stadium is fully packed.** ➡ be packedは「満員である」。
プレイが速くて迫力があるね。	**The play is very fast and powerful.**
パックの行き先が見えないよ。	**I can't see where the puck goes.**
誰がゴールしたの？	**Who made a goal?** ➡「ゴールを決める」は、make a goal。
すごく接戦だったね。	**The game was really close.** 😊 The game was really close. （すごく接戦だったね） 😃 Yeah, it's great that the local team won. （うん、地元のチームが勝ってよかったよ）

第8章 気軽に海外旅行

帰国する

明日、日本に帰ります。	**I'm going back to Japan tomorrow.**
	= I'm returning to Japan tomorrow.

とても楽しい旅行でした。	**I really enjoyed my trip.**
	= It was such a wonderful trip.

また来たいです。	**I hope I can come back here.**
	= I hope I'll have another chance to come here.

空港まで送ってくれてありがとう。	**Thank you for bringing me to the airport.**
	= It was very nice of you to bring me to the airport.

見送りに来てくれてありがとう。	**Thank you for coming to see me off.**
	■「〜を見送る」は、see ... off。

あなたと知り合いになれて、よかったです。	**It was very nice to get to know you here.**

日本で私にできることがあれば、連絡してね。	**Let me know if I can do anything for you in Japan.**

今度は日本で会いたいね。	**It would be very nice if we could see each other in Japan next time.**
	ⓒ It would be very nice if we could see each other in Japan next time. (今度は日本で会いたいね) ⓑ I'll consider a trip to Japan. (日本への旅行を考えてみるわ)

もう搭乗の時間だ。	**It's already boarding time.**
	ⓒ It's already boarding time. (もう搭乗の時間だ) ⓑ Have a safe trip. (気をつけてね)

キーワード

観光

旅行	travel/trip
海外旅行	overseas trip
周遊	tour/excursion
旅程	itinerary
道順	route
方角	direction
教会	church
聖堂	cathedral
生家・出生地	birthplace
墓	grave
入場料	admission
景色	scenery/view
展望台	observatory

エンターテイメント・スポーツ

劇場	theater
球場・競技場	stadium
公演	performance
試合	game/match
観客	audience
チケット売場	box office
前売り券	advanced ticket
指定席	reserved seat
自由席	free seating
売り切れ	sold out
昼の部	matinee
夜の部	evening performance
休憩	intermission

著者紹介／**井口紀子**（いぐち のりこ）
ライター、翻訳家。
アメリカ、カナダでの生活経験と、総合商社、米国系投資銀行でのビジネス経験をもとに、日常生活やビジネスに役立つ英会話、英文ライティングのノウハウなど、異文化コミュニケーションに関する執筆活動を続けている。
著書に『英会話なんて中学英語。かんたんじゃん！』、『中学英語で伝わる英会話。』、『英会話ビジネスフレーズ』（いずれも永岡書店）などがある。

編集協力／Gary Scott Fine

とっさの言いまわし
日常英会話辞典

編　者／**有限会社テクスタイド**

発行者／**永岡修一**

発行所／**株式会社永岡書店**
〒176-8518 東京都練馬区豊玉上 1-7-14
電話：03-3992-5155（代表）
　　　03-3992-7191（編集）

印　刷／**誠宏印刷**

製　本／**若林製本**

本書の無断複写・複製・転載を禁じます。
乱丁、落丁本はお取り替えいたします。㊴

ISBN978-4-522-42019-5　C2082